立花宗茂肖像（福厳寺蔵、柳川古文書館写真提供）

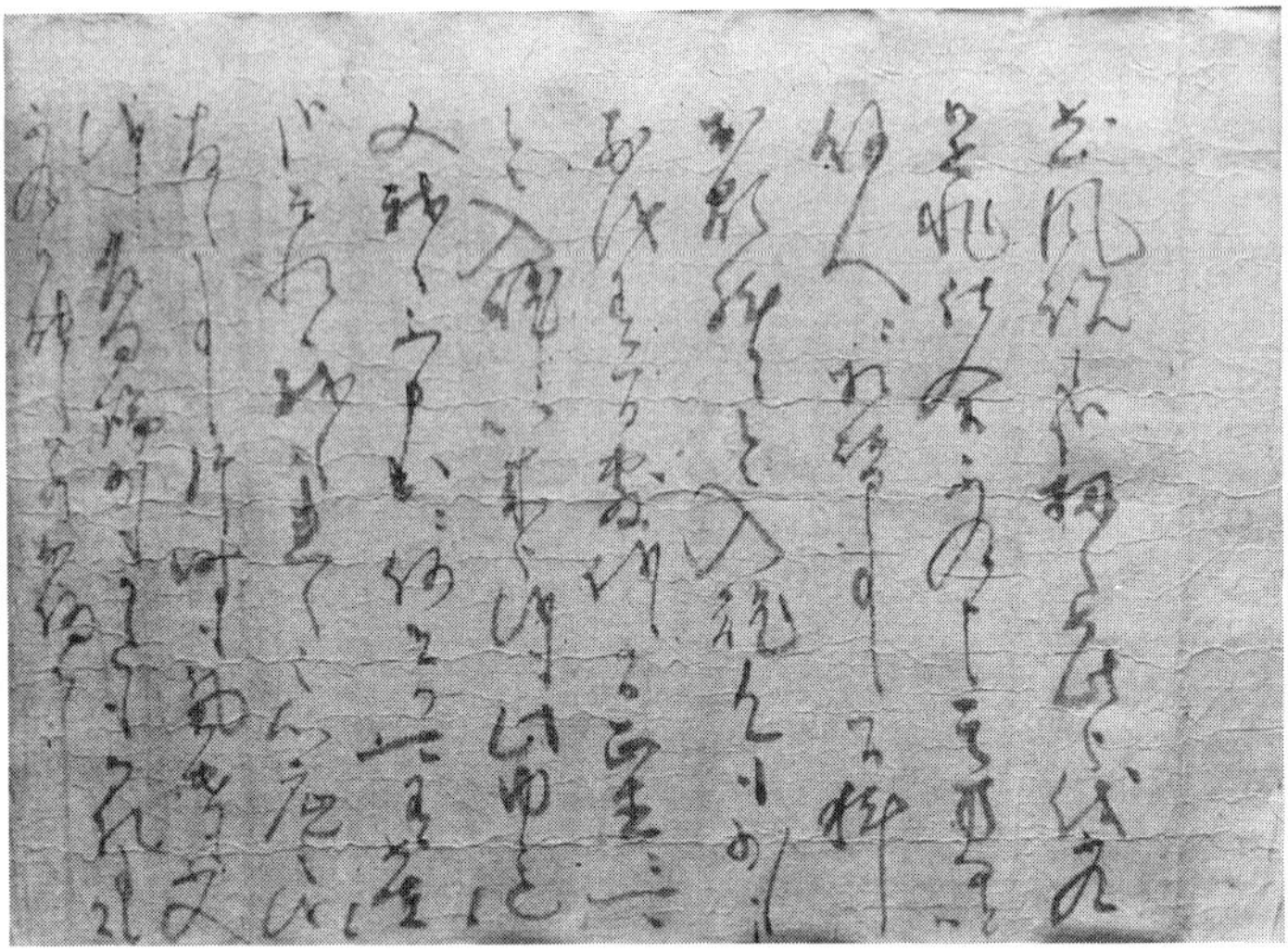

立花宗茂自筆起請文前書（『伝習館文庫』「小野文書」）

曲風説候哉、扨々如此之儀、不及
是非仕合、不及申候、其方なとハ
餘人ニ相替事候間、科
於顕然者（は）、令入魂候ても、少も
別儀有間敷儀候間、正直ニ可
令入魂候、以来之儀も此内意候、
又我々不申出ニ何者か可有如在候
哉、それハ我々連々之心底之儀
存候事候、片時も気遣も不入
儀候、乍勿論、少もかたもなき事候間、
不及口能候、若於偽者（は）

はしがき

立花宗茂《たちばなむねしげ》は戦国時代の末に、大友宗麟《おおともそうりん》麾下《きか》の部将の子として生まれ、のち豊臣秀吉によって筑後柳川《ちくごやながわ》（現、福岡県柳川市）の大名に取り立てられる。しかしながら、関ヶ原《せきがはら》合戦ののちに改易《かいえき》され、牢人《ろうにん》となる。三十代の大半をこの浪牢の身で費やし、その後、徳川秀忠《とくがわひでただ》のもと奥州南郷《おうしゅうなんごう》（棚倉《たなぐら》・現、福島県東白川郡棚倉町）に領知を与えられる。さらに、関ヶ原合戦から二十年後の元和《げんな》六年（一六二〇）にいたって再び筑後柳川に封ぜられることになる。したがって、この時すでに五十歳を越えていた。前後二度柳川を領した時期こそ一〇万石規模の大名であったが、壮年期の宗茂は牢人、あるいは一万石ないし三万石の小大名でしかなかった。この間、その実名は統虎《むねとら》、宗虎《むねとら》、親成《ちかなり》、尚政《なおまさ》、政高《まさたか》、俊正《としまさ》とたびたび改められ、慶《けい》長《ちょう》十五年（一六一〇）ころから「宗茂」を称し、さらに晩年には「立斎《りっさい》」と号することになる。こうしたことも変転著しい彼の人生が、そのまま反映しているとも考えられよう。いずれにしろ決して「全国区」の人物とは思われない。

にもかかわらず、「武勇の士」としてその名は広く喧伝され、将軍家の御咄衆《おはなししゅう》としても多くの挿話を残している。ある茶席で、家光《いえみつ》の鎧着初《よろいぎぞ》めの儀式が宗茂によって行なわれたという誤伝が問題になったことがあったが（東京大学史料編纂所影写本・近江水口《おうみみなくち》加藤家文書）、それほどまでに晩年の宗茂は将軍家に重用されたのである。さらに近世後期、大坂懐徳堂《かいとくどう》の中井竹山《なかいちくざん》も「与今村泰行論国事《いまむらやすゆきとこくじをろんず》」のなかで宗茂に言及している。激動の時代を背景に生きた、たぐい稀なる才能を持った人物だと、著者は考える。しかしながら、だからというべきであろうか、軍記《ぐんき》・編纂物の「翻訳」は数多くなされてきたが、これまでまとまったかたちでの評伝は書かれたことがなかった。宗茂を充所《あてどころ》とする数多くの文書が旧藩主家の「立花家文書」に伝世しており、また宗茂の発給《はっきゅう》にかかる古文書類も旧家臣の家々をはじめとして各所で確認されている。こうした状況に鑑《かんが》み、本書では軍記や編纂物による記述ではなく、なるだけ一次史料によって宗茂の事績を確定するという方法を多く採った。結果、いささか読みにくい、あるいは無味乾燥なものとはなったが、宗茂研究の起点ということで、お恕《ゆる》しいただきたい。

最後に私事にわたるが、恩師川添昭二先生（当時九州大学教授）に勧められて、新設の柳川古文書館に職を得、以来約十二年間にわたって立花家・柳川藩に関係する史料を「扱」ってきた。中途で職を放り出すことにはなったが、本書は川添先生に対する「業務報告」である。またこの間、古文書の所蔵者（というよりは守護者、伝世者とでもいうべきか）をはじめ、地域の方々には大変多くのことを教えていただいた。著者の場合、ここで歴史家としてのかたちができたと言っても良い。弱輩の著者が「立花宗茂」という人物にどの程度迫り得たのかはなはだこころもとないのであるが、柳川で過ごした日々を憶いながらの楽しい作業であった。こうした場を与えていただいた関係者のいろいろな御好宜に感謝したい。ささやかな、そして拙い仕事ではあるが、そうした意味での御恩返しとなれば、幸甚である。

二〇〇〇年三月二十六日

中　野　　等

目　次

口絵

挿図

宗茂の「ｆｉｄａ」印判……二三

宗茂の位牌……二三七

宗茂公御射術御絵像……二六一

挿　表

1　立花家の蔵入地……九八

2　「江戸幕府日記」『徳川実紀』にみる宗茂の動向……一九〇

第一　二人の父

一　千熊丸

宗茂の誕生

立花宗茂《たちばなむねしげ》の生年については、管見の限り、永禄《えいろく》十年（一五六七）、同十二年の両説がみられる。たとえば、『伝習館文庫《でんしゅうかんぶんこ》』などに残る後年の編纂史料によれば、十年説をとるのは「立花事実記」「立斎《りっさい》公御年譜」などであり、前者は誕生の日は不詳、出生地は岩屋《いわや》城（現、福岡県太宰府市）とし、後者は八月十八日に都甲荘《とごうのしょう》筧《かけひ》城での出生としている。『寛永《かんえい》諸家系図伝《しょかけいずでん》』も明確な記述ではないが、勘算すると十年生年説を採っているようである。一方の十二年説はいずれも誕生日を八月十三日としており、「立斎旧聞記」のほか「立花近代実録」「立花家譜《かふ》」「立花家記」「薦野《こもの》家譜」などにみえている。ただし、十二年説は出生地を筑前国《ちくぜんのくに》御笠《みかさ》郡岩屋城とするものと、豊後国《ぶんごのくに》国東《くにさき》郡筧《かけひ》（現、大分県豊後高田市）の吉弘《よしひろ》館とするものに分かれる。ちなみに『寛政重修諸家譜《かんせいちょうしゅうしょかふ》』は「永禄十二年

高橋紹運（鎮種）肖像
（天叟寺蔵，柳川古文書館写真提供）

豊後国筧村に生まる」としており、これまでのところ定説をみていない。
ところが、寛永十五年（一六三八）に比定される『伝習館文庫』のなかの十時《ととき》雪斎《せっさい》（連貞《つらさだ》）に充《あ》てた立花宗茂（署名は「立斎」）書状写《うつし》に「我ら七十二」とみずからの年齢に言及した記述がみられ、やはり『伝習館文庫』本の「松蔭公編年集成」によれば、「富士谷《ふじや》文書」に「亡父七十六にて死去に候云々」と述べた立花忠茂《ただしげ》書状が存在したとある。これらが真実であれば、逆算して生年は永禄十年としなければならない。また晩年に認《したた》めた書状の写である「立斎様御自筆御書之写」には「我ら十六の年、道雪《どうせつ》より一家相続の刻《とき》」なる表現がみられる。この「一家相続」を、後述する天正《てんしょう》十年（一五八二）十一月十八日の立花城における「御旗・御名字」の御祝に措定すると、やはり逆算して生年は永禄十年となる。いずれも原史料を実見できてはいないが、状況からみて後年の編纂史料よりは信をおけると考えられるので、誕生の日はともかくとして、とりあえず本書では永禄十年を宗茂の生年とする立場を採りたい。

実父高橋紹運

実父は大友家の将高橋鎮種《たかはししげたね》であり、紹運《じょううん》として知られる。鎮種の実家は吉弘《よしひろ》家であり、大友義鎮《よししげ》（宗麟《そうりん》）の宿老として知られる鑑理《あきただ》の次子であった。高橋家を継ぐ前の実名を鎮理《しげただ》とするものもあり（「鷹野家譜」など）、高橋家を継いだ後の天正元年（一五七三）ころ、三十代の半ばで入道し「紹運」と号す。以下では入道前の記述であっても「紹運」に統一して述べていく。ついで紹運が高橋家を相続するにいたった経緯についてみておこう。

大蔵姓高橋家

大蔵姓高橋家には大友一族の一万田弾正忠《いちまだだんじょうのちゅう》の弟が入って、鑑種《あきたね》を名乗っていた。鑑種は大友晴英《はるふさ》（のち大内義長《よしなが》）に付されて周防《すおう》山口にあったが、晴英が毛利元就《もうりもとなり》に滅ぼされると、宗麟の下で筑前経略に従い、のち御笠郡岩屋・宝満《ほうまん》の城督《じょうとく》に任ぜられる。

紹運の高橋家継承

ところが、鑑種は永禄九年冬、毛利氏や秋月《あきづき》氏に呼応して大友家に謀反をおこす。十年七月には戸次道雪《べっきどうせつ》（鑑連《あきつら》）らに岩屋城を落とされるが、宝満城に移って籠城。毛利・大友の対立を背景に、抗戦は永禄十二年十一月降伏まで続いた。一族の嘆願もあり、下城した鑑種は助命され豊前《ぶぜん》小倉《こくら》（現、福岡県北九州市）に移される。この鑑種に従うことを拒んだ北原鎮休《しげよし》ら高橋家の老臣たちは、吉弘鑑理の次子を戴いて筑前高橋家を再興すべく豊後に訴えた。鑑種のもと高橋家は御笠郡を中心に独立性の強い「小領国」をかたちづくったといわれており、老臣たちはそうした既得権益を捨てて、新封地へ移動することを嫌ったものであろう。宗麟はこの要求を受け入れ、紹運の高橋家相続が実現することになる。あるいは岩屋・宝満の重要性に鑑《かんが》みて宗麟の意向が強く働いたのかもしれない。

ところで、この紹運が高橋家に迎えられた年紀についても鑑種降参直後の永禄十二年とする説と、翌十三年（元亀《げんき》元年）とする説とがみられるが、いずれにせよ宗茂の誕生は、父が高橋家を継ぐ前のことであり、その生誕地は吉弘家の本拠豊後国国東郡の筧に擬せられよう。幼名は千熊丸《せんくままる》といい、母は同じく大友家の重臣斉藤鎮実《しげざね》の女《むすめ》（妹とする文献もあり）でのちに宗雲院《そううんいん》（宋雲院との表記もある）と号す。また、『寛政重修諸家譜』によれば、弟一人と姉妹四人があげられている。

実弟直次（統増）

弟統増《むねます》は、高橋家を出た宗茂に代わって紹運の継嗣となる。実名は朝鮮出兵のころ「宗一《むねかず》」と称するが、その後「重種《しげたね》」と改める。豊臣政権下で筑後三池《ちくごみいけ》郡を領するが、関ヶ原合戦ののち改易《かいえき》となる。長く肥後《ひご》に寓居《ぐうきよ》し入道して「道白《どうはく》」と号すが、のちに許されて還俗《げんぞく》し将軍秀忠《ひでただ》に拝謁、慶長《けいちょう》末年には常陸国《ひたちのくに》で五〇〇〇石を充行《あてが》われる。このころ名字を高橋から立花に改め、実名を直次《なおつぐ》とする。したがって、「高橋直次」なる人

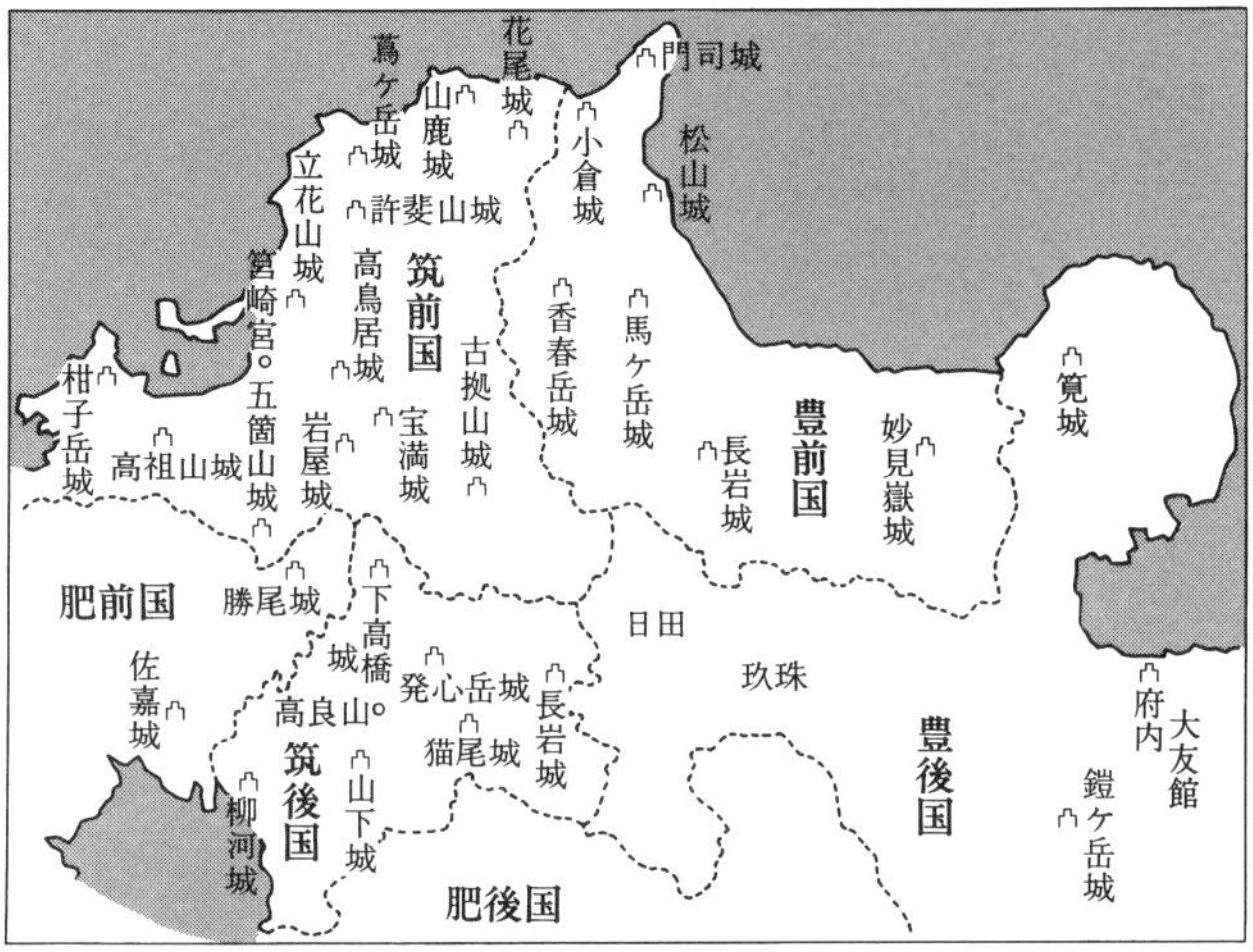

戦国期の九州要図

物は存在しないのだが、混乱を避けるため、以下では「直次」と称して記述を進めたい。

姉妹たち

　四人の姉妹は大友義統《よしむね》の息義乗《よしのり》の室、小田部《こたべ》統房《むねふさ》の室となったもののほか、宗茂の養女となって細川玄蕃頭《げんばのかみ》興元《おきもと》の室となったもの、道雪の養女となって重臣立花賢賀《けんが》（当初「玄賀」とも称す。本姓は薦野《この》で、実名が増時《ますとき》、官途は三河守《みかわのかみ》を名乗った）の子成《なり》家《いえ》の室となったものがいる。

　さて、父の高橋家継承にともなって、幼少の千熊丸も筑前岩屋城（大鳥居充て鎮種文書に「岩屋御城番」とある）に移ったと考えられるが、幼年期の動静をさぐる一次史料はほとんどない。わずかな手懸かりとして、いくつか残る軍記物の類をあげることができるが、それらの記述に混乱がみえることも否定できない。

宗茂の初陣

たとえば天正六年（一五七八）十二月、肥前の竜造寺隆信《りゅうぞうじたかのぶ》らが筑前に入って、立花城・宝満城などを攻めるが、『寛永諸家系図伝』や「立花事実記」によれば、この合戦に宗茂が十二歳で初陣《ういじん》を果たしたと述べている。ところが、「高橋記」や「薦野家譜」「翁物語」などは、石坂合戦を宗茂の初陣としている（『大宰府太宰府天満宮博多史料』続中世編）。この合戦は、戸次道雪・高橋紹運が秋月領の嘉摩《かま》・穂波郡《ほなみ》（現、福岡県）に侵入して、秋月勢と穂波郡石坂に戦ったものをいう。この戦いは一次史料によって確認できていないこともあって、諸書によって時日はまちまちに伝えられており、天正八年とするものから、同十二年とするものまである。また、宗茂の生年が未詳であったこともあって、初陣の年齢も十四歳、十五歳あるいは十六歳という具合に定まっていない。ただし、この石坂合戦において宗茂は紹運とは別に軍勢を率いて奮戦し、みずから敵将堀江備前を射たという挿話は共通するようである。

石坂合戦と潤野原合戦

地理的な近接性などから、従来、この石坂合戦は潤野原《うるのばる》合戦と同一視され、天正九年（一五八一）のものとみなされてきた。ところが後述のように、潤野原合戦後、宗茂（当時の名乗りは統虎《むねとら》）は戸次道雪との連署《れんしょ》で感状《かんじょう》を発給しており、潤野原合戦は宗茂が道雪の養嗣子となったあとに戦われたものである。しかし、石坂合戦を宗茂初陣とする諸書にあっても、彼は実父紹運の手に属して戦ったとする。そして初陣ながらの奮戦に宗茂の並々ならぬ器量を見抜いた戸次道雪が、みずからの養子に望んだというのである。

一方、『豊前覚書』『立花記』「高橋記」などは天正九年八月に千熊丸が乞われて戸次道雪の養嗣子に入ったことを伝えている。この時日は潤野原合戦の感状発給の問題とも齟齬《そご》しないが、逆に石坂合戦と潤野原合戦とを同一のものとみなしてしまうと、道雪のもとに入嗣し連署の感状を発する立場にありながら、宗茂は高橋勢として戦に臨んだこととなり、いかにも不自然である。たとえば利光鎮頭編輯『宗茂公戦功略記』などは石坂合戦を天正九年七月とするが、こうした可能性も含め、ここでは石坂合戦を天正九年八月以前に行なわれ、したがって同年十一月の潤野原合戦とは別のものと考えたい。

このように戦国大名大友氏麾下《きか》の部将の長子として誕生する立花宗茂の年少期については、確定的な記述もなしえないのが実状である。ついで戸次道雪の養嗣子となって以降の時期についてみていきたい。

二　立花城へ

潤野原合戦の感状

宗茂発給の一次史料として確認される初期のものは、筑前国内で行なわれた合戦に際して養父道雪と連署して発給した感状類である。ただし、これらの文書はいずれも年欠であり、年紀の比定には相当の困難をともなう。「薦野家譜」などでその嚆矢《こうし》と位置づけられているものは、十一月十一日付で出された「前之六日、穂波《ほなみ》郡潤野原《うるのばる》合戦之刻」との書き出しを持つ感状である。同様の書き出しで「大山甚右衛門討捕高名之由感悦候」と述べられた森源介充ての連署感状が「黒田本姓薦野家文書」に残っている。同家は既述した賢賀《けんが》・成家《なりいえ》の流れで、本姓薦野であるがのちに立花姓を許され、さらに関ヶ原合戦ののち筑前黒田家に仕えて、黒田の姓を与えられた家である。ところで、「立花家文書」に残る大友義統《よしむね》袖判の着到披見状《ひけんじょう》の一つに「天正九年十一月六日於穂波表合戦之砌……」と書き出しを有するものがあり、ここに「頸一　大山甚右衛門　薦野三河守内森源介討之」とみえており、薦野の被官森源介が大山甚右衛門を討ちとったことが記されている。こうした事実から両合戦が同一のものであることが明らかとなり、穂波郡潤

戸次弥七郎
統虎

野原合戦は、天正九年（一五八一）十一月六日に比定される。

この潤野原合戦における感状はいずれも連署であり、日下に統虎《むねとら》、その奥に道雪の署名がある。もとより、「統虎」なる実名は、大友義統の偏諱《へんき》をうけたものに他ならない。また、懸紙《かけがみ》には直属の被官充てと陪臣充てとの間で区別があり、後者の場合は充所《あてどころ》の下に「統虎」の名が書かれるのみであるが、前者にあってはやはり「統虎」の名が記されるが充所に脇付をともなっており、さらに裏書きは「戸次《べっき》弥七郎／鱗白軒」と連名で記されている。このうち「鱗白軒」とは養父道雪のことである。したがって、少なくとも天正九年十一月の段階にあって宗茂は、道雪の養子となって戸次弥七郎統虎と名乗り、すでに感状発給の主体、換言すれば家督の地位にあったことが窺える。ともあれ、こうした事実は、先に石坂合戦と潤野原合戦とを同一視できないとした理由の一つである。

既述のように、『豊前覚書』などが、天正九年八月に千熊丸が乞われて戸次道雪の養嗣子に入ったことを伝えているが、この時日については当面否定すべき材料もないので、一応承認しつつ、記述を進めることにしたい。したがって、潤野原合戦の感状を父子連署の初めとみる見解にも一定の根拠を認めてよかろう。そこでつぎに養父戸次道雪について略述し、宗茂入嗣の経緯についてみていきたい。

戸次道雪（鑑連）肖像
（福厳寺蔵，柳川古文書館写真提供）

戸次氏は大友氏の庶流で、豊後国大野郡藤北《ふじきた》（現、大分県大野郡大野町）鎧岳《よろいがだけ》城を本拠とする。道雪の生年についても諸説あるが大永《だいえい》六年（一五二六）四月、十代の半ばで戸次の家督を継ぎ、藤北の領主となる。実名は「鑑連《あきつら》」といい、道雪を称するのは天正二年（一五七四）二月から五月ごろまでの間に入道してのちのことであるが、ここではそれ以前のことであっても「道雪」として記述を進めている。天文《てんぶん》末年には四十歳に達し、家督を甥で嗣子とした鎮連《しげつら》に譲るが、政治・軍事的な活躍が確認されるのは、むしろこれ以降のこととなる。すなわち、大友軍の将として豊前・筑前方面への大友領国拡張に尽くし、永禄年間（一五五八〜一五七〇）には、大友宗麟の加判衆《かばんしゅう》を勤めている。

しかしながら、この時期には毛利氏の北部九州への勢力拡張の時期にあたり、道雪も、たびたび豊前門司《もじ》・筑前方面への出兵を余儀なくされる。永禄八年夏、立花鑑載《あきとし》の謀反をうけて、筑前立花城を攻略、同九年冬には、前述した高橋鑑種の謀反が露見したため筑前に出兵、十年七月に宝満城を攻め、九月には秋月種実《あきづきたねざね》と休松《やすみまつ》（現、福岡県甘木市）に戦った。十一年夏には、いったん許された立花鑑載が再び反旗を翻《ひるがえ》したため、臼杵鑑《うすきあき》速《すみ》・吉弘鑑理《あきただ》らと筑前へ発向、立花城を落とし、鑑載を敗死させた。

翌十二年には、やはり大友氏に背いた竜造寺隆信討伐のため、三月に肥前田手《たで》（現、佐賀県三田川町）に戦う。しかし四月には、高橋鑑種の救援をもくろんだ毛利勢が筑前へ襲来し、立花城も毛利方に落ちたため、五月十八日鑑速・鑑理とともに吉川元春《きっかわもとはる》・小早《こばや》川隆景《かわたかかげ》率いる毛利勢と多々良浜《たたらはま》に戦った。その後も立花城は毛利勢によって堅持されたため、元亀《げんき》元年（一五七〇）宗麟みずからが筑後高良山《こうらさん》に出陣し、道雪は鑑速・鑑理らと立花城包囲戦に及び、城方を降参させた。こうして立花城は大友方のものとなるが、元亀二年七月、宗麟は道雪を城督としてこの城に入れた。

道雪、立花城入城

この措置は後年の史料に「立花城家督」とも表現されるように、当面道雪が立花家の家督を継承したことを意味する。したがって、これ以降、道雪が立花姓を名乗ったとする向きもあるが、道雪は生涯戸次《べっき》姓を用いたようである。立花新右衛門家の家伝によると、家督継承後、道雪は宗麟に対ししばしば立花姓の使用を求めたのであるが、宗麟は

誾千代

鑑載の不忠を嫌って容易にこれを許そうとはしなかった。しかし、道雪の懇望によって、宗麟もようやくこれを認めるにいたったのだが、こうした経緯から道雪一代の間は立花姓を遠慮することになったという。

さて天正三年（一五七五）、大友宗麟・義統は道雪に対し、鎮連子息のうちからしかるべき一人を養子として「立花城家督」を譲るべく勧めるが、道雪はこれを入れず、同年五月二十八日、女《むすめ》の誾千代《ぎんちよ》（光照院《こうしょういん》）に立花城の城督・城領・諸道具の一切を譲り、六月二十八日付で宗麟・義統の安堵《あんど》をうけている。誾千代は問註所《もんちゅうじょ》（問注所とも）鑑豊《あきとよ》の女を母として永禄十二年に生まれたとされており、この時、数え年七歳である。なお、鑑豊女は死別した安武氏との間に男子を儲けていたが、この亀菊丸《かめぎくまる》はのちに筥崎宮《はこざきぐう》（箱崎宮とも書く）座主《ざす》麟清《りんせい》の養子となって方清《ほうせい》を名乗り、座主職を襲う。

このころは大友領国が大きく拡大し、かつ安定していた時期であったが、天正六年（一五七八）十一月、日向《ひゅうが》耳川《みみかわ》で大友勢が島津氏に大敗を喫すると各地で謀反が相次ぎ、領国は一挙に瓦解の方向へむかう。筑前でも宗像氏貞《むなかたうじさだ》や秋月種実が反旗を翻し、肥前の竜造寺隆信も反攻を開始する。道雪は紹運《じょううん》ら他の大友麾下の諸将とともに平定戦に奔走することとなるが、こうしたなか、宗茂は誾千代の婿として迎えられ、立花の家督を継ぐ。

統虎（宗茂）・道雪の連署状

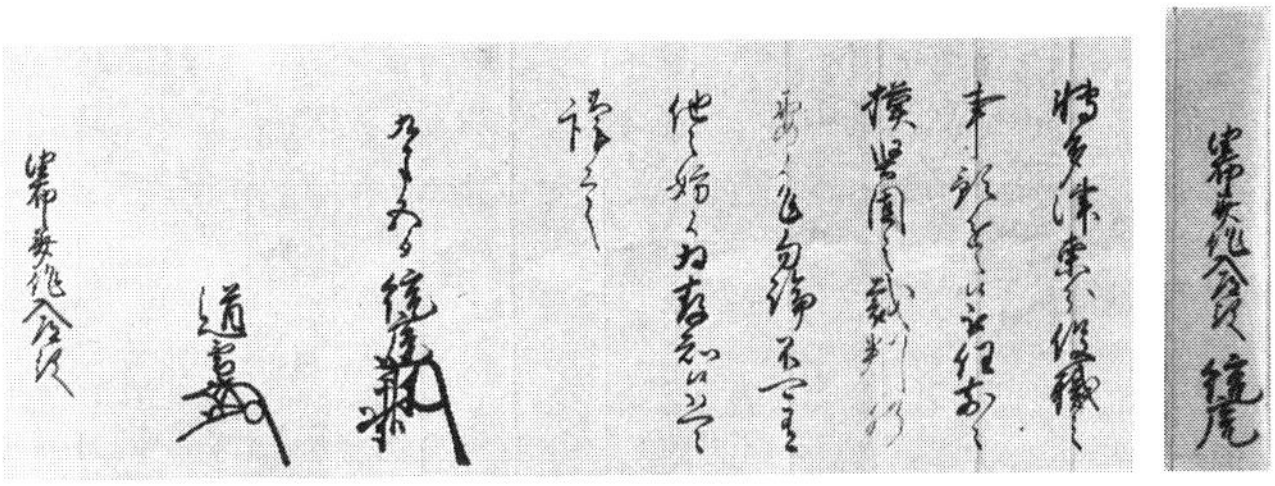

「博多津東分役職」を預進する連署状（『伝習館文庫』「柳河藩政史料」）

既述のように、宗茂入嗣の時期は『豊前覚書』などに従って、しばらく天正九年（一五八一）八月十八日のこととしておくが、「薦野家譜」は高橋家から瀬戸口十兵衛・太《おお》田久作《たきゅうさく》のみが宗茂に付せられたとし、「高橋記」は瀬戸口十兵衛のみをともなって立花城に入ったと伝えている。いずれにしろ、実父高橋紹運の配慮によって、宗茂はほとんど単身で立花城に入ったのである。また、『立花公室略譜』は八月十八日に嗣子となるが、入城を十月二十五日とする。これは、天正九年十月二十五日付で高橋紹運が道雪家中に対し、宗茂入嗣に関して五箇条の「覚」を発していることをふまえての記述であろう。

先にみたように、天正九年十一月六日の穂波郡潤野原合戦に対して宗茂は、十一月十一日付で道雪と連署して感状を発給するが、少なくとも家中に対して宗茂の立場はすでに家督であり、道雪は後見に退いたとみてよい。同様の連署感状は同じ天正九年に比定される十一月二十九日付の清水原《しみずばる》合戦のほか、年未詳の三月十八日付「前十六吉原口防戦」の感状や、やはり年未詳十二月二十八日付「前廿二宗像表」における感状などが確認される。また、由布美作《ゆうみまさか》入道（惟信）に対する「博多津東分役職」の預進《よしん》（一時的給付）をはじめとして（年未詳九月五日付、挿図参照）、知行の預進なども同様の体制で進められている（『伝習館文庫』「柳河藩政史料」・「米多比家文書」・「黒田家本姓薦野家文書」など）。

しかしながら、天正九年十二月三日付の筑前筥崎宮に充てた「禁制」は道雪と紹運の連署で発せられており、対外的には宗茂が表にでるケースは少ない。天正十二年三月に竜造寺隆信が島原で敗死すると、道雪は高橋紹運と筑後方面で活動することになる。この過程で道雪は紹運や朽網宗歴《くたみそうれき》・戸次鎮連《しげつら》らと連署した文書を比較的多く残しているが、この間における宗茂の動静は必ずしも明らかではない。

宗茂の動き

こうしたなか、宗茂の動きを窺いうる文書としては、天正十二年（推定）七月二十八日付で道雪・紹運・統虎（宗茂）・統増《むねます》（直次）が連署して、五条氏らに黒木攻城を労《ねぎら》った書状がある。ここに「紹運親子、道雪親子の事も前の廿六、出張致し、三笠表に聢《しか》と在陣を遂げ」とみえており（五条家文書）、宗茂の筑前御笠郡への出陣が確認される。もとより御笠郡は高橋氏の拠る岩屋・宝満城の所在地であり、立花城からもそう隔たった距離ではない。この時期、筑後方面での軍事に忙しい道雪・紹運にかわって、宗茂・直次はそれぞれの居城に残って留守を預かることが多かったのであろう。

参考までに後年の史料ではあるが、筑紫良泰《ちくしよしやす》の認《したた》めた「筑紫家由緒書」（筑紫家文書）に、このころの状況が「立花城には子息左近、十七、八の頃、留守に召し置き」とみえる。おのずと宗茂の動ける範囲も狭まったものとなり、そうしたなかでの御笠郡への出陣と考えることができよう。なお、この四名は遡って同年七月十八日にも連署して豊後の柴田礼能《れいのう》・葛西宗筌《かさいそうせん》に充てて条書を発している（森文書）。内容は北部九州諸国の攻略に関するものであるが、四名が御笠出陣以前の段階から行動をともにしていたことが確認される。あるいはこの条書は、立花城もしくは岩屋城あたりでもたれた四者による軍議をうけて作成されたものであろうか。

宗茂「立花」を称す

さらに、これらの文書について注目すべきは、宗茂が名字として立花を名乗っているという事実である。七月十八日付の文書では本紙の署名として、七月二十八日付のものには懸紙に「立花」と記されている。ただし、双方とも官途《かんと》・受領《ずりょう》名などは不明である。入嗣直後の宗茂が戸次弥七郎統虎と名乗っていたことはすでにみたとおりであるが、これは「立花」の名字を憚《はばか》った養父道雪に倣《なら》ったものであろう。ところが、ここにきて

「御旗・御名字」の祝い

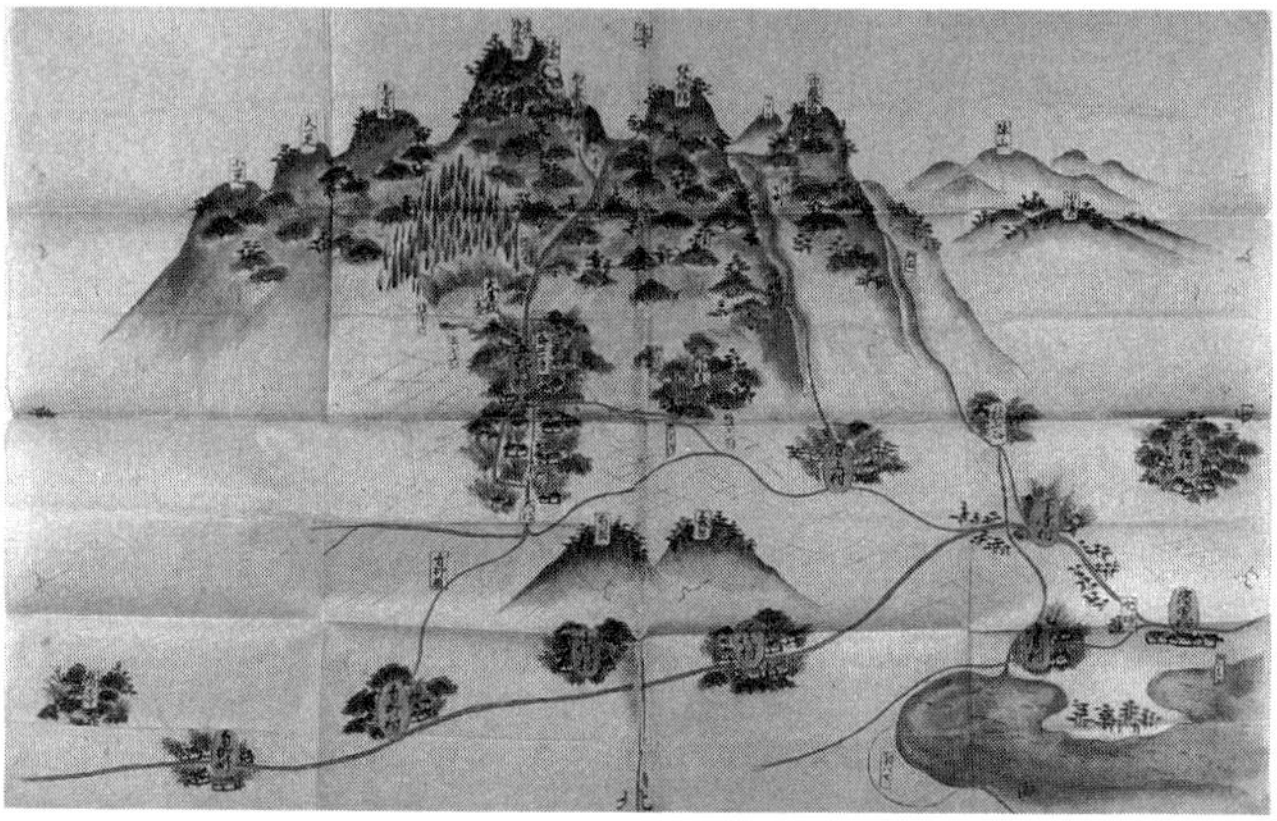

立花城絵図（「立花家文書」）

宗茂の「立花」姓使用が確認される。ちなみにいずれの文書でも道雪は「戸丹入」、つまり戸次丹後入道を称しており、父子は各々別の名字を名乗り、道雪は生涯「戸次」を通すことになる。

そこで問題となるのは、宗茂の立花冒姓の時期であるが、『豊前覚書』などによれば、天正十年十一月十八日に立花城「御本丸西ノ城」において「御旗・御名字」の御祝が催されている。ここではこの「御名字《みようじ》」を「立花」と解釈したい。もとより宗茂の立花改姓には大友宗麟・義統らの許諾が必要であり、この祝宴もそれをうけてのこととみてよかろう。したがって、この時期をもって宗茂は戸次から立花へ名字を改めたと考えられる。な

お、祝宴の列席者から、この段階における重臣らの顔ぶれが明らかとなるので、つぎに『豊前覚書』の記事を引いておくと、

与力・重臣の面々

正面には統虎様、左の御脇より次第不同にて、方清《ほうせい》、小野和泉守《いずみのかみ》、戸次右衛門太《だ》夫《ゆう》、米《ね》多《た》比《み》鎮久《しげひさ》、戸次弾正《だんじょう》、同越中守《えっちゅうのかみ》、同勘右衛門、同二郎兵衛、丹半左衛門、森下中務《なかつかさ》、戸次六郎、田尻与右衛門、小野喜八、城《き》戸《ど》左右兵衛尉、右の御脇より次第不同にて小田部《こたべ》新介、由布美作守、薦野三河守、小田統家、由布大炊《おおい》、十時《ととき》形部少《ぎょうぶのしょう》、堀千々代、高木玄勝《げんしょう》、原尻左馬頭《さまのかみ》、

となる。時間的には遡ることになるが、宗茂の入嗣にあたって実父紹運が発した「条々」の充所はつぎのようになっている。

戸次右衛門大夫・戸次越中守・戸次次郎兵衛尉・戸次勘右衛門尉・小野和泉守・由布大炊介《おおいのすけ》・安東紀伊入道・十時与五郎・足達対馬守《つしまのかみ》・十時和泉守・小野喜八・森下備中《びっちゅう》入道・内田壱岐《いき》入道・由布美作入道・戸次六郎・戸次弾正忠《だんじょうのちゅう》・戸次淡路入道、

こちらは脇付として「此外貴家各中」とあるように、あくまで戸次家中の陣容である。したがって、同苗の一門衆や由布・十時・安東といった譜代の家臣らが名を連ねている。ちなみに後年の編纂史料であるが、道雪時代の家老として名があがっているのは、由布

甲斐守《かいのかみ》家続、堀越後守《えちごのかみ》入道東雲、十時与五郎連秀《つらひで》、安東助五郎家栄《いえひで》、由布源五兵衛尉惟《これ》信《のぶ》（惟延・雪下《せっか》）、森下備中守入道釣雲、安東紀伊介宗忠（家忠）の七名であり、これらが譜代衆の最上席に位置する。

薦野氏と米多比氏

これに対して「御旗・御名字」の祝宴への列席者には一門・譜代以外の名も多くみえるが、その名字が示すとおり彼らは筑前衆であり、城督としての道雪に付された与力衆である。その代表格たる薦野三河守増時《ますとき》（のち玄賀・賢賀）は、筑前糟屋《かすや》郡薦野（現、福岡県古賀市）を本貫《ほんがん》とし、丹治《たじ》姓を称する。道雪の信任もきわめて厚く、誾千代の早世した姉政千代を娶ることで婿養子にと乞われたが辞退した、と伝えられている。また、丹半左衛門尉親次《ちかつぐ》は薦野三河守増時の実弟にあたる。米多比鎮久は筑前糟屋郡席内《むしろうち》郷米多《ねた》比《み》（現、古賀市）を本貫とし、桓武平氏《かんむへいし》熊谷《くまがい》氏の流れとする。この地域は宗像《むなかた》・大内・大友氏らの勢力が錯雑しており、米多比氏一族のなかには宗像方につくものもあった。鎮《しげ》久《ひさ》系は戦国期大友方に属して戦った元実のころから具体的な活動がみえてくるが、三左衛門尉鎮久はその孫にあたる。

小野氏

彼らの立場はあくまで大友氏の直臣であって、厳密には家臣ではない。なお、やはり本来与力《よりき》であった小野氏（和泉守鎮幸《しげゆき》とその従弟喜八成幸）は、紹運「条々」の充所にあがっている。小野家は藤原姓と伝え、代々大友家の直臣であった。鎮幸の祖父信幸《のぶゆき》は弘治《こうじ》三年（一五五七）に秋月で、父鑑幸《あきゆき》は永禄十年（一五六七）筑前休松で、それぞれ戦死している。鎮幸は道雪の要請によって立花城に入り、次第に戸次家の重職となっていったが、このころまでには家中に組み込まれていたことが認められる。

道雪主体の連署状

ここで若干問題となる点があるので、つぎに整理しておきたい。宗茂入嗣以降の感状は道雪と宗茂の連署にかかるが、潤野原《うるのばる》合戦、清水原合戦などの場合は、日下に統虎（宗茂）が、奥に道雪が署名し、懸紙には統虎の名が記される。ところが、年未詳四月二十八日付の「前之十六岩門庄《いわとのしょう》久辺野切寄取崩之砌《みぎり》」の感状などでは署名の順が逆になっている。したがって懸紙の署名も道雪であるが、加えて直属の被官《ひかん》充てのものには懸紙の裏書きも「立花／麟白軒」となっている。すなわち、この感状が発給された時点で宗茂の名字は立花となっているのだが、発給の主体は道雪にあったとみなされる。宗茂が立花を称していることからみて、この戦いが潤野原合戦などに先行するとは考えられない。宗茂の立花冒姓にともなって、後見に退いていた道雪がいったん家督的立場に復活したとも考えられるが、詳細は後考を俟《ま》ちたい。

新たな与力・重臣の編成

先にも述べたように、立花城主としての戸次道雪の下には戸次一族のほか、十時、由布、堀、安東など豊後から召し連れた家臣団と、豊後系ではあるが小野などのように本来大友氏直臣、さらに薦野・米多比に代表されるように立花城に近接して本貫地を持つ、いわば城付の与力たちが存在した。したがって、豊後系家臣の多くが「戸次」氏の譜代であったのに対し、筑前系の被官はむしろ「立花城督《じょうとく》」に付せられた与力としての色彩が濃いものであった。宗茂の立花冒姓は次元を異にするこれらの統合、新たな立花家家臣団の編成を意味する。

前者にしてみれば新たに「立花」を名乗る人物を主と仰ぐことを意味し、後者とすれば新たな「立花」氏が立花城を恒久的に拠点とすることで、従来の文字どおり与力的な関係からより強固な主従制的色彩の濃い関係を要求されることになろう。こうした移行を円滑に進めていく必要から、老将道雪が時限的ではあれ家臣団統制の前面に再び登場する必然性があったのではなかろうか。

大友宗麟の恐れ

かりにこうした推論が正しいとすれば、道雪に立花の名字を冒させなかったという大友宗麟の意図も、単に不忠云々といった名分論的なところにあったのではないということになる。大友家としては領国経営の必要から城督などを中心に軍団を組織させるが、こうしたいわば地域権力が必要以上に肥大化することを極力恐れていた。もちろん彼らがいつ謀反に及ぶかわからないからである。筑前の場合でも高橋鑑種《あきたね》や立花鑑載《あきとし》の例があり、絶大な信頼をおきつつも道雪に対してそうした危惧を抱いていたと考えられる。義統はことさらに陪臣に対して感状を発給しているが、同じような危機感のあらわれであろう。もとより、道雪配下の者たちにも義統は直接に感状を発している。版図維持のため城督などの地域権力に一定の強固さを望みつつ、それにくさびを打ち込み続けようとする大友氏の微妙な立場が道雪の冒姓を阻止しつづけたのではなかろうか。

したがって、結果的にみると道雪の段階は家督の預かりともいうべき状態であり、冒姓によって名実ともに立花の家督が宗茂に継承されたといえよう。ただし、こうしたプロセスは決して平坦なものではなかったのであり、道雪の一時的な「復活」にそうした困難を窺うことができる。

三　道雪と紹運の死

道雪の陣没

筑後へ軍勢を展開していた戸次道雪・高橋紹運は、天正十二年（一五八四）九月五日に上《こう》妻《づま》郡猫尾《ねこお》城（現、福岡県八女《やめ》郡黒木《くろぎ》町）を落として黒木氏を滅ぼし、ついで同郡山下（現、同郡立花町）の蒲池《かまち》氏を降す。さらに、竜造寺家晴《りゅうぞうじいえはる》の拠る山門《やまと》郡柳川《やながわ》城を囲むが、攻めきれずに高良山《こうらさん》に陣を移して越年する。その後、両将は筑後川をわたって御井《みい》郡北野《きたの》（現、福岡県三井郡北野町）に陣替えするが、こうしたなか、道雪は病を得る。五月上旬にはしばらく快気に向かったようであるが、結局は回復することなく九月十一日に陣没する。ちなみに、その行年についても諸書で異同があり、六十九とするものから七十三とするものまで幅がみられる。道雪は高良山麓に葬るべく遺言したと伝えられるが、墳墓を敵の馬蹄《ばてい》に辱められるのは忍びないとの意見から、遺骸は立花城へ戻されることとなり、喪を秘したまま、紹運を殿《しんがり》として軍勢は筑前へ退いた。道雪は立花城下の養孝院《ようこういん》に葬られ、法名は「福厳寺《ふくごんじ》殿梅岳道雪大居士」とされた。

道雪没後の家臣団

ここで簡単に道雪没後の家臣団についてみておこう。少し時間があくが、天正十四年六月十七日付の知行打渡状写によれば、発給者として由布《ゆう》美作入道雪下《せっか》（惟信）、十時《ととき》刑部少輔《ぎょうぶのしょうゆう》連秀《つらひで》、堀八郎秀（のち又介、次郎右衛門尉）、安東内蔵頭《くらのかみ》（のち彦右衛門尉）連直《つらなお》、由布大炊介《おおいのすけ》惟明《これあき》（惟時とするものもあり）、安東紀伊入道雪貢《せっこう》、小野和泉入道宗珊《そうさん》らの名がみえており、彼らが道雪没後の立花家の家老職を担ったとみてよかろう。これを道雪時代の家老たちと比較すると、堀秀は東雲の継嗣であり、由布惟明も甲斐守家続《いえつぐ》の次子である。

また、安東連直、雪貢（連忠《つらただ》）はそれぞれ紀伊介家忠の孫、子にあたる。したがって、安東家では家栄《いえひで》流の家老が消滅しているが、家栄が家忠の甥であることを考えると、さほど問題視することもないように思われる。道雪時代と比べると世代交代は進んだものの、家老たちに家筋としての変化はなかったとみてよい。

小野和泉入道宗珊

ただし、小野がここに登場するのは注目してよかろう。小野氏が元来は大友直臣であったことはすでに述べた。「小野文書」に残る「藤原姓小野氏系図」は「宗珊」を鎮幸《しげゆき》剃髪後の号としている。天正十四年ではないかと推察される九月五日付、新田掃部助《かもんのすけ》（鎮実《しげざね》）充ての宗茂（統虎《むねとら》）書状のなかに、

> 春以来の約束の首尾、相違なく合わせて十二町の辻、同じく役などの儀、これを差し進らせ候、坪付《つぼつけ》の儀は、御留守中宗珊へ申し談ずべく候、よくよく小泉入へ仰せ置かるべく候、御存知のため候、　（「佐田家文書」）

とみえている。鎮幸はこの前後の史料には「和泉守鎮幸」としてあらわれるので、ここに登場する「小泉入」、すなわち「小野和泉入道」が鎮幸だとすると、このころいったん剃髪《ていはつ》し、のちに還俗したと考えざるをえない。剃髪は道雪の死をうけたとも考えられるが、あるいは所伝に何らかの混同が生じているのであろうか。

一方、ここにも薦野や米多比《ねたみ》といった筑前衆の名はない。宗茂の立花冒姓後とはいえ、彼らはあくまで城督に付された与力であって、やはり本質的に家臣ではないからである。とはいうものの、大友義統《よしむね》は与力として付した部将らに「統虎に対していよいよ別儀なく馳走《ちそう》を励むべし」とする書状を発しており、これをうけて宗茂も彼ら与力衆の統率を継続している。

島津氏の北上

しかし、この段階にはすでに南から島津氏の脅威が大きく迫っており、大友氏を支え続けた戸次道雪の死は領国の瓦解に拍車をかけることとなる。既述のように天正六年(一五七八)、日向耳川に大友軍を撃破した島津義久は、十二年三月には実弟家久を島原に遣わして竜造寺隆信を敗死させた。隆信の死を契機に、北部九州にあっても反大友系の諸将は島津氏への接近を計ることになり、ほどなく隆信の跡を継いだ政家《まさいえ》も肥後領を放棄して島津氏の配下となる。このほか島津氏は、秋月種実《あきづきたねざね》や筑紫広門《ちくしひろかど》のほか草野・原田・星野といった諸家をも与党として、その勢力は大きく拡大していった。こうしたなか、道雪の死の翌日、高橋氏の宝満城が筑紫広門の手に落ちたのは象徴的な事件といえよう。

豊臣秀吉の和睦命令

独力で島津氏に抗しきれないと判断していた大友宗麟は、早くから豊臣秀吉《とよとみひでよし》に好《よしみ》を通じており、こうした関係をうけて関白秀吉は、天正十三年十月二日付で島津義久《しまづよしひさ》に対して大友義統との和睦すべく命じる。しかし、この停戦命令は島津氏によって拒否され、さらに危機感を強めた宗麟は翌十四年三月末、秘密裡に大坂城へ向かい、みずから秀吉に救援を求めた。秀吉の命を退けた島津義久は、九州平定を意図して十四年の六月中旬に大軍を北上させる。軍勢は日豊路《にっぽう》と肥筑路《ひちく》に分かたれるが、肥筑路の軍勢は五万に及ぶ大軍であったといわれている。

島津勢の筑紫攻め

軍勢は、まず筑紫広門を肥前勝尾城《かつお》(現、佐賀県鳥栖市《とす》)に攻めるが、これは島津北上の直前に広門が高橋紹運方へ寝返っていたためである。広門は和議の証として女《むすめ》を高橋直次に嫁がせていた。勝尾城を落とした島津勢は広門を筑後大善寺《だいぜんじ》(現、福岡県久留米市)に幽閉し(のち脱出)、ついで紹運の守る筑前岩屋城にいたる。これに先だって紹運は、直次を含む妻子を筑紫との相城となった宝満城に入れ、決戦の構えを示していた。城方は諸書によって異同はあるが七〇〇余名と伝えられ、宗茂は紹運に立花への入城を勧めたといわれている。

岩屋落城と紹運の敗死

ところが、この勧奨も紹運の容れるところとはならず、島津勢は岩屋城を囲んで攻城戦を開始した。城方も累日奮戦したが衆寡《しゅうか》敵せず、ついに七月二十七日に紹運以下ことごとく敗死する。落城の前日七月二十六日条の『上井《うわい》覚兼《さとかね》日記』には紹運が城を明け渡さないことを条件に和を乞うたが、島津方の容れるところではなかった、と記されている。相次ぐ戦乱のなか、宗茂は養父道雪についで実父をも亡くしたのである。『寛政重修諸家譜』は紹運の享年を「三十九」と記している。

宝満落城

ついで、島津勢は八月六日には直次以下が守る宝満城をも落として、直次や宗茂実母宗雲院らを捕らえる。岩屋・宝満の両城を落とした島津勢は豊後への討ち入りと、立花城の計略を議すことになるが、『上井覚兼日記』は立花城内の内応者についても言及している。それはともかくとして、ほどなく島津勢は宗茂の拠る立花城の包囲を開始、これは八月二十五日まで続けられたようである。この間の島津方と城方の交渉をやはり『上井覚兼日記』からみておこう。

島津勢、立花城を囲む

島津方は立花開城を要求して、実際の攻城戦はなかったようである。島津方は、投降すれば替地として早良《さわら》郡荒平《あらひら》城（現、福岡市）の充行《あてがい》を約束するが、宗茂は立花城は「名字」の地であることを述べ、さらに秀吉に人質を差し出して忠誠を誓っており、毛利勢の援軍も間近なこと、またすでに秀吉からの指示で多量の鉄砲が城に搬入されていることを告げ、容易に下城しがたい旨を回答した。実際、宗麟の秀吉への面謁をうけて、宗茂もすでに豊臣政権から直接的な軍令をうける体制になっており、秀吉は黒田孝高《よしたか》（のち如水）・宮木長盛《ながもり》・安国寺恵瓊《あんこくじえけい》らに対し小早川隆景《こばやかわたかかげ》と相談して、立花城へ兵粮《ひょうろう》・玉薬などをすみやかに補給すべく命じている。

高鳥居城の戦い

これをうけて、秋月種実から立花城の手当をひとまず両筑の諸将に委ね、島津勢は後方に退いて体制を立て直すべく提案がなされた。こうして秋月勢が城近くに陣替えすることを前提に、島津勢は二十四・二十五日に立花城の包囲を解いて撤兵を開始する。危機を脱した宗茂は一挙に島津方星野氏の守る糟屋《かすや》郡高鳥居《たかとりい》城（現、福岡県粕屋郡篠栗《ささぐり》町・須恵町）を攻めて激戦の末に落城させ、ほどなく岩屋・宝満の両城をも奪回する。のちに秀吉から「九州の一物」と激賞されるのは、この高鳥居城攻略の戦いであった。

さらに重要なことは軍功を賀すなかで秀吉が宗茂に対し、褒美《ほうび》として「新知一廉《ひとかど》」の給付を約束している点である。少なくともこれに先立つ八月上旬ごろは、文書内容も大友氏の存在を前提したもののように見受けられるが、九月九日・十日付の文書には如上の文言が登場しており、この間に秀吉は宗茂を直臣とすることを決したものであろう。十月上旬には、宗茂も御礼言上のため直接家臣立花弾正忠《だんじょうのちゅう》（鑑貞《あきさだ》）を大坂に派遣しており、すでに両者の関係は大友氏に媒介されないものとなっている。

第二　大名取り立て

一　九州の役

中国勢、香春岳城を攻撃

天正《てんしょう》十四年（一五八六）十月三日、秀吉の先遣《せんけん》として毛利輝元《もうりてるもと》・吉川元春《きっかわもとはる》・小早川隆景《こばやかわたかかげ》らの率いる中国勢が九州に入り、四日には島津方高橋元種《もとたね》の支城である豊前規矩《ぶぜんきく》郡の小倉《こくら》城（現、福岡県北九州市小倉北区）を攻め落とした。ついで中国勢は元種の拠る田川《たがわ》郡香春岳《かわらだけ》城（現、田川郡香春町）を囲むが、『豊前覚書』によれば十月十八日、宗茂がこの陣を訪れ、黒田孝高《よしたか》に参会の挨拶をし、吉川元春・小早川隆景に立花城救援の礼を述べ、翌十九日に帰城したとある。同書は、この両日大雪で宗茂主従が難儀したと伝えているが、孝高は軍監《ぐんかん》であり、宗茂としてはこののちの指示をうけるための参陣だったと考えられる。

戸次川の戦い

元種の香春岳城は、十二月末に陥落する。九州への先遣は中国勢のほか、仙石《せんごく》・長曽《ちょうそ》我部《かべ》らの四国勢も豊後《ぶんご》へ到着していたが、こちらは十二月十二日の戸次川《へつぎがわ》の戦いで、島《しま》

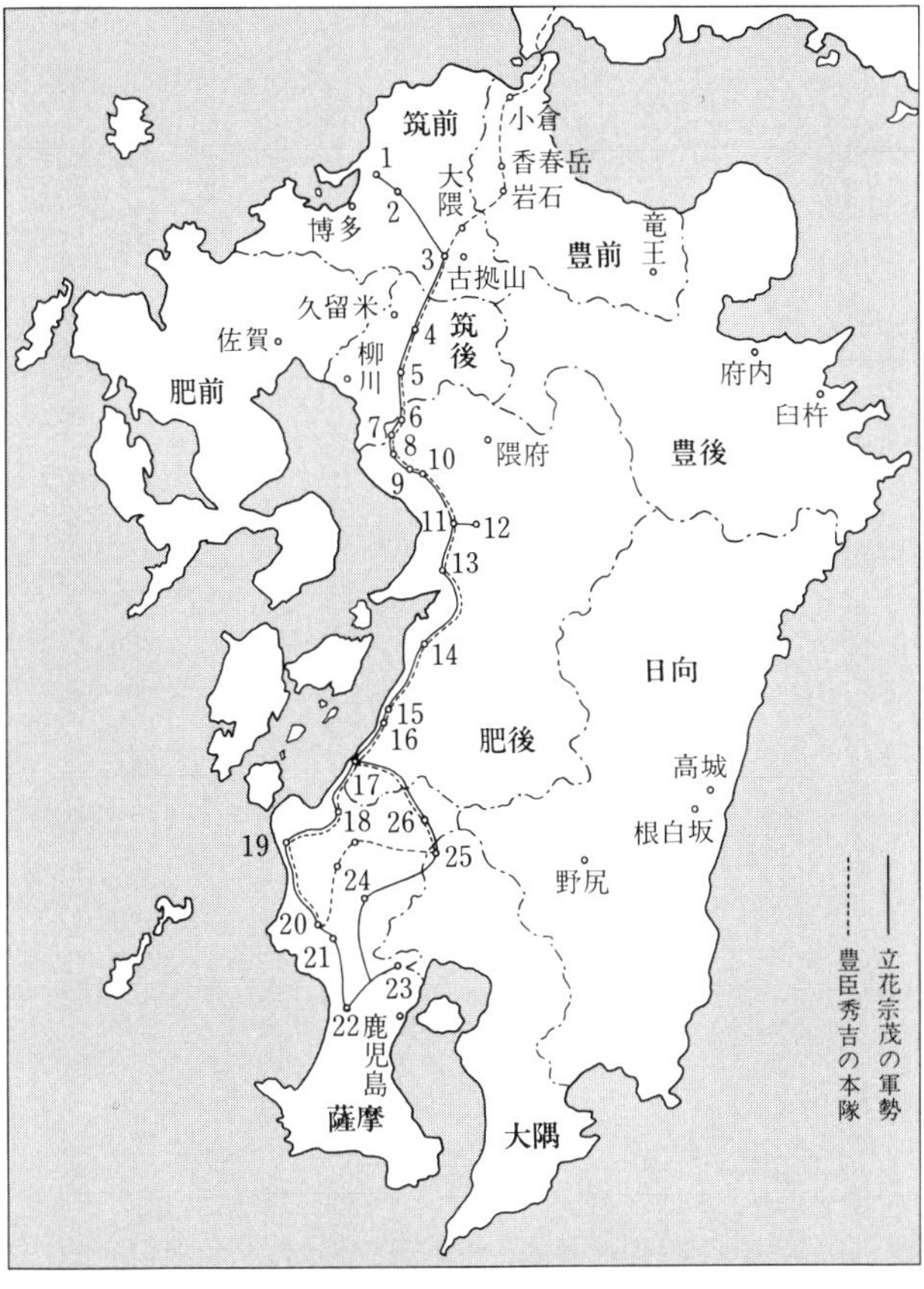

九州の役における行軍図

1	立花山（4/3発）	2	金出	3	荒平（4/5）	4	高良山
5	山下（4/8）	6	南関	7	大津山（4/11）	8	小代（4/11）
9	高瀬（4/12）	10	安楽寺（4/13）	11	隈本（4/14）	12	木山（4/16）
13	宇土（4/17）	14	八代（4/20）	15	田浦（4/21）	16	佐敷（4/22）
17	水俣（4/23）	18	出水（4/24）	19	阿久根	20	川内（4/29）
21	百次（5/3）	22	伊集院（5/11）	23	吉田（5/20）	24	祁答院（5/21）
25	曽木	26	大口（5/25）				

（　）は『豊前覚書』にみえる着陣の日付

津家久《いえひさ》に大敗を喫し、府内も占領されてしまう。当主義統《よしむね》は豊前へ敗走し、豊後は宗麟《そうりん》の拠る臼杵丹生島城《うすきにうじま》（現、大分県臼杵市）などを除いて、ほぼ全土が島津勢に席巻されるという有様であった。このころの立花城の動きは判然としないが、『豊前覚書』は博多の様子などを記している。

宗茂は家臣に対し「博多東分役職」の給付などを行なう立場にあったが、その博多もたび重なる兵火によって焼亡を余儀なくされていた。博多の復興策を講じるべく秀吉の命をうけていた黒田孝高は、久野四兵衛を遣わして町割《まちわり》の下検分《したけんぶん》をさせ、博多町人の還住などを進めたのである。宗茂は薦野賢賀《こものけんが》（三河守増時《ますとき》）を久野につけて協力したとある。そのほかのことは必ずしも判然としないが、来たるべき島津討滅戦に備えて、体制の立て直しを図ったものであろう。

秀吉の九州入り

天正十五年三月朔日、島津氏攻めのため秀吉が大坂を発した。二十五日に赤間《あかま》が関《せき》（現、山口県下関市）に着陣した秀吉は二十七日の小倉着を筑紫広門《ちくしひろかど》に告げている。九州に入った秀吉は、秀長に毛利・宇喜多《うきた》などの軍勢をつけて豊日路《ほうにち》の南下を命じ、みずからは秋月種実《あきづきたねざね》方の豊前岩石城《がんじやく》（現、福岡県田川郡添田町）を経て、筑肥路《ちくひ》を往くこととした。秀吉軍の猛攻によって岩石城はわずか一日で落ちたため、本拠の古処山城《こしよさん》（現、福岡県朝倉市・嘉麻市)から大隈《おおくま》城(現、嘉麻市)に出張っていた秋月種実も四月三日には降伏する。岩石落城の知らせをうけた宗茂は、秀吉に従うため立花城を発つ。『豊前覚書』もこれを四月三日のこととする。翌々日の五日、秋月において宗茂は秀吉への謁見を果たすことになる。

秀吉への拝謁

なお、秀吉は秋月を落とした後、夜須《やす》郡荒平《あらひら》山(現、福岡県朝倉市)に二日滞留したといわれており(「筑前国続風土記」)、具体的な謁見の場はここであったかもしれない。先にもふれた広門充ての朱印状《しゅいんじょう》(写)で秀吉は「その方人数を召し連れ、秋月表へ越すべし」と述べており、北部九州の国人衆《こくじんしゅう》には秋月への出頭が命ぜられていたようである。ここで宗茂は秋月・原田・筑紫《ちくし》・蒲池《かまち》・麻生《あそう》らとともに、浅野《あさの》長吉《ながよし》(のち長政《ながまさ》と改める)のもと、薩摩《さつま》攻めの先鋒《せんぽう》を命じられる。

薩摩攻め

『豊前覚書』にみえる行程をたどると、宗茂は秋月から筑後《ちくご》上妻《こうづま》郡の山下(現、福岡県八女郡立花町)を経て肥後《ひご》玉名《たまな》郡の大津山《おおつやま》(現、熊本県玉名郡南関町)、小代《しょうだい》へいたり、四月十二日には高瀬(現、熊本県玉名市)に到着する。『九州御動座記』(尊経閣文庫、『近世初期 九州紀行記集』所収)によれば、本隊を率いる秀吉は筑後高良山《こうらさん》で竜造寺《りゅうぞうじ》政家《まさいえ》らを拝謁し、南関《なんかん》を経て、十三日に高瀬に入る。以後の行程は同じであるが、両書の日付に従う限りで、宗茂は本隊より数日先行して進んでいる。野陣も多く、また大雨に悩まされる行軍であった。

この間、宗茂は竜造寺政家・原田信種《のぶたね》・宗像才鶴らと博多町人の還住を促すため、諸役を免除する旨を、石田三成《いしだみつなり》・安国寺恵瓊《あんこくじえけい》・大谷吉継《おおたによしつぐ》らから指示をうけている。『九州御動座記』によれば、このころ秀吉本隊は八代《やつしろ》（現、熊本県八代市）に留まっており、この間に発せられたものであろう。

さて、宗茂は二十九日、川内《せんだい》（現、鹿児島県川内市）に入るが、本隊が翌月三日に川内に入ると、百次《ももつぎ》（現、同市）に陣替えする。ところで宝満城落城後、高橋直次夫婦は島津領内に捕らえられていたが、その後救出され、川内入りの直前に宗茂と対面を果たす（母宗雲院《そううんいん》も肥後南関に捕らえられていたが、竜造寺政家によって救出される）。

島津義久の降服

これに先立つ四月十七日の日向根白坂《ひゅうがねじろざか》での合戦に敗れた島津軍は、二十一日に降伏し、法体《ほったい》となった島津義久《よしひさ》は、五月八日、川内の泰平寺で秀吉に拝謁して謝罪する。その後の宗茂の動きをやはり『豊前覚書』によってみておくと、伊集院《いじゅういん》（現、鹿児島県日置郡）からいったん小薗《こぞの》へいたって再び伊集院へ戻り、ついで吉田（現、鹿児島県鹿児島郡）から祁《け》答院《どういん》（現、同薩摩郡）にいたり、五月二十五日に大口《おおくち》（現、同大口市）に入り、その後、肥後の佐敷《さしき》（現、熊本県葦北郡葦北町）に出る。島津領国内で宗茂は秀吉と別の行程を進んだが、佐敷では筥崎《はこざき》宮が秀吉の陣所と決められたため、宗茂に従っていた筥崎宮座主《ざす》方清《ほうせい》が分かれて復路を急ぐことになる。海路によった方清は、六月朔日には箱崎に戻っている。秀吉の箱崎着は、神屋宗湛《かみやそうたん》の『宗湛日記』が六月三日、『豊前覚書』が四日午刻とし、『九州御動座記』は七日とする。ここで諸書の当否を論ずる材料をもってはいないが、いずれにしろここで博多の復興をはじめとした戦後処理策が諸々と議されることになる。また『九州御動座記』は、箱崎在陣中の秀吉が立花城を訪れたことを記している。

蔣野賢賀へ「名字」を許す

さて時間的に逆行するが、薩摩大口から佐敷への途上、五月二十六日付で宗茂は蔣野賢賀に書状を与える。内容は名代として秀吉の検使に対した賢賀の功を賞し、名字《みょうじ》を与え、筑前国内（「沼口《ぬまぐち》」（現、福岡県鞍手《くらて》郡若宮町）と地名がみえ、鞍手郡内に擬せられる）での知行《ちぎょう》加増を約すというものである。知行加増の件は措くとして、立花賜姓の問題は注目される。養父道雪《どうせつ》も憚《はばか》った名字を家臣に与えるということは、この段階の宗茂が大友氏被官という立場から脱しつつあることを示していよう。

結果だけをみていくと、六月二十五日付の朱印状によって筑後国内に知行を与えられることで、宗茂は名実ともに大友氏被官という立場から脱することになる。このプロセスは、宗茂の地位を考えたとき、きわめて重要な問題となるので、尽くせぬながらつぎにおってみることにしよう。

二　下筑後拝領

筑前の支配

少し時間が遡ることになるが、天正十四年（一五八六）三月ごろに秀吉が最初に提示した国分《くにわけ》案では「筑前ハ京都より知行可有候」とあり（『上井覚兼日記』）、この段階で筑前は、豊臣政権による直轄支配が予定されていたようである。この計画は島津側の受諾を前提に、南肥後とおそらくは日向までを島津側に認め、大友が豊後の他に筑後と北肥後・豊前半国を領し、肥前は毛利に与えるというものであった。この段階にいたると、こうした計画もほとんどが実行しうる状態ではないので、筑前直轄化のみが生きていたとも考えにくいが、北部九州の領知配分は筑前をどうするかを軸として揺れていたようにみえる。このことは、当然、筑前に城地をもつ宗茂にも大きく影響するが、最終的な結論は秀吉が九州を離れる直前までずれ込んでいく。

宗茂への南筑後充行

毛利輝元から東中国を割譲させ、北部九州を毛利領とする案も提示されたようだが（『大日本古文書　家わけ第八　毛利家文書』）、結果的には伊予の小早川隆景が北部九州に動き、筑前・筑後は小早川隆景の領するところとなる。隆景は宗茂が名字の地とした立花城に入る（のち隆景は名島城《なじま》（現、福岡市東区）へ移る）。しかしながら、隆景が「筑後一国」をすべて領するわけではなかった。天正十五年六月二十五日付で、宗茂はつぎのような充行状を与えられ、筑後国内に領知を得る。

今度、忠節により御恩地として、筑後国に於いて山門《やまと》郡・三瀦《みずま》郡・下妻《しもつま》郡・三池《みいけ》郡合わせて四郡の事充行われおわんぬ、但し三池郡事、高橋弥七郎に対し引き渡すべし、ならびに三瀦郡内百五拾町三池上総介に相渡し、右両人与力として合宿致し、自今以後忠勤を抽んずべきの由候なり、

天正十五

六月廿五日　（豊臣秀吉朱印）

立花左近将監とのへ

（「立花家文書」）

筑後の諸大名

このように宗茂は山門郡以下三郡を拝領し、同様に上妻《こうづま》郡が筑紫広門に、御井《みい》・御原《みはら》・山本の三郡が小早川秀包《ひでかね》に与えられた。なお、宗茂充ての充行状《あてがいじょう》に指示されているように三池一郡は高橋直次に引き渡されている。ところで、宗茂は豊臣政権との交渉が開始される天正十四年までには「左近将監《さこんのしょうげん》」を名乗っており、直次が「少輔太郎《しょうたろう》」から「弥七郎」へ改めている。彼らはあくまで一個の大名であって、それぞれの領国に

直次への三池郡充行

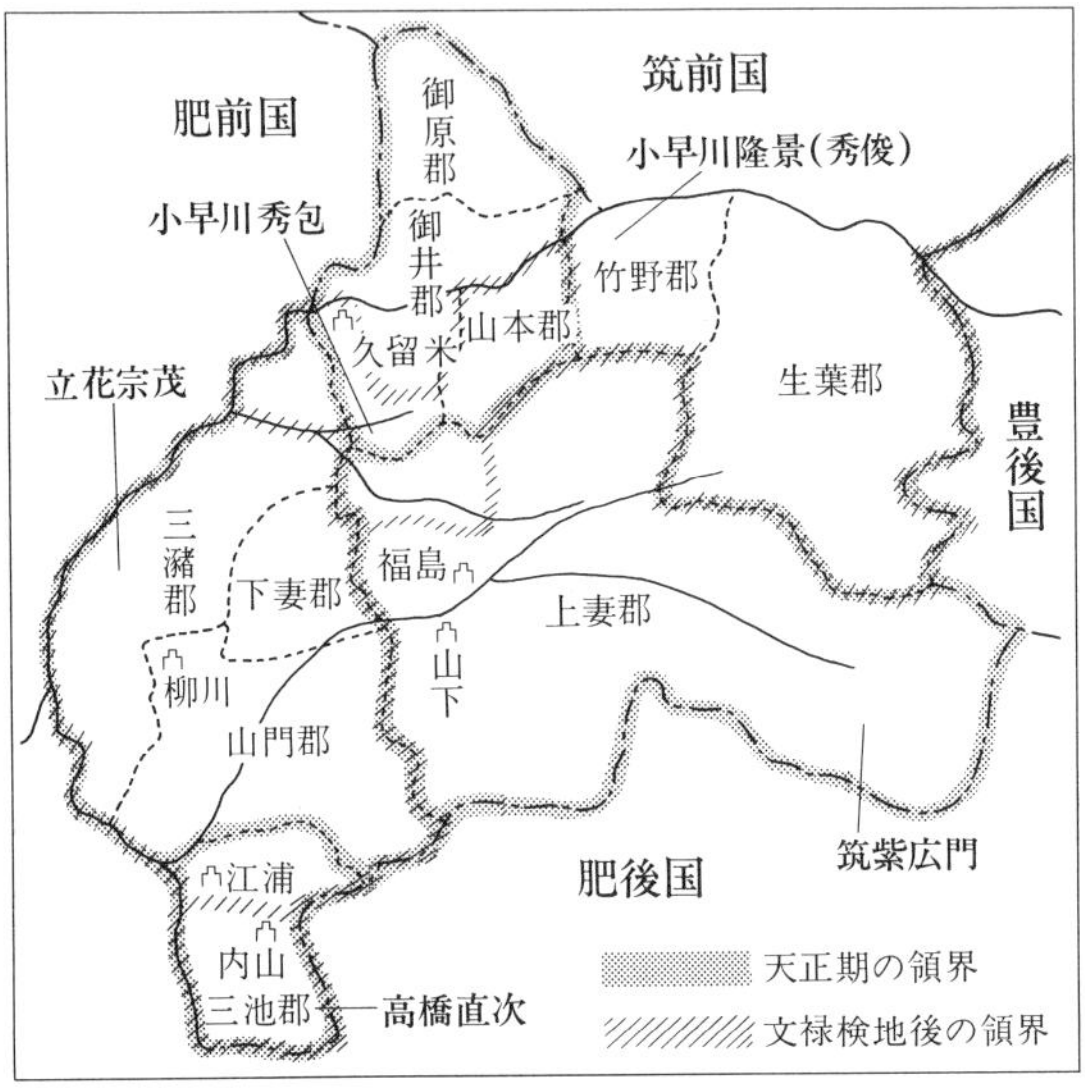

豊臣期の筑後

おいて隆景が上級領主権のようなものを保持していたとは考えられない。ただし、その後の軍事行動などをみていくと、彼ら四大名は隆景の与力大名として位置づけられたとみてよかろう。この体制は、服属間もない彼ら国人領主系の取り立て大名を統御するという意図に基づくものであろう。

こうして宗茂には山門郡以下四郡が充行われるものの、三池郡については実弟高橋直次に与えられ、三池郡の国人であった三池上総介《かずさのすけ》鎮実には直朱印が与えられて三潴郡内に移され、宗茂に与力として付せられた。右の充行状が日付どおりの発給であったかも疑うべきであるが、六月二十八日付で下妻郡水田《みずた》

宗茂の柳川入り

（現、福岡県筑後市）にあった大鳥《おおとり》居《い》信寛《しんかん》に充てた文書のなかで宗茂は、

夜前浅弾（浅野弾正長吉）同道せしめ、簗川（柳川）へまかり著き候、しかれば三潴郡・山門郡・下妻郡三郡の儀、御朱印頂戴、安堵候　（「太宰府天満宮文書」）

と、二十七日の夜には浅野に同行されて柳川に入っており、日付と実際の発給にズレがあったとしても一日程度のことであろう。

また、ここから城地の選定も余儀なく進んだことがわかる。城地は、当初下妻郡内に擬せられたのではという見解もあるが、これは同じ文書にある「御在所《ございしょ》の儀、下妻郡内の様に承り及び候」の解釈を誤ったもので、「御在所」はいうまでもなく大鳥居のいる水田を想定したものである。なお、信寛の子信岩《しんがん》には由布《ゆふ》大炊介《おおいのすけ》惟明《これあき》の女《むすめ》が嫁している。のちに宗茂はこれを「妹に候もの」と呼んでおり、道雪の養女分として大鳥居に嫁いでいたものと考えられるが、信岩の記した「一生年記付」（「大鳥居文書」）には「祝言ヨメ入」を十七歳の時としており、これに基づけば、婚姻は宗茂の柳川入部後となる。

さて、いったん柳川に入った宗茂は十時《ととき》摂津守《せっつのかみ》（連貞《つらさだ》、関ヶ原合戦ののち、しばらくは孫右衛門尉と名乗る）・由布五兵衛尉（惟次《これつぐ》、雪下《せっか》嫡子、名はのちに七右衛門尉、美作守と称す）らを残して再び箱崎へ立ち帰っている。これはやはり同じく大鳥居信寛充ての文書の袖書《そでがき》に「明日

は夜をこめ箱崎へ、このたび地（知）行仰せつけられ候、御祝儀として参上を遂げ候」とあるように、秀吉への御礼言上のためである。あわせて一両日中にはまた還る旨を報じており、新封地を得た慌ただしさが伝ってくる。

『豊前覚書』にみる国替え

『豊前覚書』は国替えの状況について「六月十一日」からのこととして筆を運んでいる。十一日に小野和泉守《いずみのかみ》に対して城請け取りの命が発せられ、十二日未明には城下井手《いでの》橋《はし》に到着、十三日には柳川城の請け取りが完了し、十五日には誾千代《ぎんちよ》はじめ奥方も立花城を出て、十七日には一統が柳川入りを果たしたとする。一連の動きは先の大鳥居信寛充ての文書などを徴すると、日程などに違和感を禁じ得ない。ただ、こちらの記述も正しいとすると、城地のみあらかじめ決められていて、領知の境域決定が六月下旬までずれ込んだとも解釈できよう。また、こうした前提にたつと、天正十五年（一五八七）六月日付で出された秀吉の三箇条「定」も合理的に解釈されることになる。三箇条の内容は、

秀吉の「禁制」

一、立花左近知行の人足、何様の御普請《ふしん》仰せ出され候とも、左近用所申し付る間は、
　自余へまかりいでまじき事、
一、立花当知行内百姓にたいし、謂われざる族申し懸けるものこれあらば、一銭切
　りたるべき事、

一、左近妻子これある在所へ、諸奉公人出入りすべからざる事、
右条々、堅く停止せられおわんぬ、もし違犯の輩これあらば、忽《たちま》ち厳科に処せら
るべきものなり、

というものであった。発給の「六月　日」が二十五日より前か後かが問題だが、秀吉は、当城、その方逗留の間、知行の内へ謂われざる族、申し懸けるものこれあらば、御成敗仰せつけらるべく候、その奉行として平塚三兵衛・佐々孫十郎差し越され候条、その意をなすべく候、人夫など入り候わば、右の両人へ申すべく候、

とする朱印状を六月十七日付で宗茂に出しており、これが上記の「定」に関連すると考えられる。すなわち、問題の三箇条「定」は領知確定以前のものであろう。六月中旬の段階で、すでに柳川を中核とした暫定的な知行地が設定され、秀吉はここに対して禁制《きんぜい》の意味合いをもつ「定」を発給し、監察のため直臣を奉行として派遣していたのである。

三　支配体制と家臣団

筑後立花領の城地は、山門郡柳川（現、福岡県柳川市）に定められる。「柳川」は鎌倉期

からみえる地名であるが、「柳河」あるいは「梁川」「簗河」などとも書く。以下では「柳川」に表記を統一することとするが、ここには戦国期の国人蒲池《かまち》治久《はるひさ》が支城を築いていたという。のち蒲池氏は二流に分かれ、それぞれに下蒲池・上蒲池と称されるが、治久の孫にあたる鑑盛《あきもり》にいたって柳川に「築城」し、ここが下蒲池氏の本拠地となる。近世柳川城の淵源はここに求めることができる。鑑盛の子鑑漣《あきなみ》（鑑並とも書く）の時、竜造寺隆信の謀略によって下蒲池氏は滅亡、隆信は柳川城に鍋島信生《なべしまのぶなり》（直茂《なおしげ》）、ついで竜造寺家晴《いえはる》をおいていた。たびたびの攻城戦に耐えた名城として知られ、家晴の守る柳川城を戸次《べっき》道雪《どうせつ》も攻めあぐねたという。

柳川城の整備

豊臣期における城郭整備について確実な一次史料としては、上洛にともなって宗茂が文禄《ぶんろく》五年（一五九六）五月十七日付で留守居衆に充てた覚書がある。ここには小野和泉守鎮《しげ》幸《ゆき》に対し「柳川城普請肝煎申し付け、留守居」なる肩書きが付されている（「堤伝氏収集文書」）。また、後年の史料であるが、いわゆる「立斎様御自筆御書之写」には「高麗《こうらい》に於いて苦身仕り、中戻り仕り、又一年候て、高麗へまかり越し、朝鮮においても天守・広間・書院・所々矢倉など申し付け」とこれに符合するような記事をみいだす。「太閤検《たいこうけん》地《ち》」を終え、領国支配が安定化した段階、おそらくは五年夏ごろから、柳川城の本格的な改修が開始されたのであろう。当然これは慶長《けいちょう》の役《えき》期にも継続し、天守閣《てんしゅかく》の建造を含め朝鮮からの指示という事態に立ちいたったのであろう。

ちなみに三の丸から、本丸に隣接する二の丸に入る通称欄干橋《らんかんばし》の擬宝珠《ぎぼし》には、慶長四年（一五九九）銘の陰刻が残っており、少なくともこのころまで作事・普請が継続していたことを窺わせる。

梅岳寺、柳川城下へ移る

以上、少々先行した記述となったが、翻《ひるがえ》って考えると、入部当初の段階ではさして大規模な城郭整備は行なえなかったのではあるまいか。なお、立花山麓にあった梅岳寺《ばいがくじ》も柳川に移され、立花家の香華所《こうげしょ》とされた。

支城の配置

時間的に前後してしまったが、ついで天正十五年八月中旬から家臣への知行充行を開始する。まず、最上級家臣たる支城主についてみておこう。領内には本城たる柳川のほか、五つの支城が設けられた。支城と支城主の関係をつぎに示しておくと、

三潴《みずま》郡 城島《じょうじま》城―立花賢賀《けんが》（薦野三河守増時《ますとき》）　同郡蒲池城―小野和泉守鎮幸
同郡酒見《さけみ》城―由布雪下《ゆうせつか》（美作守惟信《これのぶ》）　同郡安武《やすたけ》城―立花弾正忠《だんじょうのちゅう》鑑貞《あきさだ》
山門郡高尾（鷹尾）城―米多比《ねたみ》三左衛門尉鎮久《しげひさ》

となる。このうち、立花賢賀と小野鎮幸はこれ以降しばしば連署状《れんしょじょう》を発しており、家

支城主（城番）の顔ぶれ

臣団のなかでは、やはり別格の地位にある。立花賢賀・米多比鎮久は、元来与力《よりき》として宗茂に付属していた筑前系の国人、小野鎮幸も本来大友直臣であったが、道雪の段階には被官化を終えていた。由布雪下の家は戸次氏譜代であり、立花鑑貞は一門衆である。

注目すべきは、従来与力ということで一般の家臣団とは一線を画していた薦野立花氏と米多比氏が名実ともに重臣の列に加わっていることである。臣従化への基本的契機は転封《てんぷう》にではなく立花氏の大友からの独立というプロセスのなかに求めるべきであろう。この点、薩摩《さつま》攻めの帰途に行なわれた薦野賢賀への「悴名字」免許が注目される。のちに宗茂は小野鎮幸にも立花姓を許そうとするが（実現せず）、その文書中、

名字の事、これを進らせ置き候、勿論ながら子孫までの儀も相違あるべからず候、親類に順（準）ずる上はいよいよ心底浅からず、忠貞を抽んぜらるべき事、

（『伝習館文庫』「小野文書」）

と述べている。名字免許は「親類格」を意味し、本来、大友家の直臣である与力をみずからの一門に擬することで、その臣従化を円滑に進めようとしたのである。同様の性格をもつ米多比鎮久の場合も立花姓を許されるが、その時期は必ずしも明確ではない。したがって、しばらくは本姓のままで記述するが、鎮久への立花賜姓も薦野賢賀とほぼ同

由布雪下惟信

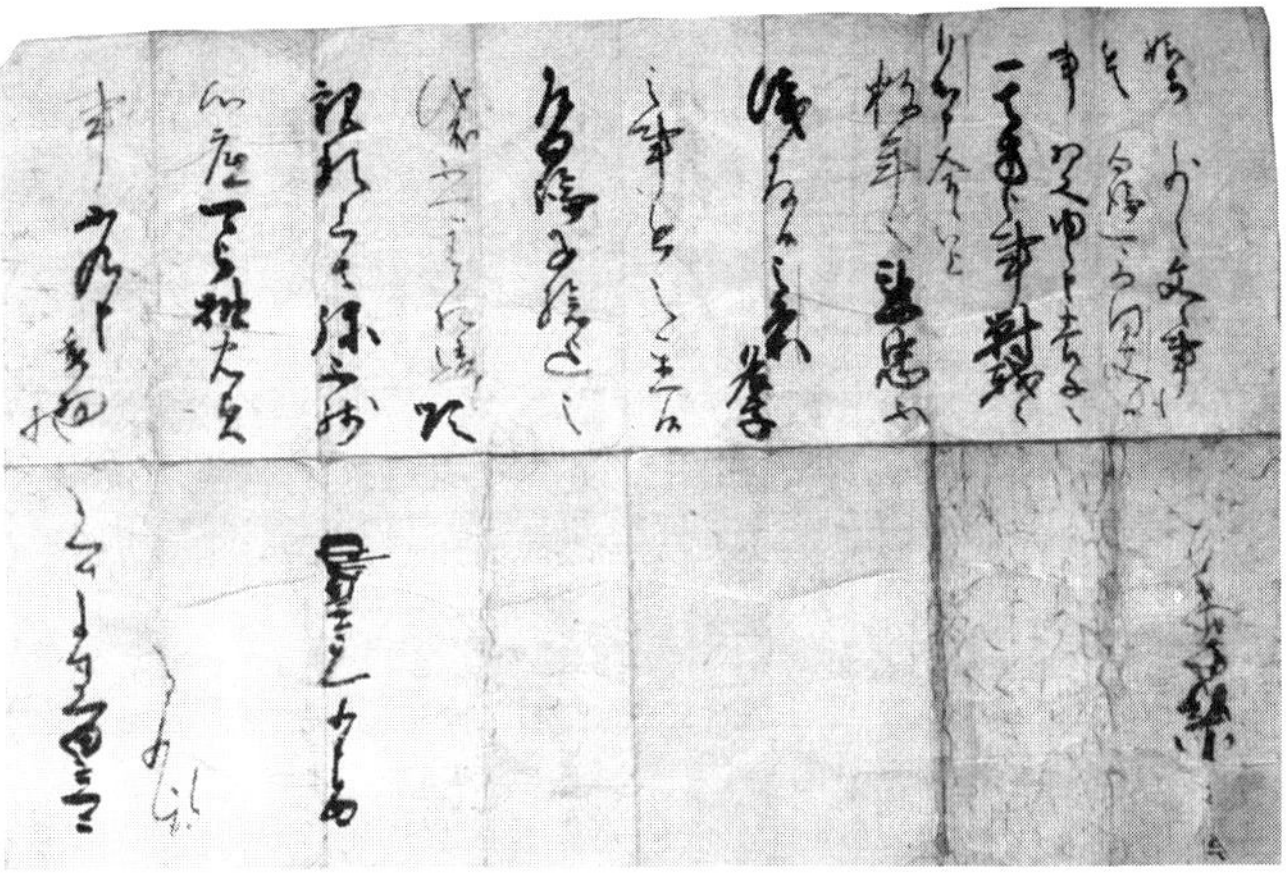

「宗虎」時代の小野鎮幸への賜姓についての書状（『伝習館文庫』「小野文書」）

時期かと考えている。

つぎに由布雪下《ゆうせっか》と立花鑑貞について簡単に述べておく。大神《おおが》姓由布家は豊後国速見《はやみ》郡由布院《ゆふいん》（現、大分県大分郡）を本貫《ほんがん》とし、元来は大友氏の幕下にあったが、のち戸次家に属し譜代となる。この間、血統は大きく二つに分かれ、それぞれが「正嫡」「庶嫡」と称した。雪下の家は庶嫡の本家にあたる。雪下の父惟巍《これたか》あたりから活動が判明するが、雪下惟信《これのぶ》の時、すでに道雪の家老に列している。実名は「惟延」とするものもあり、美作守《みまさかのかみ》の前には「源五兵衛尉」とも名乗っていた。ちなみに近世には、大炊助《おおいのすけ》家・内記《ないき》家と俗称される正嫡の由布家は、本来庶嫡家より上席で、やはり道雪の家老を甲斐守《かいのかみ》家続《いえつぐ》が勤めていた。家続の母は戸次親家《ちかいえ》の妹で、家続と道雪とは従兄弟の関係にあたるが、若くして当主が亡くなったことなどにより、この時期には正庶の序列が逆転している。

立花鑑貞

立花鑑貞《あきさだ》も本姓は戸次である。この家は戸次親貞《ちかさだ》の子親延《ちかのぶ》に始まるが、弾正忠鑑貞は親延の子刑部少輔親繁《ちかしげ》の子にあたる。鑑貞の長兄刑部少輔鎮時《しげとき》はすでに無嗣のまま戦死しているが、次兄右衛門太夫《だゆう》鎮実《しげざね》は存命であり、鎮実を措いて鑑貞が支城主、さらにいえば戸次一門を統べる立場についた経緯は定かではない。この家はいち早く立花姓を許された家の一つである。先に大友宗麟が道雪の立花冒姓を嫌ったことを述べたが、その際に道雪は自家の立花家家督継承の証として、一門の然るべき人物に立花姓を認めるように懇願したと伝えられる。こうして、右衛門太夫鎮実（当時は孫太郎、のちの但馬入道了均）、弾正忠鑑貞といったところが立花姓を許された。

同家の家伝を客観的に証明する手だてもないが、戸次一門のしかるべき重臣たちは、少なくとも天正十二年（一五八四）ごろには立花姓を名乗っており、先の宗茂冒姓からさほど時日を経ない段階のことと考えられる。なお鑑貞も実名は「直貞《なおさだ》」とするものがある。

城番補任の文書

さて、彼ら重臣を支城主に任じる文書は八月中旬に発せられる。管見の限り正文のかたちで残るのは「米多比家文書」の三左衛門尉（鎮久）充てのもののみで、次に例示する。

今度下筑後拝領に就いて、所々城番《じょうばん》の儀、申しつけ候、しかればその方事、中嶋勤番肝要に候、付衆《つけしゅう》など着到を以て相副え候、別して憐愍《れんびん》を加えられ、各忠貞の御覚悟専要に候、よって城料として百五町分坪付《つぼつけ》、別紙あること、これを預け進らせ候、知行あるべく候、恐々謹言、

八月十四日　　　　　　　統虎《むねとら》（花押）

三左衛門尉殿

このように支城主たちは領国内の要地勤番にあたるため「城番《じょうばん》」を命ぜられたのである。米多比鎮久の場合、実際は「中嶋」ではなく、「鷹尾」城に入ることになるが、この間の事情は不詳である。なお、「薦野家譜」所収の八月十一日付「三河入道殿」充ての統虎（宗茂）書状写や「由布美作入道殿」（惟信）充ての「写」は同様の箇所を「城番」ではなく「城督《じょうとく》」と読んでいる。現状では由布雪下らと米多比鎮久との間に職責の差異があったとも考えにくいので、両者を同一のものと見なしたうえで、一次史料の表記に信を置き、以下支城主を「城番」と称することとする。それぞれの城番は「城料」を充行われるが、右の米多比鎮久一〇五町のほか、判明するのは立花賢賀の一三〇町、

城料の充行

由布雪下の一一三町、小野鎮幸の一一三町である。小野の場合、坪付のみしか残っていないが、「城料」の給付とみて間違いなかろう。いずれにしろ、城番級の重臣には一〇〇町以上の知行が預進《よしん》されている。

与力衆

最後に「付衆《つけしゅう》」についてふれておく。文書にみえる「着到」は確認できていないが、「与力附侍帳」によって大概は把握することができる。これによると城番には五〇名前後の侍が与力として付属される。もとより直臣を与力として特定の家臣と組ませる体制は、この時期の軍団編成として一般的である。ただし城番以外の一般家臣の場合、全貌は明らかでないものの、付せられる与力は数名から十数名規模のようであり、上記史料による限り、二〇名に及ぶ与力をともなうのは佐伯善左衛門尉惟幸の場合のみである。

筑前にとどまった家臣たち

ここまで筑後転封直後における城番級重臣の問題についてみてきた。大友家からの独立、転封というプロセスのなかで形成される家臣団構成は、当然、立花城時代とは異なったものとなる。十時《とどき》・由布・安東といった戸次家被官たちは、ほとんどが柳川へ移ったと考えられるが、大友直臣たる与力や筑前系の家臣のなかには、転封を嫌って在地に残留した部分も少なくない。筥崎宮《はこざきぐう》の座主家はもとより、糟屋《かすや》郡上府《かみのふ》（現、福岡県粕屋郡新宮町）で「千年家」と俗称される横大路《よこおうじ》家、青柳種信《あおやぎたねのぶ》の『筑前町村書上帳』に糟屋郡下《しも》和白村《わじろ》（現、福岡市東区）百姓新次郎の所持として大友義統《よしむね》・戸次《べっき》道雪《どうせつ》・統虎の文書をあげた安河内家などがその例であろう。

大友直臣新田氏（佐田氏）の例

一方、薦野・米多比両氏に代表されるように、宗茂の柳川移封に従ったものたちは本貫地から切り離され、一門・譜代衆とともに一元的な支配をうけることになる。こうしたなかには、大友家から筑後に知行地を充行われていた新田氏（のち佐田と改姓）などがあるが、同家の系譜には、次のようにみえている。

天正十五年、秀吉公九州御下向の節、国割りをもって諸将へ知行ご配当、これにより旧領の面々浪牢とまかりなり候、同年立斎様（立花宗茂）柳川御入城の上、御家来に召し出さるべき旨、仰せを蒙り、

（『柳河藩享保八年藩士系図』）

このように浪牢を嫌って縁故のある立花氏を頼った大友旧臣も存在したようである。

知行の給付

これら一般の家臣団に対する知行給付も八月中には一応終えている。充行《あてがい》は「坪付」の形式をとるが、地積表示は町・反（段）・丈であり、補足的に半ないし中も使用される。充行の単位は「村」や「名」のほか、「左衛門抱《かかえ》」といった具合に人名に「抱」ないし「拘《かかえ》」を付したものや、やはり人名に「給」や「持」を付したものなど多様である。時間的な接近性を考慮すると、領知確定後に在地から徴収した「指出《さしだし》」の内容が、そのま

ま踏襲されたものと判断されよう。

　さて、知行地の規模であるが、現在確認される天正十五年（一五八七）八月段階の知行坪付を見る限り、城番以外の一般家臣で最大のものは五〇町を充行われた立花勘右衛門尉鎮行《しげゆき》であり、これにおよそ四〇町の安東紀伊入道（連忠《つらただ》、雪貢《せっこう》）や、三十数町の十時《ととき》摂津守連貞《つらさだ》、安東内蔵頭《くらのかみ》連直《つらなお》といったクラスが続く。立花勘右衛門尉鎮行の父は筑前居住の立花若狭《わかさ》とあり、道雪・宗茂が襲う以前のいわば本来の立花家の庶流とみられる。道雪のもとでは一次戸次姓を名乗り、戸次源五兵衛と称した。のちに山本姓を用いることになるが、おそらく客分的な扱いをうけていたのではなかろうか。安東紀伊入道や安東内蔵頭連直はすでに、筑前時代の宗茂家老として名をあげている。十時摂津守連貞は柳川城請け渡し直後の留守居を命ぜられていたが、他の史料にも「家老分」として登場しており、安東雪貢や安東連直の次世代に位置する。

　このように、筑前時代からの家老クラスでも三〇〜四〇町の知行である。先に述べた城番級家臣の知行がいかに隔絶していたかがわかる。あるいは城料給付の文言として「預進」とあるのは、こうした状況をふまえたものかもしれない。知行地の分布についてもみておくと、数町程度の家臣にあってはある程度の集中性も確保されているようであるが、数十町に及ぶ坪付の場合には知行地は数カ所に分散しており、複数の郡にわたる場合も多い。ところが、城番に与えられた城料は支城を中心としつつ、一定のまとまりをもつ所領構造が認められ、この点も非常に特徴的である。

代官の補任

家臣への知行給付を終えた後、宗茂は直轄地の代官職補任を行なうが、たとえば九月二日付で十時摂津守連貞に充てたものをみてみると、「瀬高上《かみのしょう》庄町・同外地七十三丁、宮永六十七町、西津ふく（福）・おとろ（荊）津四十町、代官職の事、これを預け進らせ候、堅固の裁判肝要に候」とある。また、同日付で安東（摂）津介幸貞には「垂見《たるみ》村のうち五十町代官職」が、薦野掃部介《かもんのすけ》には「西牟田のうち侍嶋七十町七反代官職」が預進されている。ちなみに、この（摂）津介幸貞は天正十五年十二月一日付で「山門郡乗（垂）見村役給」の名目で三町五反の知行が充行われている。（摂）津介幸貞にはすでに三潴郡田口村・山門郡北広田村で「十九町四反」の知行が与えられており、垂見村役給は本来の知行地とは別の代官給とみなされよう。

直轄地の位置づけ

わずかな事例からの推測とはなるが、先にみた家臣団の知行地に比べると、直轄地は一カ所ごとにかなり大規模に設定されていることがわかる。もとよりそれぞれの地域での一円性も確保されていたと考えられるが、なにより領内枢要の地が直轄支配をうけて

天正十八年の検地

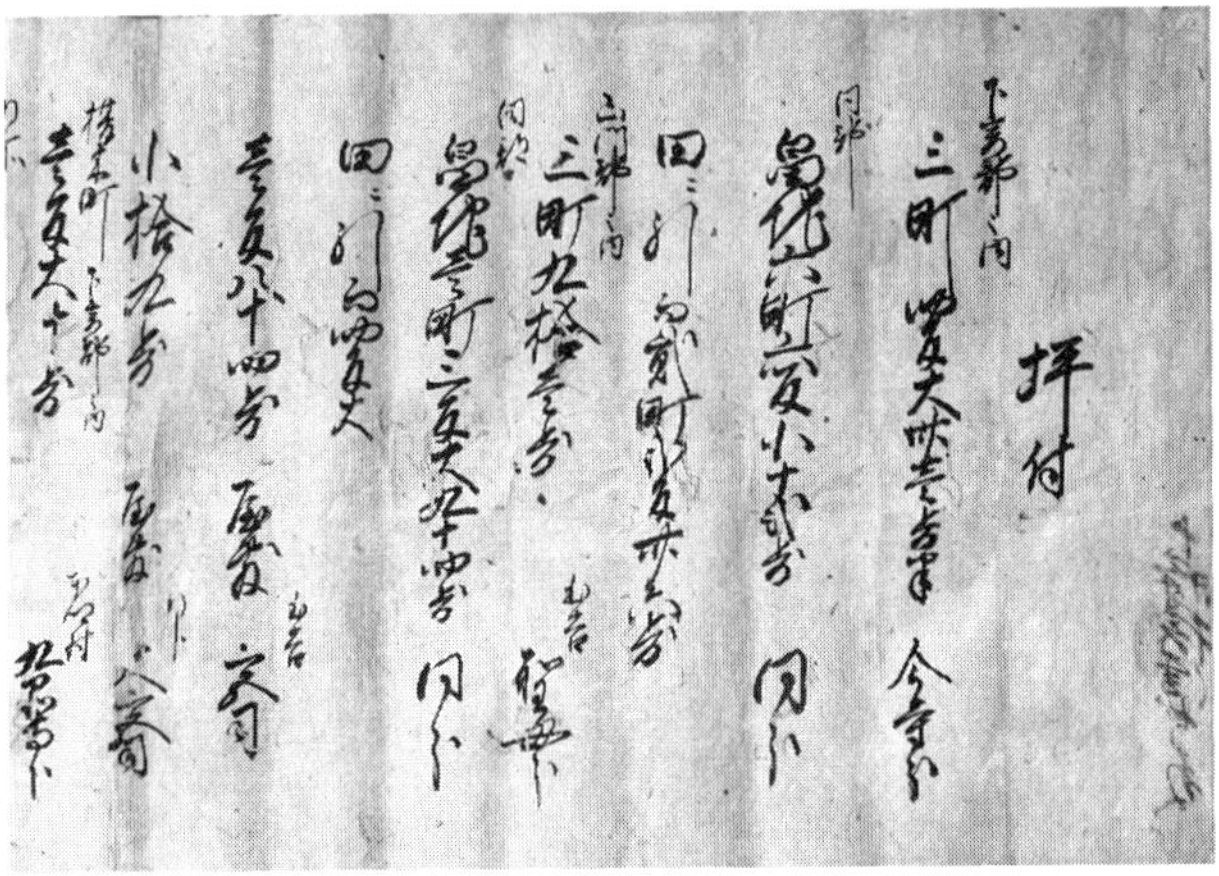

（「十時正道家文書」）

いることに注目すべきであろう。蓋然的な史料をもっていないので、統計的な見解とはなるが、柳川への移封によって宗茂は一般家臣とは隔絶して強大な大名権力の基盤構築に成功したようである。ただし、こうしたなかで城番級の重臣たちには、かなりの優遇策で臨んでおり、こことの関連で言えばいまだ盟主的存在とでもいうべきであろうか。

　さらに大鳥居《おおとりい》信岩《しんがん》の「一生年記付」には、天正十八年（一五九〇）の記述として、「惣検地はこの春にて候、段米仰せつけられ候、石に三斗づつなり」とみえ、同年における検地の実施を示唆している。そこでつぎにこの天正十八年検地についてみておきたい。

「坪付」の比較

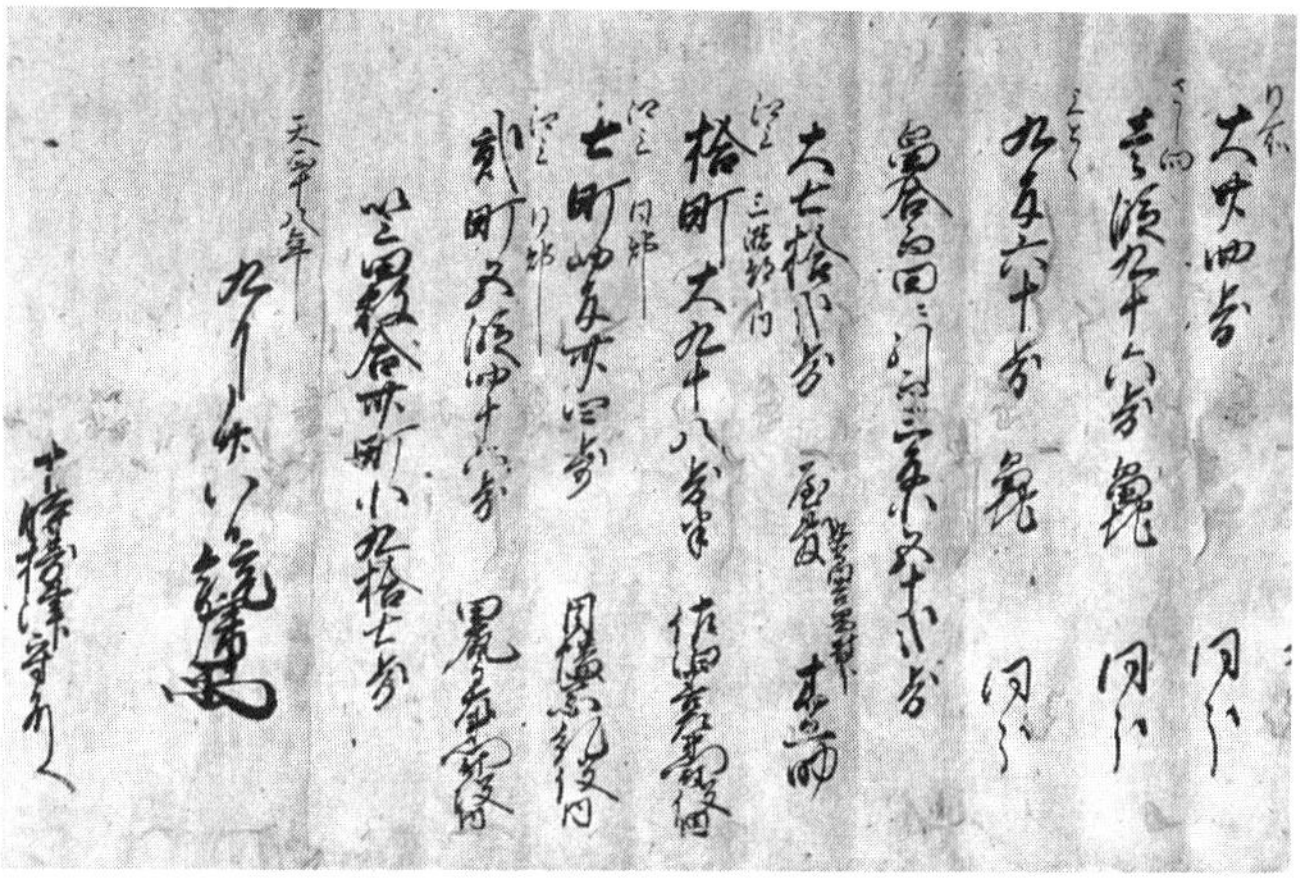

「統虎」時代の坪付

立花領の天正十八年検地に関連して、在地に残る史料としては、『筑後国水田荘／広川荘史料』に収められた「水田老松社社辺検地帳」がある。またこの検地をうけて発せられたと考えられる九月二十八日付の「坪付」がある。この知行坪付を分析すると、上掲図版のように「反」の下の単位が「丈」から「歩」に換わっていることがわかる。さらに田数の合計が末尾にあるが、これは単純な地積の合計ではなく、畠地を田に換算するという作業をともなっている（「十時正道家文書」）。すなわち、畠の地積はほぼ三分の一に読み換えられている。逆に言えば、一円地の場合も田地・畠地の内訳が把握されているともいえよう。

十五年段階のものにも「畠地」の記載はみられるが、備考的な記載であり、田地への換算などはもちろん行なわれてはいない。「名」などを単位として充行われた場合には、その内部構成も不明であった。また、「段米《たんまい》」の徴収も行なっているようである。給人知行地の畠地を田地に換算しているのは、この「段米」徴収に関連するものと考えられ、「一生年記付」の記事はおそらく「石」ではなく「反」当たり「三斗づつ」の間違いであろう。いずれにせよ、検地を経たうえでの替地・充行という行為によって、大名立花氏による知行地把握は一定の進展をみせており、領内総検地をふまえた十八年以降の領国体制は、いまだ過渡的とはいえようが、入部当初の暫定性を払拭するものであったと評価してよかろう。

四　豊臣大名として

肥後一揆

宗茂が新封地で家臣への知行坪付《つぼつけ》の発給などに腐心していたころ、隣国肥後では一揆が勃発する。天正十五年（一五八七）八月七日、佐々成政《さっさなりまさ》は検地に応じない隈府城《わいふ》（現、熊本県菊池市）の隈部親永《くまべちかなが》を攻めるが、肥後の国人衆は逆に隈部方について一揆をおこし、成政の隈本城（熊本城）を襲撃するにいたる。隈部謀反の報はすでに七月下旬には京都にもたらされていたが、八月に入って前述のような国衆一揆にまで拡大する。これに対して秀吉は九月八日付の朱印状を発し、小早川秀包《ひでかね》を総大将、安国寺恵瓊《えけい》を軍監として、筑後・肥前の諸将を肥後へ向かわせた。宗茂は前日九月七日付で、

一揆討伐勢の進発

肥後面の儀、一揆少々蜂起せしめ、隈本へ通路さきわりをなし候由に候、その方堺目の儀に候間、人数相催し、早速罷《ま》かり立ち、隈本へ入り相て、陸奥守（佐々成政）相談せしめ、一揆そのほか国侍《くにざむらい》、相届かざる者これ在るにおいては、成敗を加うべく候、

と令されている。宗茂も秀包の統率下に入ったとみられるが、これに先立つ八月六日付の朱印状で、秀吉は小早川隆景に「その方に預け置き候両国の者共、自然不届きの族、これ有るに於いては、覚悟に任せ首を刎ねらるべく候」と述べており、新たに政権に服属した筑前・筑後の旧国人らが隈部に与党することを恐れている。宗茂、筑紫広門《ちくしひろかど》、高橋直次らを秀包の下においたのは、その去就を確かめる意図もあったのではなかろうか。

宗茂の戦果

九月五日には秀包に率いられた先鋒が肥後南関《なんかん》に到着し、後詰《ごづ》めの隆景も久留米《くるめ》城（現、福岡県久留米市）に入る。その後、宗茂は「有動付城」への兵粮補給などに多大な戦果をあげ、十月十二日付で感状《かんじょう》を与えられている。「立斎旧聞記」などにみえる一揆方

の有動兼元《うどうかねもと》（隈部家家老）の軍勢が包囲する、佐々方の平山城への兵粮補給をさすと思われるが、感状の日付から逆算して補給が成功するのは、九月下旬から十月初めのことであろう。

ところで、この際の軍功は秀吉が隆景に充てた朱印状のなかにもわざわざ言及があるように、きわめて特筆すべきものであった。さらに宗茂は、秀包・恵瓊に従って和仁《わに》親実・辺春親行《へばるちかゆき》らの籠もる田中城（和仁城・現、熊本県玉名郡三加和町）を包囲する。十一月二十六日付で薩摩の新納忠元《にいろただもと》に充てた文書のなかで、恵瓊が「和仁・辺春楯て籠もり候一城、取り巻き候、今五日の内落去たるべく候、隙明き次第、山鹿《やまが》有動城取り詰むべく候」と、報じている。戦況如何によっては隆景の肥後出陣も検討されていたが、十二月五日には辺春氏の裏切りもあって田中城が陥落する（柚留木文平氏所蔵文書）。田中城の陥落によって一揆方の直接的抵抗は終息し、十二月二十六日には隈部親永も山鹿（現、熊本県山鹿市）の城村《しろむら》城で降伏した。宗茂は筑紫広門・高橋直次とともに十二月二十七日付で田中城攻略の感状をうけ、翌十六年の正月二十七日付の朱印状で「長々在陣」が労《ねぎら》われ、「馬一疋」が与えられた。

一揆の終息

秀吉は肥後の戦後処理を計るため「上使《じょうし》」を派遣するが、宗茂は直接これに関与し

黒門の戦い

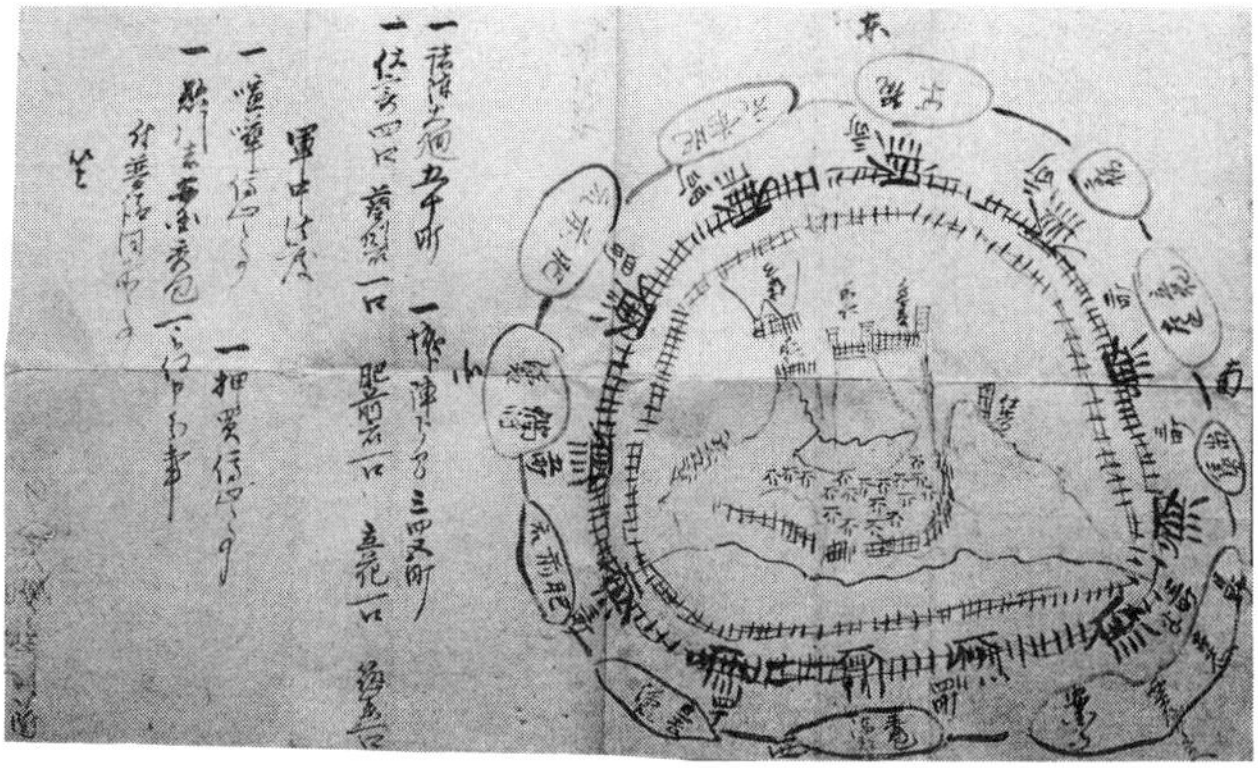

辺春和仁仕寄陣取図（山口県文書館蔵）

たわけではなさそうである。ただし、これで宗茂にとっての「肥後一揆」が終わったわけではない。家臣のいくつかの家には「天正十六年五月二十七日、隈部筑後守親永黒御門ニテ御成敗の節、出合候人数」なる表題の史料が残っている。ここには「御人数引廻」とされ、大将に擬せられる由布壱岐守以下、十時《とどき》摂津守・同勘解《かげ》由《ゆ》・同伝右衛門ら重臣、武勇の臣が名を連ね、「跡押」として殿《しんがり》に小野和泉守があげられている。

一揆鎮圧後、宗茂は「一揆棟梁人《とうりようにん》」とされた隈部親永を預けられていたが、のち秀吉によって討伐が命ぜられる。「立斎旧聞記」によれば、親永はいまだ一五〇人の侍を従えて立花領内に寓居していたとあり、秀吉からの許しを待っていたのであろう。天正十六年五月二十七日、宗茂からの面談申し入れを訝しく思った親永は、次子内古閑《うちのこが》政利《まさとし》（実名は鎮房《しげふさ》とも）以下精鋭二〇名をともなって柳川城へ向かったが、その途次、城下黒門において討ちとられるのである。右の史料はその折りの討ち手の面々であった。

隈部氏の滅亡と再興

これに先だって、親永の嫡子でやはり一揆を主導した親安《ちかやす》（「親泰」とも）や有動兼元も豊前小倉で誅殺されており、国衆隈部氏の本流は滅亡する。宗茂は肥後の名族を惜しみ、のちに一族の隈部尾張守《おわりのかみ》鎮連《しげつら》の子成真《なりざね》に家を興させ、家臣に加えている。同家の系譜によれば、慶長三年（一五九八）八月のことという。したがって、秀吉没後のことかと考えられるが、さすがに名字《みょうじ》は憚《はばか》って成真には「宇野」を称させている。一方、失政を問われた佐々成政も閏五月十四日、摂津尼崎《せっつあまがさき》において切腹を命ぜられた。

宗茂の叙位・任官

さて、「立花家文書」には、天正十六年（一五八八）七月五日付で宗茂を従五位下《じゅごいのげ》に叙する口宣案《くぜんあん》・位記《いき》、および同日付で侍従《じじゅう》に任ずる宣旨《せんじ》と、同年七月二十八日付で従四位下とする口宣案・位記が残っている。このうち、少なくとも宣旨と位記については、後年調えられたものと考えられるが、「海賊停止令《ちょうじれい》」「刀狩令《かたながりれい》」などとして知られる天正十六年七月八日の秀吉朱印状が「羽柴柳川侍従」を充所として発給されており、諸々の叙任は右の日付によったものと判断してよかろう。当時の状況から、宗茂がこれらの叙任を在国のままうけたとは考えられないので、そのころまでには上洛を果たしていたと考えられる。柳川入部からほどなく肥後一揆の鎮圧に従っており、その後も隈部親永父子を預かり、また上使衆の肥後仕置《しおき》きを後援するような立場にあったことから、在国を続けていた可能性が高い。したがって、宗茂はここで初の登坂・上洛を果たしたものと考えられる。ちなみに「立斎様御自筆御書之写」には「其の後肥後一揆にて方々仕り、熊本一番軍仕り、翌年五月上洛せしめ候」とある。

宗茂の初登坂、上洛

上方《かみがた》滞在がどの程度の期間に及ぶのかは詳かではないが、既述した「海賊停止令」「刀狩令」などは、ここで受けたと考えられる。さらに年欠であるが、十月吉日付の浅《あさ》野長吉《のながよし》の発給の「軍役之次第《ぐんやくのしだい》」も同様に、京ないし大坂で受納したものであろう。これによって、とりあえず豊臣政権下の大名としての軍役が規定されることになる。なお、『宗湛日記《そうたんにっき》』によれば天正十七年正月十三日に宗茂と直次は神屋宗湛《かみやそうたん》の「数寄《すき》」をうけている。場所はおそらく博多から名島と考えられるので、宗茂もこの前後には柳川へ戻っているとみてよかろう。

「軍役之次第」

ついで登坂・上洛の可能性を指摘しうるのは、天正十八年（一五九〇）である。大鳥居信岩の「一生年記付」には、十九歳の折、「左近様関東へ御立ち候、六月十四日に御立ち候、下向八月なり」とみえる。したがって登坂・上洛が目的というわけではなく、関東への途次にあたる。もとより、関東云々とある以上、小田原攻めを想定したものであり、その年紀は天正十八年と考えられる。小田原征討戦における九州大名の軍役としては小早川隆景が後詰めとして尾張清洲《きよす》（現、愛知県西春日井郡）に入ったことなどが知られるが、他の大名の動向は必ずしも明らかではない。

小田原の陣中見舞い

秀吉の出陣は三月朔日《さくじつ》であり、宗茂も上洛し「京都御留主番」に従っていた可能性も考えられる。ちなみに、五月二十七日付で秀吉から陣中見舞いの礼状をうけており、ここには「東国表見廻いとして、使者ならびに帷十、遠路到来悦び思し食し候」とある。この時点での宗茂の居所は京とも考えられるが、信岩の記録が正しければ、いまだ在国していたことになる。いずれにしろ、「一生年記付」の記述が正しいとしても「関東立ち」は親しく陣中を見舞ったという程度のもので軍勢をともなっての従軍ではなかろう。

さて、「立斎様御自筆御書之写」には、

小田原御陣御見舞いとしてまかり越し、八月に御暇下され、国へまかり下り、九月・十月ごろにて候哉、妻子召し連れ大坂へまかり登り、屋敷下され、在大坂仕り候、とある。天正十八年（一五九〇）八月の国元帰着は信岩の「一生年記付」とも符合しており、ここでの記述にも信をおいてよかろうと考える。

宗茂「在大坂」

すなわち、柳川へ戻った宗茂はほどなく「妻子」をともなって上坂する。既述のように、宗茂は十八年九月二十八日付で知行充行の坪付を発給しており、上坂はその後のことであろう。宗茂・誾千代《ぎんちよ》夫婦には子がなく、のちに継嗣となる忠茂《ただしげ》も慶長十七年（一六一二）の生まれなので、この時ともなわれたのは幾人かの養女であろうか。ここでの「在大坂仕り候」という表現は、在坂生活がかなり長期に及んだことを匂わせているが、具体的な期間については不明である。ただ、宗茂は蒲生氏郷《がもううじさと》から「拾月八日」付で、

蒲生氏郷の書状

随って、当国奥郡一揆速やかに成敗申し付け、平均に相済み候間、御心安かるべく候、近日上洛致し候間、其の刻万々申し述ぶべく候、

といった内容の書状を受けている。ここで言及される「一揆」が大崎《おおさき》・葛西《かさい》一揆か九戸《くのへ》政実《まさざね》の乱かによって、年紀比定にズレが生じるのであるが、前者の場合、十月上旬の段階で、上記のような文言が発せられるとも考えにくく、おそらく「一揆」は九戸政実のそれを指すのではなかろうか。政実の乱は十九年九月上旬段階で鎮圧されている。したがって、天正十九年十月段階における宗茂の在坂が確認される。おそらく前年からの大

坂滞在が継続しているのではなかろうか。

　このほかにも、正月二十六日付で浅野長吉が「柳川侍従」充てに「二十三日大坂に至り御着の由、尤もに存じ候」との状を送っている。もとより侍従任官の天正十六年七月以降のものであるが、十八年の上坂とは月が合わないので、十七年ないしは十九年のものと考えられる。二十年とも考えられるが、大陸出兵の準備の関係もあり、その可能性は低い。十七年とすればほぼ毎年の上坂・上洛であり、十九年としても十八年にいったん下国しての上坂となる。いずれにしろ、豊臣大名として柳川と上方との間を事繁く往来していたことは明らかであろう。文禄五年（一五九六）ということで、少し先の史料にはなるが、大坂には上方の財務を仕切る由布惟次《これつぐ》があり（「堤伝氏収集文書」）、また「大坂蔵奉行」なる職責が設けられて、柴山平右衛門尉が勤めていたことが確認される。

第三　文禄の役

一　侵攻の準備段階

秀吉の「唐入り」表明

豊臣秀吉《とよとみひでよし》の「唐入《からい》り」表明は、すでに天正《てんしょう》十三年（一五八五）の段階で行なわれていたが、実際に侵攻の準備に入るのは、奥羽《おうう》平定後のことである。天正十八年八月、奥州《おうしゅう》からの帰途、秀吉は駿府《すんぷ》に小西行長《こにしゆきなが》・毛利吉成《もうりよしなり》を召し、翌年春の大陸侵攻に向けて、準備を促している。しかしながら、ほどなく奥州で大崎《おおさき》・葛西《かさい》一揆、九戸政実《くのへまさざね》の乱が勃発したため、十九年の「唐入り」は実現せず、奥羽の争乱の鎮圧後に先送りされる。この間、天正十九年の八月、愛児鶴松《つるまつ》の死をきっかけとして、秀吉は関白職を甥の秀次《ひでつぐ》に譲る旨を表明、さらに「唐入り」の実施を翌二十年三月朔日《さくじつ》とし、その前線基地として肥前名《ひぜんな》護屋《ごや》（現、佐賀県東松浦郡鎮西町）に御座所を設けることとした。

名護屋城普請

石田正澄《まさずみ》が相良長毎《さがらながつね》に充《あ》てた書状によると、名護屋普請について「筑紫衆《ちくししゅう》は軍役《ぐんやく》三分の一ほどづつ」とある。普請

天野源右衛門

の開始は十月十日とされており、それまで在洛していた可能性が高い宗茂も、国元へ戻ったのち、これに従ったとみられる。

明智光秀《あけちみつひで》の旧臣で、文禄《ぶんろく》の役《えき》に際して宗茂の下に付せられた人物に、天野源右衛門《あまのげんえもん》（安田国継《くにつぐ》）がいる。本能寺の変ののち、改称して羽柴秀勝《はしばひでかつ》、ついで秀長《ひでなが》に仕え、さらに蒲生《がもう》氏郷に転仕している。立花家を去ったのちに寺沢広高《てらざわひろたか》に仕え「立花朝鮮記」を著す人物である。詳細は不明であるが、文禄の役に先立っては浅野長吉《あさのながよし》に付せられて奥州再征に従っていた。この源右衛門が奥州から九州への途次、京・大坂において宗茂充ての書状をいくつか託されている。このなかの十二月十一日付の八島増行《やじまますゆき》書状には「しかれば名護屋御普請おおかた相調い申す由、承り候、その分御座候や、まずもって尤《もっと》もに存じ候」とみえており、また同月二十一日付浅野長吉書状には、

御入唐について、名護屋に於いて御普請御大儀ともに候、御隙明き候わば、小屋具御集め置き候て、給うべく候、

とある。このように、十二月には名護屋の普請もある程度進んだ模様であるが、同じく天野に託された黒田如水《くろだじょすい》の書状には「御陣いよいよ必定《ひつじょう》に候間、御用意御油断あるまじく候」と、既定どおり大陸侵攻が間近に迫ったことを告げている。

城普請とともに名護屋への兵粮米《ひょうろうまい》集積も進められるが、国衆《くにしゅう》一揆鎮圧後に肥後《ひご》半国を領していた加藤清正《かとうきよまさ》は、十二月十九日付で鍋島直茂《なべしまなおしげ》・立花宗茂・大友吉統《よしむね》（秀吉の偏諱《へんき》をうけて改名）・島津義弘《しまづよしひろ》・小早川隆景《こばやかわたかかげ》らに書状を充て、豊臣蔵入米《くらいりまい》の名護屋廻漕を依頼している。

兵粮米の名護屋廻漕

天正十九年の「御前帳」

さて「陣立書《じんだてしょ》」によれば、大陸侵攻に際し宗茂に課された軍役人数は二五〇〇人とあるが、この算定にあたっては天正十九年に徴収された「御前帳《ごぜんちょう》」が一応の基準となったと考えられる。「御前帳」はいわゆる検地帳の形式をとり、国郡図とともに禁中へ献納された。これらの徴収は、いわば国内平定の集大成ともいうべきもので、十九年の五月ごろ全国に調進命令が出された。その期限は十月以前とされていたが、立花領に関してもつぎのような史料が残っている。

御前帳
　下筑後私検地三郡一紙勘文
田畠屋敷
　合九千百七拾壱町壱段八畝拾五歩
分米

合九万八百八拾七石九斗三升六合五勺弐才

天正十九年

九月十二日　　羽左近

（「立花家文書」）

立花領筑後三郡の「御前帳」高

このように、「私検地」の成果をふまえた田畠屋敷の地積が石高《こくだか》に換算され、報告された。「御前帳」の徴収は国郡を単位とするため、筑後の他大名の分と合計されて、筑《ちく》後《ご》の御前帳高が決定する。それはともかく、ここで立花領三郡の御前帳高は九万八八七石余と決定し、これを一つの基準としながら、大陸侵攻の軍役が決定されたのであろう。ただし、この「私検地」が前にふれた十八年の総検地をさすのか、さらに翌十九年に別の検地が実施されたのかについては残念ながら判然としない。

ただ、この段階では立花氏と家臣団との間に石高による知行《ちぎょう》充行《あてがい》状《じょう》も出されてはいないので、家臣団の実質的な軍役は従前の大半小《だいはんしょう》制《せい》をともなう町《ちょう》・反《たん》・歩《ぶ》の地積によって表示された「知行」を媒介とすることを指摘しておきたい。これによりつつ、天正十九年末の段階で、家臣団へもかなり詳細な内容の軍役命令が出されており、領国は侵略体制の最終的な準備段階に入っている。

兵粮米の手当

先に豊臣蔵入地《くらいりち》からの兵粮米廻漕についてふれたが、渡海する諸大名も兵粮米の充分な確保がおぼつかないような場合には、政権からの貸与が認められている。宗茂に対しての具体的な指示は小早川隆景から発せられる。天正二十年（一五九二）三月の「高麗《こうらい》へ罷《まかり》渡《わたる》御人数事」において、宗茂は高橋直次《たかはしなおつぐ》、小早川秀包《ひでかね》、筑紫広門《ちくしひろかど》ら他の筑後大名ともども隆景が指揮をとる第六軍に配されており、兵粮の確保も広義の軍令として軍の主将から指揮下の各大名に令達するという形態をとったものであろうか。

「統虎」から「宗虎」への改名

なお、朝鮮で宗茂は「宗虎《むねとら》」「宗乕」と名乗っており、渡海前に「統虎《むねとら》」から改名した可能性が高い。既述のように統虎は大友義統《よしむね》（吉統《よしむね》）の偏諱をうけたものであるが、大友氏からの独立後もこの名乗りを続けていた。ところが朝鮮渡海に先立って豊後の大友吉統は長子義述に家督を譲っており、こうしたことも「宗虎」へ改名の契機となったものであろう。

二　朝鮮渡海と全羅道経略

朝鮮渡海

陣立書に定められた第六軍の軍役人数は一万五七〇〇人で、このうち小早川隆景の軍は一万人、宗茂の軍は二五〇〇人とある。しかし、「梨《なし》羽紹幽《ばじょうゆう》物語」には「隆景様御自分の御人数は八千程に御座候」とみえ、具体的数値は不明ながら、他の軍勢も規定の軍役数には達していなかったとみなしてよかろう。

ところで同じく「梨羽紹幽物語」によると、「隆景様御領下筑前の内今津と申所より乗船せしめ」とあり、隆景は名護屋を経ずに領内の今津から出船したことがわかる。この後、隆景は壱岐《いき》・対馬《つしま》を経て四月十九日に釜山《プサン》着岸を果たしている。宗茂は立花賢賀《けんが》を留守居《るすい》として渡海する。その出航地などは不明であるが、おそらく隆景らと同じころに釜山に入ったものであろう。第六軍は釜山浦《プサンポ》にしばらく駐留したのち、如水の子黒田長政《ながまさ》率いる第三軍および毛利吉成《よしなり》の第四軍の進路を追い、漢城《ハンソン》《かんじょう》（現、ソウル）へ向かって北上を開始する。

全羅道経略

周知のように、朝鮮の都漢城は五月三日に陥落し、国王は平壌《ピョンヤン》へ向けて逃走を開始する。第六軍も漢城を経て、諸軍とともに北上を続けるが、五月二十五日にはそれまで陣を構えていた臨津江《イムジンガン》畔を去って南下を開始する。これは朝鮮八道の経略を諸将が分担するという合議結果を受けての行動である。すなわち第六軍には全羅道《チョルラド》（いわゆる赤国）の経略が委ねられた。つぎの宗茂の書状は第六軍の南下状況の一端を伝えるものである。

尚々、主膳《（高橋直次）》人数へもその由、申され候て、同前《（同然）》に清州へまかり越さるべく候、清州の番衆《ばんしゅう》と申し談ぜらるべく候、又この飛脚《ひきゃく》も一人はまかり越しがたく候間、あい留められ、その方まかり越され候砌、我々馬につけ候て、めしつれまかり越さるべく候、以上、

清州番衆へも状を以て申し候間、持参候て申し合わさるべく候、以上、

急度《きっと》申し候、そこもと番の儀、色々隆景へ理《ことわ》り申し候処、まずまずその城の儀はひきはらい候て、清州《チョンジュ》へ小早川殿番衆在番候条、彼所へ一所《(一緒)》に相い加わられ肝要の由に候、隆景より官兵へも重々申し越され候間、清州番衆も近日この地へまかり越されるべきの条、小早川殿衆同前《(同然)》にまかり越され干要に候、清州へ早々あい加わられ、ミやこよりの一左右あい待たるべく候、今迄は我々事金山《クムサン》へまかりおり候、二、三日はこの地に逗留つかまつり候、とかく隆景清州の番衆と申し談ぜらるべく候、清州へ早々あい加わらるべく候、恐々謹言、

六月十五日　　左近介　宗虎（花押）

立三右《(ママ)》衛門尉殿

（「米多比家文書」）

ここで宗茂は、家臣立花（米多比）三左衛門尉鎮久《しげひさ》および高橋主膳直次に対し、それまでの陣を引き払って清州《チョンジュ》にいる小早川勢との合流を促している。これは宗茂らの滞在

する「此地」（書中の表現から金山《クムサン》の近辺と判断されるが特定はできない）に小早川勢も移動するという予定をふまえたものである。

第六軍の動き

ところで、この書状作成に先立つ六月九日、隆景は善山《ソンサン》に入り、翌十日に毛利輝元《てるもと》との談合をもっている。したがって小早川勢は、清州に駐留する部隊と隆景とともに善山まで進んだ部隊と、少なくとも行動が二分されたことが確認される。善山の談合に宗茂が立ち会ったかどうかは不明であるが、立花勢も同様に宗茂率いる本隊と立花鎮久の別動隊に分かたれている。清州およびその近辺の部隊は、全羅道《チョルラド》侵攻の具体的方途が決定するまで後方待機を余儀なくされたのであろう。善山での談合を受けて侵攻方針が検討され、この計画に宇喜多秀家《うきたひでいえ》ら「みやこ」の諸将が許諾を与えたのち、後方の部隊は主将らに率いられた部隊に合流することになる。右の書状はそうした過程で出されたものと判断される。

いずれにしろ、隆景・宗茂らの軍勢は秋風嶺《チュプンニョン》から黄澗《ファンガン》・永同《ヨンドン》を経由して全羅道へ入ったと考えられる。全羅道経略における当面の課題は道都全州《チョルジュ》の攻略であったが、侵略軍は朝鮮側の激しい反攻にさらされ、全州への進軍はままならなかった。高橋直次は名護屋の留守居に充てて、

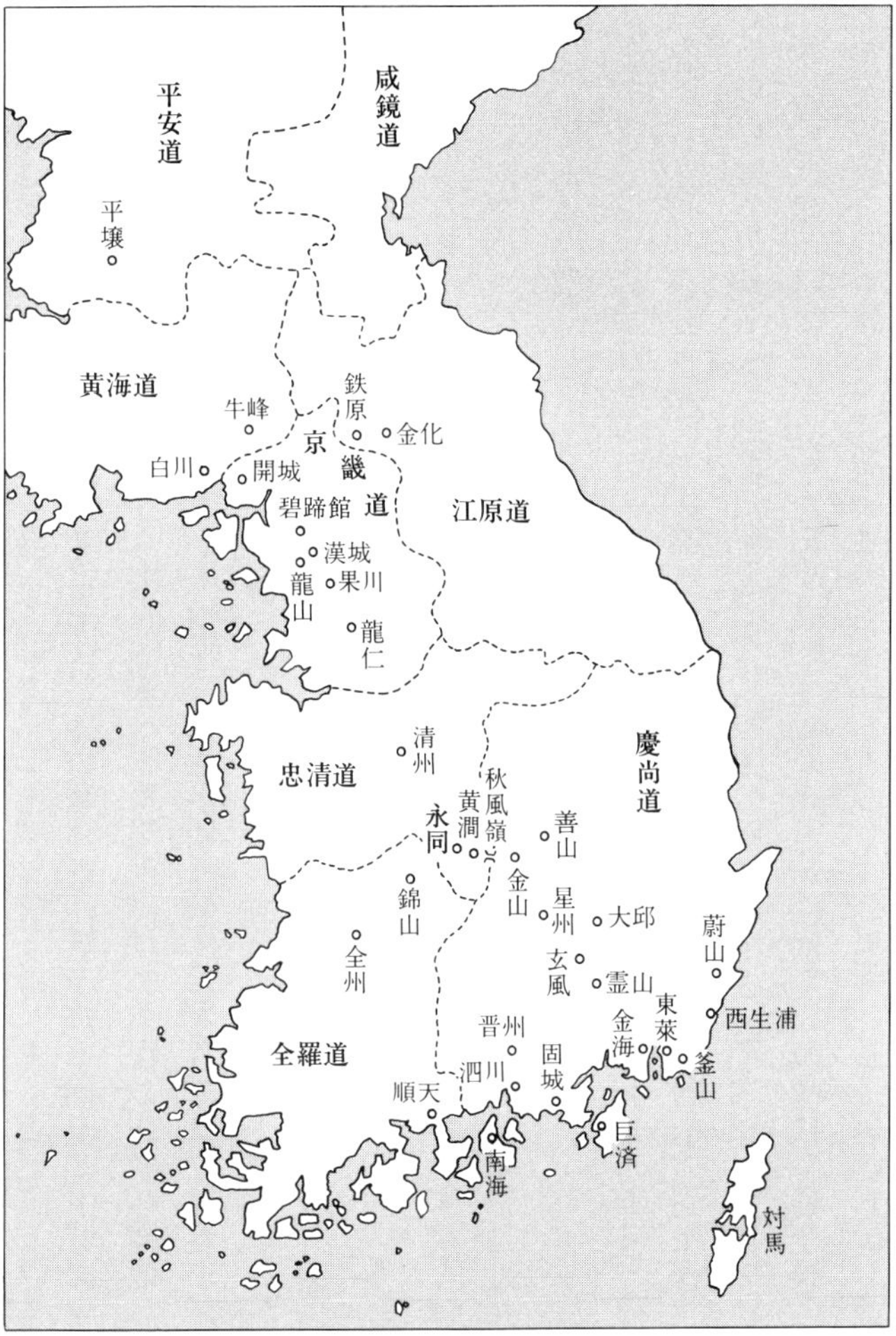

文禄の役・慶長の役関係図

隆景請取の国五十七郡にて候、数度申し候様に全羅と申し候、此国の内入口に五郡ばかりあい治さめられ、城々番衆などさし篭められ候の処、錦山《クムサン》と申城に唐人共二万ばかりにて取り懸かり候、則左近殿・我等掛け付け七里程の在所へ陣取つかまつり、防戦せしめ千五百程討ち果し候、隆景事は別口にて候あひた、是も一万ばかりにて道口を取り切り、防戦つかまつり候、是も則追い崩され候、しかしながら味方に手負二三百もこれある事に候、（「玉峯記《ぎょくほうき》」）

錦山の戦い

と報じている。第六軍は慶尚道《キヨンサンド》に隣接する「入口」の数郡を足がかりとして全州へ向かったが、かえって背後の錦山《クムサン》を衝かれ、留守部隊救援のための隆景・宗茂らは兵を返さざるをえなかった。この戦闘はいわゆる錦山の戦いと称されるもので、七月九、十日のことである（明暦では八、九日）。

隆景の漢城召還

このように全羅道経略が不調なか、主将小早川隆景が漢城へ召還される。これに対し宗茂・直次らは引き続き全羅道《チヨルラド》に残留するが、この間の事情を前引の直次書状は、

増田殿（増田長盛）その外七人の御検使《ごけんし》を以て、この国の儀は御小姓衆《おこしょうしゅう》十六人仰せ付けられ候、隆景は輝元同前（同然）に都より先を治め候へとの御下知《げち》に依《より》て都の様に御登り候、この国御請取の御小姓衆、最前には一国に二三人づつ、御検使として御越し候、此国へは

庄新三郎・加須屋内膳・太田小源太（ママ）殿に御座候、かの三人ばかりは余りに少人数の事にて、十六人の御検使悉《ことごと》く集めらるべく候間、立花・筑紫・我等事あい副えられ候由、隆景仰せられ候間、まかりおり候事に候、

と述べている。朝鮮出兵は、本来秀吉みずからが渡海するという計画のもとで進められていたが、家康ら周囲の諫止《かんし》によって秀吉の渡海は中止され、代わりに増田長盛《ましたながもり》・大谷《おおたに》吉継《よしつぐ》・石田三成《いしだみつなり》らの七名の奉行衆（「増田殿その外七人の御検使」）が朝鮮に派遣される。彼ら奉行衆の奉じた秀吉の命令に従って、朝鮮半島南部にいた毛利勢や隆景ら両筑の軍勢にも明国境へ向けての進撃が下された（「都より先を治め候へとの御下知」）。

秀吉の渡海中止と奉行らの渡海

しかしながら、新たに全羅道《チョルラド》支配を委ねられた吏僚層（「この国御請取の御小姓衆」）のみでは、支配の実効もおぼつかないと判断され、宗茂らは隆景と離れ、そのまま全羅道での駐留を継続することになる。この書状は七月十七日の日付をもっており、隆景が戦列を離れるのは錦山の戦いから数日後であったことがわかる。隆景の転戦は七月十三日付の加須屋内膳正《ないぜんのしょう》・太田小源吾・新庄新三郎連署書状、ついで七月十六日付の宗茂書状によって秀吉のもとに報じられたとみられる。ところが、それぞれの返書は十三日付の連署状に対するものが九月二十二日付で、十六日付の方が九月八日付で発せられている。

着順が逆転したとみるべきであろうか。いずれにしろ、秀吉は九月上旬にいたって隆景の移動を知ることになる。

宗茂らの全羅道攻略

さて、隆景を欠く全羅道経略軍にあっては、立花宗茂が主将たる地位にあったとみて大過なかろう。以後、駐留軍は八月九日（邦暦・明暦同日）に梁丹山《ヤンタンサン》の戦いを、同十八日に再び錦山をめぐっての戦闘を繰り返すが、結果的に終始勢力を保ちえたのは錦山《クムサン》・茂《ム》朱《ジュ》というきわめて狭隘な地域に限られた。さらに九月中旬には、これらの地域も放棄し、宗茂らに率いられた軍勢はみるべき成果もないまま、漢城《ハンソン》方面への転進を余儀なくされる。

全羅道からの徹退

もとより、全羅道の放棄は戦略の全般的見直しのなかで選択されたものである。すなわち、明軍が遼東から進出してきたことをうけ、平壌《ピョンヤン》・漢城間の守備を充実するという新たな方針が策定された。

隆景らとの合流

小早川隆景はこれに基づいて、手薄な戸田勝隆《とだかつたか》の部隊と交代するため、すでに開城へ展開しており、宗茂らの移動は隆景軍への合流を目的としたものであった。この後、九月二十五日付で漢城・釜山《プサン》間に勃発した一揆の鎮圧が隆景らに命ぜられるが、もとより実[illegible]するはずもなく、隆景・宗茂らは軍勢を漢城の北方高陽《コヤン》・開城《ケソン》間から平山《ピョンサン》・牛峰《ウボン》方面に[illegible]つつ、文禄元年が暮れる。

三　碧蹄館の戦い

平壌の戦い

明軍の朝鮮救援は天正二十年（＝文禄元・一五九二）七月の平壌《ピョンヤン》攻撃から開始される。このときは明軍を退けた小西行長《こにしゆきなが》であったが、平壌は文禄二年正月五日、再び提督李如松《りじょしょう》率いる四万の明軍と約八〇〇〇の朝鮮軍から攻撃をうけ、抗しきれなくなった小西・宗らの軍勢は平壌から撤退、追撃を避けるため黄海道白川《ファンヘドペクチョン》の黒田長政や平山《ピョンサン》・牛峰《ウボン》方面の宗茂・小早川秀包らもこれに合流して、隆景の拠る開城に退却した。

ついで、主力を漢城に集結すべきとの議をうけて、開城《ケソン》に集まった軍勢も坡州《パジュ》を経て漢城《ハンソン》《かんじょう》に入るが、兵粮事情その他に不安を抱える侵略軍は南下してくる明・朝鮮軍を迎撃することに決する。隆景率いる二万の先鋒隊と宇喜多秀家の本隊二万二〇〇〇から成る迎撃軍は開城方面へ進むが、正月二十七日、両軍は碧蹄館《ビョクジェグアン》《へきていかん》において衝突した。

碧蹄館の戦い

先鋒第一隊の立花宗茂・高橋直次の軍によって早暁に戦端はひらかれ、第一隊は立花家中十時《ととき》伝右衛門ら五〇〇名近くを失いながら、明軍の攻撃を支えきり、結局は碧蹄館の地形を利用した隆景の包囲策が功を奏して先鋒隊は明軍の撃退に成功する。「立花家文書」のなかには、この時の戦勝を祝す諸将からの書状が数多く残っており、その士気は大いに高まったようである。実際、この碧蹄館の敗戦によって李如松は戦意を喪失したと伝えられる。

しかしながら、漢城の日本軍も明軍との挟撃を企図して北上してきた全羅道《チヨルラド》の権慄《クオンリプ》が拠る幸州《ヘンジュ》山城の攻略には失敗（二月十二日）しており、同じころ加藤清正・鍋島直茂《なべしまなおしげ》らの咸鏡道《ハムギヨンド》支配も義兵の反攻などによって、実質的な破綻を迎えていた。こうして、文禄二年正月の平壌《ピヨンヤン》の戦いを機に、戦局は攻守所を変えることになるが、朝鮮軍の反撃や兵粮の欠乏などに危機感を募らせる侵略軍は、咸鏡道から撤退してきた清正らを含めて体制の立て直しを計る。ここで石田・増田・大谷ら奉行衆は、漢城周辺に展開する侵略軍の戦闘力を調査しているが、これによると立花勢の兵力は「一、千百三拾二」とみえている。

日本勢の体制立て直し

さて、侵略軍の陣容であるが、漢城・釜山《プサン》間の守備を固める目的から、果川《クワチヨン》や龍仁《ヨンイン》に分散していた宇喜多《うきた》勢を漢城に集結させ、江原道《カンウオンド》鉄原《チヨルウオン》・金化《クムフア》にあった伊東祐兵《すけたか》・島津義弘がこれに代わる。小早川隆景・秀包《ひでかね》らは漢城駐留を継続したと考えられるが、宗茂らについては、参謀本部編『日本戦史　朝鮮役』が二月中に三奉行の命によって「立花統虎《(宗茂)》ハ龍山《ヨンサン》ニ陣シ宇喜多ノ部兵ニ代ル」としている。しかし、この間の経緯には曲折があるように見受けられる。すなわち、在番に先だって宗茂は宇喜多家中の沼元新右衛門尉（「野本」は誤記）に対し、つぎのように書き送っており（「沼元家文書」）、当初宗茂が普請・在番を命ぜられたのは漢江《ハンガン》の対岸であった可能性が高い。

立花勢の城普請と在番

当城在番について、船渡りの儀仰せ付けられ候、一円船数これ無く渡海延引、是非に及ばず候、船の儀仰せ付けられ給うべく候、頼み存じ候、拙者まかり渡り申し入るべく候へども、普請に取り紛れ、その儀なく候、偏に頼み入り候、恐々謹言、

二月六日　　　　　　羽左近　宗𠘑《むねとら》

野本新右衛門尉　御陣所

このように、宗茂は二月上旬から在番すべき城の普請に従っていたことがわかるが、兵員を渡河輸送する船に事欠くため、ここでその調達を沼元氏に斡旋している。ちなみに、これに先立つ二月三日には加藤光泰《みつやす》がやはり沼元氏に充てて書状を発しており、普請開始に先だって奉行加藤光泰の配下が下検分を行なっていることが承知される。双方の書状をあわせみることで、緊迫した事態のなかで「向の城《むかえ》」普請が進められた様子が伝わってくる。

こうした史料から、宗茂らが普請と在番を命じられた城は、漢城の対岸にあったと判断される。この城は後方との連絡を確保するという枢要な位置を与えられることになる。漢城《ハンソン》《かんじょう》で割り当てられた兵糧米が、宗茂のもとを経由して漢江《ハンガン》後方に展開する軍勢のもとへ運ばれ、逆に後方から漢城へもたらされる諸物資の輸送に関しても、宗茂の陣所は重要な地点を占めていた（「立花家文書」「旧記雑録」後編二）。

宗茂の龍山在番

ところが、ついで三月十九日付で名護屋に送達された直次書状からは状況の変化が認められる。これによると、

立花左近将監、筑紫上野之介、我等事御奉行衆御下知をもって、川辺の城へ番申し候、是は都より壱里程跡へ大川候、是に船橋を掛け候、其用心のため候、

と述べられており、この時には宗茂・直次および筑紫広門らが漢城の南に位置して、漢江に臨む地点、おそらくは龍山《ヨンサン》に陣していたように判断される。関係史料が僅少なため、軽々な判断は避けたいが、宗茂らはいったん漢江対岸の「向の城」での普請・在番を命ぜられ、のち龍山に戻って漢江にかかる舟橋を警護する役に転じたのではなかろうか。

日本勢の南下

いずれにしろ、宗茂らの漢江沿岸での在番は四月中旬には終了する。兵糧の現地調達、釜山《プサン》からの補給ともに不調であり、三月三日の時点で認識されていた「都の兵糧色々穿《せん》

鑿《さく》つかまつり、ぞうすいを給《たべ》おり候て、今四月十一日迄の分に御座候」という事態を侵略軍が根本的に打開することは不可能であった。

こうしたなか、日明間には和平への動きが顕然化することとなり、講和交渉を実現する前提として加藤清正のもとに拘束されていた朝鮮王子の引き渡しや日明両軍の撤兵が取り決められた。ここで講和交渉そのものへの言及は行なわないが、この決定をうけ四月十八日にいたり侵略軍は漢城からの釜山《プサン》方面への撤退を開始することになる。

四 「かとかい」城在番

晋州城の攻略

朝鮮半島南岸へ撤退した侵略軍は、晋州《チンジュ》攻城に従うことになる。晋州城は天正二十年（一五九二）十月に細川忠興《ほそかわただおき》らが攻略に失敗したところであるが、この段階にいたっては必ずしも戦略上の要地とは考えられない。しかし、秀吉は侵略軍の士気を高め、また並行して進められる和平交渉を優勢裡に運ぼうとする意図から、南下した軍勢に新たに渡海した伊達政宗らを加え、晋州城を攻撃させたのである。ここで隆景・宗茂ら両筑の諸勢は、第五隊を構成して戦闘に参加した。半島南岸にあっては、日本からもたらされた兵站《へいたん》諸物資も一定の蓄積を有しており、これに支えられたこともあって、六月末に晋州城は陥落する。

「かとかいの城」普請

ついで侵略軍は半島南岸での在番体制に入るが、これは日本側の講和条件である「南朝鮮」割譲をにらんでのものである。秀吉は、文禄二年七月二十七日付でそれぞれの大名に在番を命じる朱印状を発するが、そのなかで小早川隆景は「かとかいの城」およびその端城を任されることになる。ここで立花宗茂は隆景を支え、秀包《ひでかね》らとともに「端城」の守備を担当することになったが、すでに晋州落城を労《ねぎら》う七月十三日付の書状のなかで、秀吉は隆景に、

> その方家中儀、柳川侍従・久留米侍従並びに年老分の者相付、二番につかまつり、普請出来候はば重ねて遣すべき者をさし返えすべく候、其方儀年老、長々在陣の事に候条、仕置丈夫に申し付け帰朝すべく候、打ち詰めこれあるべきなどと存じ候いまじく候、
>
> （『大日本古文書　家わけ第十一　小早川家文書』）

といった指示を与えている。在番する城が特定される以前から、すでに隆景には早急の帰還命令が出されており、宗茂や秀包には早晩不在となる隆景に替わって、当初から「かとかい」の本城・端城の守備が委ねられていたとみなしてよかろう。

ところが、在番計画の最終的な段階を記したと判断される「朝鮮都引取り、城々在番の事」と名付けられた些か断片的な史料には、

一、トクネキ城、一ヶ所　久留米侍従並中国衆

一、かとかい城　小早川侍従
柳川侍従

（『豊公遺文』）

とあって、秀包の陣所は「トクネキ城」とされている。これに関連して、高橋直次が七月二十九日付で名護屋の家臣に充てた書状には、

この表の儀勤めあい済み、おのおの船元へ打ち寄り普請最中に候、最前申し遣し候在番所あい替わり、とくねきと申す城へあい済み候事、

（「玉峯記」）

とみえており、このころ秀包や直次の陣所が「トクネキ城」に変更されたのではなかろうか。「トクネキ」とは釜山の東北に位置する東莱である。

隆景の帰還

こうして、隆景と宗茂による「かとかい」城の普請と在番が開始される。もとより、その後も秀吉の帰還命令は再三に及ぶが、結局隆景の帰還が実現するのは閏九月にいたってのことである。帰還の遅れは隆景の罹病も要因であるが、「かとかい」本城・端城の普請に一定の目処をつけたかったのではなかろうか。「かとかい」の留守を宗茂に預

小早川、立花勢の「かとかい」在番

けるべしとの指示は、帰還を促す最後の秀吉朱印状にも、

最前も朱印をもって、帰朝の儀仰せ出され候といえども、その儀なく候、その請取の手前の事、柳川侍従その外年寄ども堅く申し付け置き、片時も早々まかり戻るべく候、遅々においては沙汰の限りたるべく候、

とみえ、また「梨羽《なしば》紹幽《じょうゆう》物語」にも、

かどがいと申城、ふさんかいより三里河上にこれ有るを御請け取り、隆景様御家中衆三組程になしおかれ、橘（ママ）左近殿もかの城御番成られ候事、

とある。隆景帰還後は小早川勢の留守部隊と宗茂の軍勢が「かとかい」本城・端城の在番にあたったことが承知される。

朝鮮での論功行賞

なお、宗茂は隆景の帰還に先立って、朝鮮での論功行賞を行なったようで、文禄二年（一五九三）八月二十二日付で安東津介に対し、

今度朝鮮京都に於いて、別して辛労の段、感じ入り候、その上以来緩ぎなく奉公致すべきの旨、慥《たしか》に聞き届け候、仍って当地参拾七町三段二十八歩、新地拾参町相加え、五拾町三段二十八歩預け遣わし候、全て知行すべき者也、

「正成」への改名

という判物を発給する。この文書は写であるが、ここには「正成《まさなり》」と署名があり、宗茂は少なくともこのころまでに実名を「宗虎《むねとら》」から改めている。これがさらに文禄四年に

は「親成《ちかなり》」に変わる。

「かとかい」城の位置づけ

さて、この「かとかい」は「甘洞浦」「甘筒海」などとも表記されるが、これは日本側の呼称であり、朝鮮の史料には「九法谷《クポプコク》」「仇法谷《ク》」とみえ、現在の釜山鎮区亀浦洞《クポ》に比定される。この「かとかい」＝亀浦城のもつ軍事的機能について『倭城Ⅰ　文禄慶長の役における日本軍築城遺跡』ではつぎのような整理を行なっている。

一、北方及び西方に対する連絡、兵員物資の中継基地としての機能

二、一の機能を果たすために必要な洛東江《ナクトンガン》の水上交通掌握の拠点としての機能

三、釜山浦《プサンポ》防衛の外壁としての機能

宗茂はこうした機能を課された「かとかい」城を任されることになる。在番城将に課せられた主たる軍務は陣所の警衛と兵站諸物資の管理で、秀吉は馬廻《うままわりしゅう》衆クラスの奉行を幾度か朝鮮に遣わし、それぞれの城番《じょうばん》を監察させている。なお、この間、秀包や直次が宗茂に合流した可能性も高いが、詳細は不明である。いずれにしろ結果的に、宗茂の「かとかい」在番は文禄四年九月ごろまで約二ヵ年間にわたって継続することになる。

在番体制の推移

さて、この在番体制は講和交渉の推移に大きく規定されるが、端的にいって文禄三年（一五九四）までとそれ以降では状況に大きな変化がみられる。すなわち、当初の段階では諸

直次の「加徳島」在番

大名の在番も臨戦的な体制のもとで展開しており、前述のように城将には陣所警衛と兵站物資の管理が求められ、豊臣政権が体制的にそれを支えていた。文禄三年末ごろから軍勢の一部帰還が認められるようになるが、宗茂は十二月七日付で長束正家《なつかまさいえ》から、

一、その表相替わる儀これなき由珍重に存じ候、御普請御番の儀、御由断無く仰せ付けられ候由、尤もに存じ候、永々御苦労是非無き次第に候、則ち右の趣言上致し候、能々《よくよく》聞こし召し届けられ候間、御心安かるべく候、

一、御国本何事も御座無く候間、御心安かるべく候、用所申され候様にと、御留守居へ申し遣り候事、（「立花家文書」）

といった内容の書状を受けており、とても帰還が許されるような状況ではなかった。ちなみにこの文書は、九月二十日の宗茂書状への返書である。さらに四年に入ると正月十五日付の浅野長吉《ながよし》書状に、

その表相替わる儀なき由、尤もに存じ候、弥もって万端肝煎り肝要に候、主膳殿（高橋直次）加《カ》徳《トク》島《ト》御在番に付いて、貴殿御心付なされ候由、是又尤もに候、（「立花家文書」）

とみえており、宗茂の在番地に変更はないようであるが、しばらく前に直次は「加徳島」へ動いていたことがわかる。なお、この文書で長吉は丹波中納言秀俊《ひでとし》（のちの秀秋）

秀俊（秀秋）、隆景の養子となる

が小早川隆景の養子に入ったことを告げ、秀俊へ音信を促している。さらにここには「御母儀大坂へ御座候」とみえ、この段階における実母宗雲院《そううんいん》の在坂も確認できる。

　ところが、文禄四年（推定）六月二十八日付で在番諸将に充てられた秀吉朱印状には、

その表の事、大明・朝鮮色々無事の御侘事《わびこと》つかまつり候間、御赦免《しゃめん》候、さりながら釜山《プサン》海・金海《キムヘ》・こもかいなど四、五か城の事は、まず残こし置かれ候、その城の儀慥《たし》かの留主申し付け候はば、そこもと見計い、不図《ふと》帰朝候て国本用所など申し付け、御目見え仕候てまかり渡るべく候、（鍋島家文書）

という文言をみることになる。これは日本側提出の「大明朝鮮与日本和平之条目」に「日本より築く所の軍営十五城の中十城、即ち破るべきの事」なる条項をうけたものである。いずれにしろ、こうして従前のような臨戦的在番体制は終局を迎え、逆に「倭城」およびそこに駐留する軍勢は講和交渉進捗の桎梏《しっこく》となるといった認識すらあらわれる。

宗茂帰還

こうした状況のなかで、「かとかい」城の在番を継続していた宗茂にも帰還命令が出された。残念ながら具体的な時日は不詳であるが、遅くとも文禄四年（一五九五）九月末には宗茂も日本への帰還を果たしていることが確認される。

第四　文禄四年検地と慶長の役

一　文禄四年の検地

宗茂、伏見へ上る

日本への帰還を果たした宗茂は高橋直次《たかはしなおつぐ》ともども、ただちに伏見《ふしみ》へのぼる。文禄《ぶんろく》四年（一五九五）十月十七日、早速秀吉《ひでよし》のもとに伺候し朝鮮での軍労をねぎらわれている。ここで宗茂は伏見城下に屋敷地を与えられ、聚楽《じゅらく》にあった「御殿《ごてん》」を拝領している。この間の経緯について「立斎旧聞記」は、

近年当城（伏見城）を御取り立てあって、御隠居の地と思《おぼ》し召す、立花にも屋敷を仰せ付けられんの条、早々普請をいたすべし、しかれば聚楽の御城にて四方十三間の御殿一軒下し賜る処なりと、ますます結構の上意なり、此御殿というは梁行《はりゆき》・桁行《けたゆき》同じく十三間の御家なるが、間ごとの張付襖障子《ふすましょうじ》は狩野栄徳《かのうえいとく》・長谷川等伯《はせがわとうはく》両人にて手をつくしたる筆跡なり、其外飾りの品々言語の及ぶ処にあらず美麗《びれい》なり、伏見において

屋敷を受け取り、御殿を引き取りて、館舎の構《かま》へも程なく成就す、

と述べている。この際、朝鮮での軍功に対し、「御扶助」を加えるべきとの御諚《ごじょう》が下された。ここで問題となったのが、当時進められていた筑前《ちくぜん》・筑後《ちくご》検地との関係である。

筑前・筑後検地

小早川隆景《こばやかわたかかげ》は文禄二年（一五九三）閏九月に日本へ帰還していたが、翌三年の十一月にいたって、既述のように秀吉の猶子《ゆうし》であった丹波《たんば》中納言秀俊《ひでとし》を養子に迎える。その後も秀俊は丹波亀山《かめやま》を領し続けるが、秀次《ひでつぐ》事件に連座したようであり、城はもとより丹波の領国も召し上げられている。こうした経緯をへて、隆景から秀俊への領国移譲の準備が進められるが、その中核となったのが小早川領を軸とした筑前・筑後検地であった。

検地を主導したのは秀吉から秀俊に付せられた山口玄蕃頭《げんばのかみ》（実名は宗永《むねなが》・宗長、のち正弘《まさひろ》）である。既述のように、検地は本来の小早川領を超えて実施されたようであるが、これは検地にともなう出目《でめ》を梃子《てこ》に小早川領の拡張が意図されたことによる。つまり、天正十九年の段階で諸国に御前帳《ごぜんちょう》高が設けられたが、この際の検地によってこの高を大きく打ち出す出目（出米《でまい》）が生じることになる。山口玄蕃頭の両筑検地は、この出目（出米）分の領知を諸大名には認めない方針であった。逆の言い方をすれば、出目の分だけ諸大名の領国は削減され、これを組み込むことで小早川領の拡張を計ろうとするものであっ

た。

検地を行なううえで、当該年の年貢収量を把握する必要があった玄蕃頭としては、立花・高橋領についても例外なく「当所務」を差し押さえる方法で臨んだ。これに対し、伏見で宗茂・直次の引き回しを担当した長束正家《なつかまさいえ》は、朝鮮での軍役《ぐんやく》を果たして帰還した両将が「肝用の所務」を押さえられては迷惑として、玄蕃頭に対して所務押えの解除を令している。たとえ出目（出米）の収公を行なうにしても、大名側の申告に拠るべきであるというのが、長束の主張であった。

宗茂の帰国

秀吉に拝謁し、徳川家康《とくがわいえやす》・前田利家《まえだとしいえ》らとも昵懇《じっこん》に過ごした宗茂は、伏見屋敷に関わる諸々の指示を終えた後、十一月五日付で中旬には大坂を出船し、下旬には柳川《やながわ》へ戻る旨を重臣たちに報じている（「十時正道家文書」）。宗茂は十二月四日付の書状で長束に領国の状況を報じており、予定どおりに柳川へ戻ったものと考えられる。伏見には「平源右」なる人物を残し、屋敷の普請などを委ねている。宗茂は「平源右」を通じて検地の結果が一五万石余となることを長束に告げたようである。これをうけた長束は「咲止に存じ候」と述べており、子細は「御帳上り候みぎり、申し上ぐべく候、聊《いささ》かも油断に存ずべからず候」と指示している。

検地高の確定

この一五万石余となる「検地」については、その実態も明らかではなく、また山口玄蕃頭の実施したものか、立花家サイドで進められたものかも判然としない。ただ指摘できるのは、一五万石余という数値が豊臣政権にとって必ずしも望ましいものではなかったということであろう。長束返書の内容からも判断されるように、この数値は是正されるべきものであった。「御帳上り」とあるところから、是正作業は、立花領の検地帳が長束のもとに届いてから開始されたものと判断される。結果的に、検地の高は「拾三万弐千百八拾三石七斗」と決定する。十二月初頭の「十五万石余」は是正されたのである。ただし「検地」とはいいながらも、これらの数字は、丈量の結果というよりは、収納年貢量からの逆算で得られたものである可能性が高い。

検地出目分の処理

ところが、文禄四年検地はこれで終了したわけではない。前述したような出目（出米）分の処理が残っている。生葉《いくは》・竹野《たけの》両郡は筑前小早川氏が支配していたが、筑後に領知を得ていた大名は宗茂のほかに、三池《みいけ》郡を領す実弟の高橋直次、上妻《こうづま》郡の筑紫広門《ちくしひろかど》、御原《みはら》・御井《みい》・山本三郡の小早川秀包《こばやかわひでかね》がいる。この間の経緯を大鳥居信岩《おおとりいしんがん》は「筑後も山口玄番見廻検地、又其後検地あり、余之衆は打出御返し候、左近様は御返し無く候事」と記している。信岩が述べるとおり、宗茂のみが例外的に出米分の領知までも認められるが、他の三大名は出米分を与えられず、結果的に領国を削減されることとなる。つぎに一連の領国異動を終えた後に発給された知行充行状《ちぎょうあてがいじょう》をあげておこう。

検地後の知行充行状

筑後国山門《やまと》郡四万五千弐拾参石、下妻《しもつま》郡壱万七千八百四拾五石、三潴《みずま》郡内五万八千六百弐拾石、三池郡内壱万七百石、合せて拾参万弐千弐百石の事、目録別紙これあり、今度検地の上を以てこれを扶助せしめおわんぬ、まったく領知すべく候なり、

文禄四

十二月朔日　（秀吉朱印）

羽柴柳川侍従とのへ

（「立花家文書」）

文言にもみえるとおり、この充行状には同日付の「知行方目録」が添えられている。ここまでの記述からも、「文禄四　十二月朔日」という日付が遡及されたものであることは自明であるが、これは秀俊の筑前小早川家襲封に合わせたものである。実際は、文禄五年（一五九六）三月上旬にいたるまで、宗茂の領知は従前のごとく山門・三潴・下妻三郡に及んでいたようであり、「立花家文書」には三月八日付で三潴郡の北部を割譲するという内容の史料が残っている。

領国の異動

三池郡の高橋直次は「天正御前帳」の高一万八一一〇石余のみの領知を認められ、こ

のたび打ち出された出目一万七〇〇石分の地を削減されることになる。これをうけて柳川立花領に三池郡の北部が加えられ、そのかわりに三瀦郡の北部が立花領からはずれたのである。したがって、立花領は約一万石分が南にスライドしたような状態となり、上記のような領知内容となった。さらに、実効支配と充行状の日付がずれたことから、文禄四年分の年貢処理をめぐる問題が浮上する。

「三大名」はすでに収納していた四年分年貢のうち、実質的な領地削減分を返還する必要に迫られるが、上記のような経緯からこれらが名島《なじま》小早川家に対する負債のようなかたちになったのである。当事者間の衝突を避けるためであろうか、この処理は宗茂と小早川隆景《たかかげ》の意をうけた安国寺恵瓊《あんこくじえけい》を仲介にして進められる。「三大名」からの要求は、返済を五年秋まで猶予してもらうことであったが、つぎの書状は恵瓊が名島の山口玄蕃頭へ筑後側の意向を直接伝えた後に発された、四月三日付の返書（抄録）である。

各返米の儀、山玄直談申し候、千石づつは残し置くべきの由に候、久留米大分に候間、千五百石・二千石の間も来秋へ差し延ばすべくの由、慥《たしか》に相談候、しかしながら取り紛れ書中をは取り申さず候、この状早々差し上げられ、山玄書中御取り下しあるべく候、別儀有るべからず候、

（「立花家文書」）

このように、結局、名島側は一〇〇〇石に限って返済を猶予するという回答を出しているが、久留米小早川家については返済が大量に及ぶのか、最終決定は保留されたようである。また上記の決定は、あくまで口頭によるものでしかなく、恵瓊は確証としての「書中」を得るよう宗茂に促しているが、「書中」は玄蕃頭から恵瓊に発せられることになる。たまたま同日になるが、四月三日で玄蕃頭は三原にいる恵瓊に対して、

> 御差図通り、毎事其の意を成し候、明日又筑後三人返上米千石充《ずつ》の儀は、来る初秋まで相延ばすべく候由、其の意を得候、久留米御手前の儀は弐千石秋迄借用ありたく候趣、度々面上を以ても承り候、是又大分成るとも相述ぶべく候、同じくは千石なみにこれ有り候、（「立花家文書」）

という内容の書状（抄録）を送付している。こうして久留米領も二〇〇〇石が初秋まで返済を猶予されるにいたる。

さて、こうした領知の異動は筑前小早川家領の拡大に結果するのであるが、筑後諸大名のなかで、宗茂のみが出米分の領知を許されたということの意味は大きい。もとより碧蹄館《ビョクジエグアン》《へきていかん》戦勝などにおける論功行賞としての意味合いも否定できないが、隆景の退隠という状況のなかで、両筑の諸将のなかに占める宗茂の位置が、相対的に上昇したことの

あらわれであろう。

二　領内仕置

家臣団へ、知行充行状の発給

「文禄四　十二月朔日」付の知行充行状に帰結する作業が、実際は翌文禄五年（一五九六）三月ごろまで続いていたことをみた。しかしながら、その内実は収納年貢量から領知高を逆算するというものであり、必ずしも在地の実態をふまえたものではなかったようである。しかしながら、豊臣政権と大名立花氏との間が石高制《こくだかせい》によって律せられることを契機として、立花家内部の主従関係にも石高制が導入されることになる。すなわち、文禄五年四月二十八日付で、家中に対し一斉に知行充行状の給付を行なう。つぎにその一例として、小野和泉守鎮幸《しげゆき》へ充てたものをあげておこう。

三潴《みずま》郡蒲池《かまち》村弐千六百廿壱石七斗三升五合、小堺《こざかい》村百九拾二石四合、鬼古賀《おにこが》村四百九十七石四斗弐升弐合、蒲生《かもう》村百七十壱石五斗弐合、定覚《じょうかく》村弐百八十五石三斗七合、中野村百九拾三石壱斗三升、上八院《かみはちいん》村七百九拾九石五斗七升六合、定覚近辺散分の内百六石九斗八升四合、常持《つねもち》村の内百三十壱石壱斗四升九合、合五千石　目

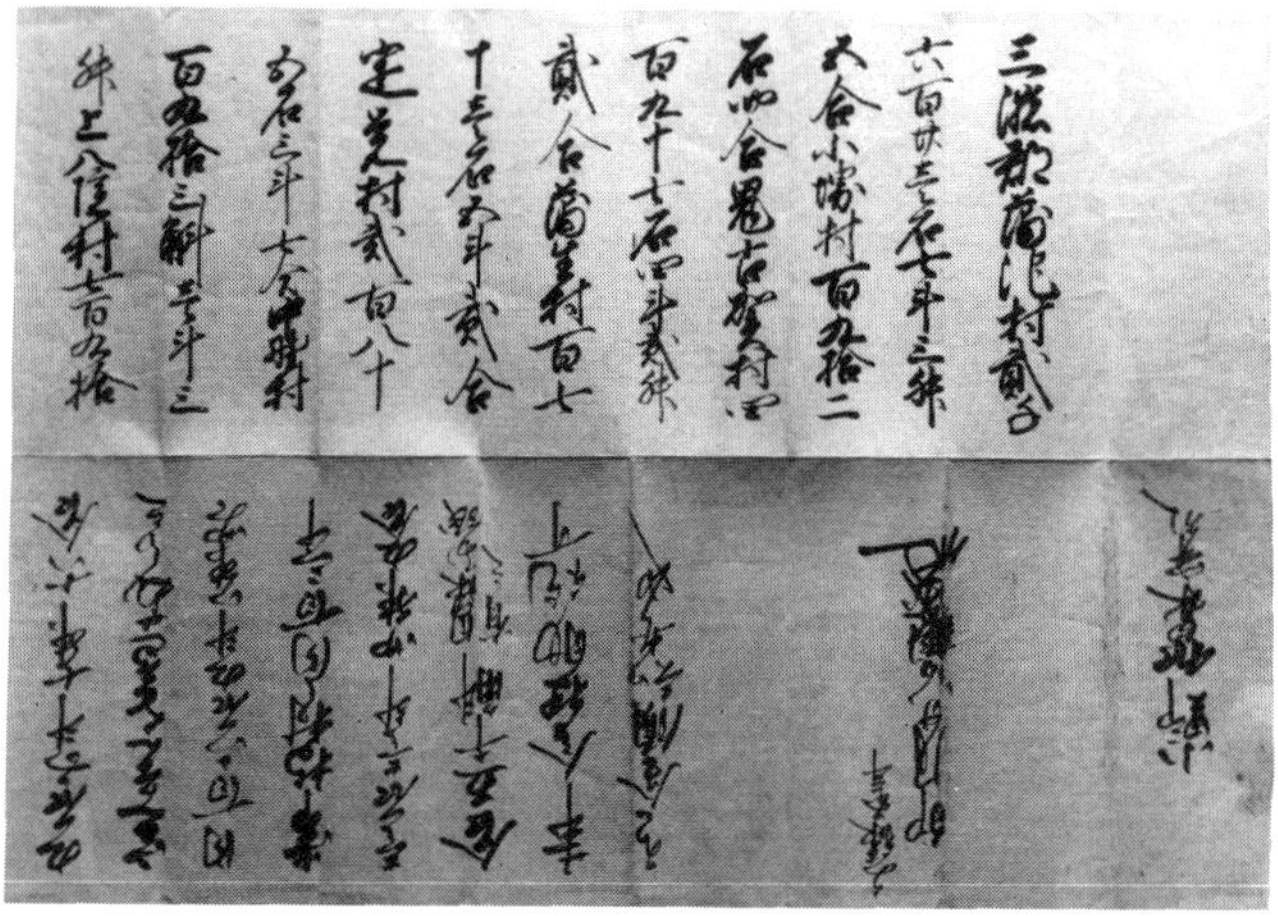

「親成」時代の知行充行状（『伝習館文庫』「小野文書」）

録別紙これある事、扶助せしめおわんぬ、まったく領知あるべきものなり、

文禄五年

卯月廿八日　親成（花押）

小野和泉守殿

ここで問題となるのが、まず給人に対する充行状にみえる村高の性格である。小野和泉守に与えられた村々が、秀吉発給の知行方目録にもあがっていることはいうまでもない。ところが、その村高については一つとして双方同じものがない。こうした事態は、先にあげた小野鎮幸（和泉守）の給地が例外的にそうなのではなく、現在判明するすべての場合（知行充行状）で同様の事実が確認されるのである。すなわち、立花氏

知行充行状の村高は、秀吉知行方目録の村高とはまったく別の数字であり、それぞれ別基準で求められた数値と考えられる。

宗茂発給の充行状にみえる村高の算出基準は必ずしも明確ではないが、残存する史料によると先述の領知異動後に大名権力のもとでの算定作業が行なわれた可能性が高い。この、いわば「内検《ないけん》」の結果、立花氏の所領高一一万七〇〇〇石程度に達し、この数値に基づいて大名蔵入高《だいみょうくらいりだか》、給人への配当高が決定した。

城番衆の知行高

「立花家文書」に残る文禄五年十月十六日付の「御家中鉄炮付之事」によって、この段階の家臣団構成を窺うことができる。これに基づいて重臣たちの禄高を参考までに紹介しておくと、筆頭は充行状を例示した小野鎮幸の五〇〇〇石、ついで立花三河《みかわ》入道賢《けん》賀《が》の四〇〇〇石、これに立花三左衛門尉鎮久《しげひさ》、由《ゆ》布七右衛門尉（美作守《みまさかのかみ》）惟次《これつぐ》、立花織《おり》部《べ》親家《ちかいえ》（実名を「鎮貞《しげさだ》」とするものもあり）ら城番《じょうばん》衆が三五〇〇石で続く。彼ら城番級の重臣に対する充行状は従来「城料」を「預進《よしん》」するというかたちを採っていたが、ここでの知行充行に際しては、一般の家臣と同質の形態となっている。また、従来家臣団の筆頭であった立花賢賀がその地位を小野鎮幸に譲っていることが注目される。充行状の発給に先立つ四月二十五日付の書状で宗茂は鎮幸に対し、当城留主居、彼是《かれこれ》万事頼み入るべく心中浅からず候、殊更《ことさら》別して我等にいたり、如在無き心中顕然に候間、此節一稜扶助せしむべきと存じ候、しかしながらまず三河(立花賢賀)同前に四千石の辻につかまつり候、又其近方に千石残し置き候間、留主居の儀申し出るべき刻、五千石の辻これを進らせ候、是は内証《ないしょう》の申し事に候間、まず四千石のとをりに他も取り沙汰候まじく候、

と述べた経緯がある。別の文書には「和泉事左近親と存ずる事申し合わせ候」とも述べられており、宗茂は鎮幸への信頼を深めていったことが認められる。あるいは関ヶ原合戦ののち、賢賀父子が立花家を出る伏線もこのあたりに存在するのであろうか。その賢賀はこれからほどなく家督を嫡子吉右衛門尉成家《なりいえ》に譲ることになるが、その後も依然として領内支配などには関与しており、やはり引き続き鎮幸と並ぶ別格の宿老である。

重臣らの知行高

城番衆に次ぐ重臣として、二一五〇石の三池伊兵衛尉親家や二〇〇〇石の吉弘加兵衛尉統幸《むねゆき》、矢島左介（左助とも表記）重成《しげなり》、小田部《こたべ》新介統房《むねふさ》らがいる。三池氏は三池郡の国人であり、上総介《かずさのすけ》鎮実は秀吉から直朱印をうけて宗茂の与力となったが朝鮮で客死、家を継いだのがこの伊兵衛尉親家である。ただし親家の場合は、ここに記すように、秀吉の直臣とはならず、宗茂の家臣という位置づけであった。また、吉弘家はいうまでなく

宗茂の実父高橋紹運《じょううん》の実家であり、統幸は紹運の実兄鎮信《しげのぶ》の長子である。しかしながら、文禄二年（一五九三）豊後大友氏が改易《かいえき》されたのにともなって、宗茂を頼り柳川立花氏に臣従した。

ついで、一五〇〇石の原尻宮内鎮清《しげきよ》（この家はのちに立花姓を許され、立花四兵衛家と称される）、内田忠右衛門尉連久《つらひさ》、一三〇〇石の十時《ととき》摂津守連貞《つらさだ》、佐伯善左衛門尉惟幸《これゆき》、一〇〇〇石の安東彦右衛門尉連直《つらなお》（この家も元禄期には立花姓を許される）、立花新右衛門尉統実《むねざね》（実名は政《まさ》之《ゆき》とも）、十時《ととき》太左衛門尉連秀《つらひで》、立花三太夫《さんだゆう》統次《むねつぐ》、安東孫兵衛尉政弘《まさひろ》（連忠《つらただ》の子）、小田庄左衛門、足達勝右衛門、清水藤右衛門尉連元《つらもと》、丹半左衛門尉親次《ちかつぐ》（立花賢賀実弟）らがおり、これに下妻郡水田《みずた》にいた大鳥居《おおとりい》信岩《しんがん》も一〇〇〇石を得て重臣の列に加わっている。

領国異動後の支城構成

家臣団のことに筆が及んだので、領国の異動にともなう支城構成の変容について述べておこう。従来、立花弾正忠《だんじょうのちゅう》に委ねられていた三潴郡安武《やすたけ》城（現、福岡県久留米市）は、文禄四年（一五九五）検地の結果、柳川立花領からはずれることになる。その後の状況を明らかにする一次史料はみいだしてはいないが、安武城ではなく、山門郡の松延《まつのぶ》城（現、福岡県瀬高町）・今古賀《いまこが》城（現、福岡県三橋町）を支城としてあげる史料があり、これが領知異動後の支城構成を示すものかとも考えられる。すなわち、安武城に代わって松延・今古

賀の両城が支城に加えられたとするものである。それぞれの城と城番の関係は、

松延城―立花三郎右衛門　今古賀城―立花右衛門大夫

とされる。現在確認される系図類で三郎右衛門を名乗っているのは、弾正忠鑑貞《あきさだ》の次子政辰《まさとき》である。しかし、慶長《けいちょう》五年（一六〇〇）の侍帳で三五〇〇石の高禄をはむ「立花三郎右衛門」が、文禄五年（一五九六）の「朝鮮御陣御家中軍役高付」における高三五〇〇石の「立花織部」にあたると考えられるので、松延城番に擬せられる「立花三郎右衛門」は弾正忠鑑貞の長子、織部正親家《おりべのしょうちかいえ》ではなかろうか。先に重臣の一人として紹介した人物である。同家の所伝によれば、弾正忠鑑貞は文禄元年（一五九二）に朝鮮において戦死したとなっており、家を継いだ織部正親家が、城こそ代わったものの城番としての位置も継承したものであろう。

松延城

今古賀城

一方、今古賀城を委ねられたとされる立花右衛門太夫は、弾正忠鑑貞の兄にあたる鎮《しげ》実《ざね》の名乗りであるが、鎮実自身この時期「但馬入道了均《りょうきん》」と名乗っていたようであり、件の名はその子統実のものであろう。しかしながら、確認される限りこの家の禄は一〇〇〇石程度であり、他の城番が五〇〇〇石から三五〇〇石であるのに比すと、低すぎるように思われる。この両城は地理的にも近接しており、今古賀城が支城となって「立花

右衛門大夫（太）」に委ねられたとする説には、にわかに信じがたい部分がある。既述のように、城番に擬せられる人物も血縁的に近いものがあり、両城の関係もあるいは継起的なものかもしれない。

大名蔵入地

ついで立花氏蔵入地《くらいりち》についてみておこう。時間的にやや懸隔を生じるが、慶長二年（一五九七）二月十二日付で、「両人」（小野和泉守・立花三河入道と考えられる）から坂本安右衛門尉に充てられた「村名・村高書上」の写が、この段階の大名蔵入地をまとめたものと考えられる。紙幅の都合から史料の全編をあげることはできないので、表にまとめるが、ここにみえる分米高＝「米高」も秀吉知行方目録の村高とは異なる。もとより、給人知行の高と同一の原理に基づく村高である。なお、蔵入地については、年貢・夫役の徴収システムも判明するが、この段階にあっては石高ではなく、村々の地積が年貢や夫役量算定の基準であった。

領内の寺社領

領内の寺社領についても、文禄四年（一五九五）検地ののちは、石高表記が採用される。つぎの「覚」はそれらを一覧できるものである。

覚

一、山門郡大木村之内　弐百石　愛宕

表1　立花家の蔵入地

	村　名	村位	地　　積	分米／石高	備考
三潴郡	広牟田村	上	74町9反2畝08歩半	960石6斗0升1合	
	立石村	上	41町3反0畝10歩	536石3斗9升4合	
	草葉村	上	58町6反7畝23歩半	765石6斗0升7合	
	福間村	上	33町2反5畝24歩	420石1斗7升8合	
	上荒木村	上	151町0反9畝02歩	1622石2斗4升0合	
	下荒木村	上	77町0反5畝27歩	686石9斗4升3合	
	筏溝村	中	33町0反7畝19歩	401石1斗0升0合	抹消
	檜林村	上	47町2反6畝05歩半	612石5斗2升1合	
	牟田口村	上	133町9反0畝17歩	1711石0斗1升0合	
	榎津村	上	41町8反0畝10歩半	465石5斗6升0合	
	小保村	下	20町1反8畝24歩	238石4斗2升6合	
	侍島村	上	29町9反9畝01歩	384石4斗8升6合	
	八町牟田村	上	69町3反9畝08歩	894石0斗6升3合	
	木佐木村	上	125町0反5畝04歩	1644石2斗8升6合	
			惣合 937町6反1畝04歩半	合米 11436石6斗3升2合	
山門郡	高畠村	上	23町3反3畝24歩	302石5斗8升1合	
	竹井村	中	159町0反6畝09歩	1571石2斗0升7合	
	北開村	中			記載無
	南矢加部村	中	70町6反2畝22歩	842石3斗4升3合	
	柳河村	下	83町8反9畝02歩	1180石3斗1升6合	
	磯鳥村	上	23町3反6畝29歩半	302石1斗0升8合	
	松延村	上	95町9反6畝24歩	1077石9斗6升3合	
	大塚村	上	53町4反6畝10歩	476石2斗3升7合	
	吉ヶ江村	中	63町4反7畝06歩	919石4斗4升3合	
	吉富村	上	25町5反8畝07歩半	332石5斗6升2合	
	藤尾村	上	30町7反3畝11歩	324石6斗1升7合	
	本吉村	中	63町8反7畝06歩半	670石	
	河原内村	中	56町6反8畝21歩	*51石4斗	
	上久末村	中	71町2反6畝29歩	748石　*斗	
	堤村	中	29町3反1畝16歩半	311石0斗4升	
	朝日村	上	32町3反6畝21歩	363石3斗1升	
	有富村	中	25町7反1畝19歩半	264石7斗	
	中矢賀部村	中	**町9反0畝14歩	304石***	
	大竹村	上	60町8反9畝03歩	538石5斗9升	
	藤吉村	中	54町2反1畝04歩半	692石1斗8升	
	草場村	上	32町9反8畝23歩	375石9斗2升	

山門郡	弥富村	上	46町****** 07歩		石高記載無
	弥四郎村	上		596石3斗1升2合	地積記載無
	上小川村	上	30町5反3畝11歩	312石2斗4升8合	
	瀬高上庄	中			畠ばかり
	同　下庄	中			畠ばかり
	飯得村	上	27町5反3畝04歩	334石2斗2升5合	
	飯尾村	上	17町9反4畝13歩	214石 *斗1升4合	
下妻郡	久良原村	上	47町7反1畝26歩	552石 *斗7升2合	
	下牟田村	上	90町8反6畝24歩	1669石0斗6升7合	
	長田村	上	172町3反2畝18歩	1674石9斗3升6合	
	小田村	上	55町2反4畝29歩半	486石1斗9升7合	
	北牟田村	中	40町7反9畝19歩	495石6斗2升2合	
	本郷村	中	138町8反4畝14歩半	1366石7斗4升4合	
	溝口村	上	76町9反5畝02歩半	768石6斗6升3合	
	新溝村	中	26町4反2畝05歩半	246石6斗9升6合	
	芳司村	中	42町7反0畝02歩	342石0斗2升8合	
	坂田村	中	80町3反8畝13歩	731石3斗7升7合	
	富安村	下	15町8反1畝27歩	201石4斗6升5合	
	馬間田村	下	71町0反9畝16歩	884石6斗9升5合	
	鷭田村	下	44町6反2畝07歩	504石6斗6升8合	
	久恵村	下	83町7反8畝15歩	716石1斗8升7合	
	中嶋村	上	18町7反0畝12歩	243石5斗0升5合	
三池郡	河床村	上	17町0反1畝23歩	175石7斗3升5合	
	中尾村	上	18町2反2畝04歩	186石6斗8升4合	
	中原村	上	16町6反2畝21歩	171石9斗2升6合	
	岩津村	中	41町0反7畝	453石8斗4升	
	新ヶ江村	中	113町3反8畝10歩	1323石2斗7升1合	
	亀崎村	中	44町8反1畝17歩	366石1斗5升5合	
	湯屋村	上	11町6反6畝10歩	135石4斗7升	
	怒縄田村	中	16町9反9畝27歩	186石5斗7升5合	
	浦村	上	14町5反2畝12歩	137石9斗2升7合	
	原村	上	21町3反6畝24歩	243石8斗8升3合	
	田尻村	中	71町6反3畝12歩	806石3斗3升7合	
	飯得村	上	53町1反3畝10歩	612石8斗5升5合	
	亀尻村	上	24町2反7畝14歩	256石4斗3升1合	
	楠田村	中	131町4反9畝20歩	1410石6斗7升8合	
		惣合	41901石7斗1升2合	右村数合　71ヵ村	

註　原史料で小計は三瀦郡のみにみられる．＊＊は史料の破損による判読不能な箇所．

一、同大木村之内　弐百石　梅岳寺

一、同村之内　三十石　清水寺

一、同村之内　十五石　小泉津

一、同村之内　六十石五斗九升　角坊

合　五百五石五斗九升

一、高柳村北分ノ内　百六十石　新坊

一、下妻郡溝口村之内　廿石　普院

一、同村之内　六石　福王寺

一、瀬高上庄之内　十石　談儀所

一、同村之内　三十石　祇園

一、下庄之内　□石　談儀所

一、三潴郡榎津《えのきづ》之内　三石　風浪

愛宕《あたご》社・梅岳寺《ばいがくじ》（のちの福厳寺、現、福岡県柳川市）をはじめとして、宗茂の崇敬が篤かった寺社と考えられる。なお、史料の前半にあげられた寺社は大木村内で所領を与えられているが、もとより所在地は別である。これに対し、史料後半の寺社については、その

真教寺（のちの真勝寺）

所在する地の近辺に所領を認められている。

この他、領内には真宗《しんしゅう》の寺として「真教寺《しんきょうじ》」がある。この寺はのちに「田中山真《でんちゅうざんしん》勝寺《しょうじ》」と改められ、田中吉政《よしまさ》の菩提寺となる。元来は御井郡仁王丸村（現、三井郡北野町）にあって石山合戦にも参加したという伝承をもっている。寺伝では文禄元年、宗茂に招かれて柳川に移り、城下大屋小路に一寺を建立したという。ここに対しては、まだ「正成」と名乗っていた時分に朝鮮からねぎらいに対する返書を送っているが、文禄五年（一五九六）正月七日付で「当寺置目《おきめ》の事」三箇条を定めている。その内容は、

一、御宗門の衆、弥馳走を以て、寺家繁栄候様、加進さるべきの事、

一、三郡中御宗体の者、他門と言わず、当寺一道場に相定め、信仰肝要の事、

一、修造等の儀、宗門の衆一意申し談じ、馳走を遂げ候様、連々申し諫めらるべき事、

というものであった。さらにその後は立花賢賀・小野鎮幸の連署で「真教寺置目の事」が出されているが、こちらも真教寺の下に僧俗の真宗の勢力を統制しようとしたと考えることができよう。

三　慶長の役

日明講和交渉の決裂

家臣団への知行給付を終えた宗茂は、文禄五年（慶長元年・一五九六）五月中旬に上洛する。秀吉の明使引見の儀式に参加するためと思われる。しかしながら、九月には日明講和交渉が破綻し、これをうけて第二次出兵が開始される。

慶長の役の「陣立書」

これにともなう「陣立書」が慶長二年二月二十一日付で発令される。これによると、小早川秀俊《ひでとし》ら両筑の軍勢は浅野幸長《よしなが》とともに釜山《プサン》城以下の在番につくが、宗茂には「あんこうらいの城」すなわち安骨浦城の守衛が命ぜられる。ここで、秀俊は小早川軍一万を率いて釜山に在番すべく定められているが、この時の年齢はいまだ十代の半ばである。

宗茂への軍役

宗茂には文禄期の倍にあたる五〇〇〇の軍役が賦課されている。これは文禄四年検地の結果、宗茂のみが「増分」を与えられたことによる。他の筑後大名にあっては「増分」をことごとく収公されてしまい、結果として宗茂以外の大名はその領国を削減された。これをうけて、軍役人数も文禄の役に比して軽減される。その一方、宗茂の場合は領国の「規模」に変化はないものの、賦課される軍役は既述のように倍増する。一連の状況は隆景を欠く両筑軍のなかで、宗茂の占める政治的・軍事的比重が著しく増大したことを反映しているといえよう。

また、既述のように立花家内部の知行体系もようやくと「石高」によって律せられるにいたっており、宗茂は政権から付加された軍役負担を知行石高を基準に給人へ割り振っていくことになる。文禄検地後にはじめて行なわれた慶長《けいちょう》の役《えき》は、いわば近世的な軍団編成へ向けての重要な試行であった。

立花勢の編成

ここで慶長の役における軍団編成を瞥見しておくと、宗茂率いる「御馬廻衆《おうままわりしゅう》」が八二四名、立花三左衛門尉鎮久《しげひさ》・立花吉左衛門尉成家《なりいえ》率いる「一番隊」が四七七名、小野和泉守鎮幸《しげゆき》率いる「二番隊」が五九二名、由布《ゆう》長三郎（七右衛門尉・美作守）惟次《これつぐ》の「三番隊」が三六七名、最後に吉弘加兵衛尉統幸《むねゆき》・矢島左介重成《しげなり》の「四番隊」三四七名で、総人数二六〇七名となる。これに非戦闘員が加わることになるが、文禄の役と同様、賦課された軍役人数には及ばなかったと考えられる。

第二次侵略戦争の「開始」は、島津忠恒《ただつね》ら講和交渉期も一貫して在番を継続していた軍勢にとっては、なし崩し的な戦争の再開であったが、帰国していた大名のなかでも加藤・小西・鍋島《なべしま》ら先手の諸将は右の「陣立書」発令に先行して朝鮮へ渡海している。おそらくはそうした先手衆からの情報によると考えられるが、三月二十八日には早くも宗茂に充てた石田三成《いしだみつなり》・増田長盛連署状《ましたながもりれんしょじょう》のなかで、

今度渡海ある已後、釜山浦に残り置かれ候条、久留米侍従《(小早川秀包)》・筑紫上野《(広門)》・高橋主膳正《(直次)》、一手として諸事相談され、仰せ出さるるごとく近辺の仕置など各申し付けられ在番あるべき事、御油断あるべからず候、

と「陣立書」の変更命令が出されている。こうして、宗茂ら筑後諸将の当初的軍務は釜山浦での在番となったが、彼らを含め先手以外の大名の渡海は夏以降のことになる。渡海に先だって、諸大名は休戦期に政権から貸与された兵糧その他の返済を求められることになるが、宗茂も二年六月一日付で「船奉行」寺沢正成《まさなり》から督促の書状を受けている。

立花勢の渡海

立花家中の手になるとみられる「覚書」には、

一、慶長二歳丁酉七月、高麗《こうらい》二番渡り、此年ノ七月廿五日唐島《(巨済島)》ト申所にて番舟ト防戦有、殿様ハ七月十四日ニ御渡海、御共ニハ小野和□《(泉)》・□《(立)》花三左衛門・小田部《こたべ》新介・十時《ととき》摂津守、其外ハ家中衆何も対馬ニ被居、渡海不申候、（「佐田家文書」）

という箇条があり、七月中旬に宗茂が一部の重臣らとともに渡海を果たしたことが窺える。これより先、小早川秀俊は五月二十二日に大坂を発って朝鮮へ出陣しており、渡海

した宗茂らは先の命令に基づいて釜山城に入り、秀俊を補佐する任務についたと考えられる。

左軍、右軍の侵攻

さて、宗茂ら秀俊補佐にあたる以外の侵略軍主力は毛利秀元《ひでもと》の指揮する右軍、宇喜多《うきた》秀家《ひでいえ》に率いられる左軍に分かれて、慶尚《キョンサン》・全羅《チョルラ》・忠清道《チュンチョンド》への侵攻を開始する。左軍は南原《ナムウォン》城についで全州《チョルジュ》を陥落させ、黄石山《フォンソク》城などの攻略に成功した右軍といったん合流する。八月下旬にもたれた全州での軍議により、右軍は忠清道を北上して京畿道《キョンギド》を窺い、左軍は軍勢を分けて全羅道《チョルラド》各地へ展開する。

井邑の軍議

しかし、明・朝鮮側の反攻態勢もようやく整ってきており、左右両軍ともに作戦の遂行には多大な困難を生じることとなった。各地で朝鮮側の反撃を蒙った左軍諸将は全羅道井邑《チョンウプ》において軍議をもち、いくつかの申し合わせを決定したが、そこで宗茂の軍務内容にも変更が生じることになる。九月十六日、宇喜多秀家ら左軍の諸将が連署して長《な》束正家《つかまさいえ》・石田らに充てた書状のなかから、関係する箇条をつぎに引いておこう。

一、釜山浦の儀、最前は羽柴左近在城いたすべきの旨、仰せ出され候といえども、日本よりの渡り口に御座候へば、御注進《ごちゅうしん》等をも申し上げられ、又御下知《げち》をも先手へさしはからひ、申し触れられ候ために、毛利壱岐守《いきのかみ》在城つかまつられ然るべ

きと申す儀に御座候事、
一、羽柴左近事、慥《たしか》なる仁にて御座候、しかしながらその身わかく候間、嶋津・鍋嶋城の間に一城を取り拵《こし》らえ、在番いたされ候へと申す儀に候、

碧蹄館《ビョクジェグアン》《へきていかん》の戦いで名をはせた宗茂は「慥なる仁」と認められてはいたが、当時まだ三十歳の「若年」であり、釜山浦守備はあまりに重責と考えられたのであろうか、別に「一城」を設けてそこに移されようとしている。戦線が一定の拡大をみせ、日本との補給・通信の要となる釜山浦の戦略上の比重が従来にまして大きなものとなる一方、全羅・慶尚道における朝鮮側の反撃を押さえる必要から右のような指示が発せられたと考えられよう。総大将とはいえ、秀俊(慶長二年六月の隆景の死後、秀秋と改名)の地位は実態的なものとはいえず、釜山支配の実質を担うにしては宗茂も若年すぎると考えられたのであろう。

宗茂、釜山城を出る

宗茂在番地の検討

こうして宗茂は釜山城を離れることになるが、右にみえる「嶋津・鍋島城の間」が具体的にどこに比定されるのかは必ずしも判然としない。後年の編纂史料ではあるが『黒田家譜』には「南の端泗川《サチョン》と云所の城を嶋津兵庫頭父子是を守らる、夫より五里北南海《ナムヘ》と云所に立花左近将監・有馬左衛門佐・大村修理亮・松浦法印居城せらる」とある一方、

九月三十日付高橋直次書状には「我々在番之所赤国之内小城と申所ニ相極候、彼所へ近々可罷越候条、重々可申遣候」とみえ、少なくとも高橋勢については、釜山在番を解かれたのち慶尚道《キョンサンド》の「小城」＝「固城《コソン》」への移動命令が出されたことがわかる。したがって、宗茂も同様に九月末には固城への移動を開始したとも考えられるが確証はない。

問題は筑後の諸将が行動を共にしたか否かであるが、この固城については毛利輝元《てるもと》が家臣桂元綱《かつらもとつな》に充てた文書（十月二十三日付）のなかで「その表の儀、固城迄無事に打入、吉川同前に普請相調之由、辛労察候」と述べており、普請が吉川広家《きっかわひろいえ》と毛利家中の手によって進められていることがわかる。直次と広家とはかつて東莱《トンネ》（トクネキ）城において在番を共同するという経験を有しているが、既述のように、そこでの在番は宗茂とは別個の軍務であった。したがって、ここでも講和休戦期と同様に筑後勢は相互に別々の作戦地に展開させられたとも考えられよう。こうした点を勘案すると、釜山在番を解かれた立花宗茂は『黒田家譜』の記すように南海島《ナムヘド》へ移動した可能性も否定できない。

蔚山城の戦い

ところが参謀本部編『日本戦史　朝鮮役』などは、当初から、ないしはほどなく、宗茂も固城に入り、直次らに合流したとみている。慶長二年（一五九七）十二月末から加藤清正・浅野幸長らが守備する慶尚道蔚山《ウルサン》城を、明・朝鮮の大軍が包囲する事態が招来する。

小早川秀俊・毛利秀元・黒田長政《ながまさ》らが救援に向かうが、吉川広家も同様に蔚山城の攻防戦に参加しているようである。これをうけて『日本戦史　朝鮮役』は、「泗川《サチョン》ノ島津義弘《しまづよしひろ》・順天《スンチョン》ノ小西行長《こにしゆきなが》・固城《コソン》ノ立花統虎《（宗茂）》等ハ各々其方面ノ情況ヲ顧慮シ敢テ援軍ヲ発セス」と記している。

この記事からは、少なくとも蔚山攻防戦のころには宗茂も固城に入城していたと考えられる。実際、慶長三年正月六日付で石田三成に充てた島津義弘の書状などでは泗川・固城の義弘・宗茂が順天《スンチョン》の小西行長と協動している状況が報じられ、右の見解を裏付けている。ただし、宗茂の固城入城が蔚山救援に出撃する広家との交替によるものか、それ以前からの継続であるかは不明である。

蔚山城の救援に成功したのち、慶長三年（推定）正月二十六日付で石田ら奉行衆に充てた連署状のなかで、宇喜多秀家・毛利秀元らは諸将の配置換えを打診している。ここには「毛利壱岐守事、固城へ在番候への由、申し渡し候」とあって、毛利吉成《よしなり》の固城入城が伝えられているが、従前の守将が誰であったのかといった言及はみられない。ところが、この連署状に示された現地軍の要求は秀吉の容れるところとはならず、秀吉は三月十三日付で諸将に充てた朱印状のなかで拒否する旨を明らかにしている。このうち小

早川秀包・立花宗茂・高橋直次・筑紫《ちくし》広門《ひろかど》に充てたものには、

一、その方四人の事は固城に在番つかまつるべく候、毛利壱岐守・同じく一手のものは西生浦に在番つかまつるべきの旨、仰せ遣かわされ候事、

という箇条が見受けられ、逆に吉成の西生浦《ソセンポ》への配転と筑後諸将の固城入城が命ぜられている。また、この指示をうけたと考えられる三月十八日付「朝鮮へ被遣石火矢玉薬之事」と柱書のある秀吉朱印状にも筑後四将の固城駐留が明示されており、同日付の「朝鮮城々為置兵粮被遣八木事」で二〇〇〇石の給付が伝えられ、それぞれの責任による廻漕が令されている。

以上みてきたように、慶長二年（一五九七）秋以降の情況は曲折も多く、混沌として宗茂の所在・動静を確定することは必ずしも容易ではないが、ようやく慶長三年にいたって宗茂の固城駐留が確実なものとなる。ところが、この後八月には秀吉が没したため、出兵は終息の方向へむけ大きく動き出すことになる。ちなみに、先にふれた「置兵粮」の廻漕も停止が命ぜられたため、立花賢賀《けんが》など留守居衆にも混乱がみられたようである。

さて、朝鮮での状況であるが、秀吉没後の八月二十五日付で朱印状が出されている。もとより秀吉の死を匿するためであるが、その内容は伊東・秋月ら日向衆《ひゅうがしゅう》と相良《さがら》頼房《よりふさ》の

帰還と、小早川秀包・筑紫広門・寺沢勢の対馬豊崎への在番、宗茂・直次をはじめ加藤・黒田・小西・島津勢らそのほかの諸将の釜山への集結と在番を命じるものであった。

このうち小西の指揮下には、大村・有馬・五島・松浦《まつら》といった肥前勢が含まれる。時間的には前後するが、『日本戦史　朝鮮役』によると宇喜多・毛利・浅野といった諸勢は蔚山《ウルサン》城の修築を終えた五月段階で日本へ帰還しており、右にあげられたのが駐留を続ける全軍とみなされる。また、この軍令から推して、筑後勢のうちでも秀包や広門はこの段階で、すでに別動していた可能性が高い。ついで同八月二十八日にいたって徳川家康・前田利家・宇喜多秀家・毛利輝元ら四大老の連署書状が発せられ、宗茂にも帰還命令が出されることになる。

宗茂らへの帰還命令

その表御無事の上を以て、打ち入らるべきの旨、御朱印ならびに覚書、徳永式部《しきぶ》卿法印《きょうほういん》・宮木長次口上《こうじょう》にも相含まれ、差し渡され候、しかれば打ち入られ候刻、舟以下も入るべき哉と上様仰せ付けられ、新艘其の外諸浦の船追々差し渡し候、其の上博多に至り、安芸《あき》宰相殿・浅野弾正少弼《だんじょうのしょうひつ》・石田治部少輔《じぶのしょう》差し越され候間、其の方一左右次第、急度《きっと》渡海せしめ、相談に及ぶべく候条、其の意を得らるべく候、恐々謹言、

（「亀井文書」『新訂　徳川家康文書の研究』）

すでに秀吉は没しているのだが、それを秘するため秀吉の命令を大老が伝達するという形式をとっている。もとより「その表」は朝鮮であるが、「打ち入り」とは日本への帰還を意味する。

さて、この軍令が諸将のもとへ届けられたのは十月に入ってのことであり、この間、九月末には泗川《サチョン》城が攻撃をうける。宗茂も島津忠恒から敵勢来襲の注進をうけて、九月二十八日付で返信を発している。右の連署状にもみえる徳永寿昌・宮木豊盛は、十月朔日釜山に到着、泗川《サチョン》・順天《スンチョン》・固城《コソン》さらに蔚山にいたって撤退命令を伝えた。これをうけて西部方面に展開していた順天の小西・南海の宗・泗川の島津・固城の立花ら諸将は、十月晦日に「南海瀬戸《ナムヘセド》」において会談をもち、撤退の段取りを決定した。その内容をつぎにあげておくと、

南海瀬戸の会談

一、東目の衆、引き取り候以後、各申し談じ、日限あい定め、順天・南海・泗川・固城四か所、唐島（巨済島）まで引き取るべきこと、

一、順天・泗川両口申し拵え、御無事の儀、両方ともあい済む儀候へば、一段然るべく候、一方にあい究ること候はば、一日なるともはやきかたに人質請け取り、あい済ますべき事、いずれの道にも引き取る刻は、先手より次第〳〵に引き取る

べき事、

付けたり、泗川・固城の舟、順天へ差し遣わし、引き取るべき事泗川の舟は南海まで、固城の舟は唐島瀬戸まで送り届け申すべき事、　（「島津家文書」）

というものである。この談合の結果については、十一月四日になって寺沢正成が義弘・宗茂・行長に対して、「何方へも漏れざる様に」と指示している。計画の露呈を恐れてのことと考えられるが、船奉行であった寺沢は、現地における諸勢撤退の責を負っていたものであろう。

小西行長の救援

さて、蔚山《ウルサン》など東部方面へ侵攻していた諸勢は予定どおり釜山への集結を完了するが、西部方面では秀吉の死を察知した明・朝鮮軍が反攻に出たため、いったん巨済島《コゼド》（唐島《タンド》）に集まった島津・宗・立花の諸将は退路を断たれた順天城の小西行長の救援に向かうことになる。こうして十一月十六・十七日のいわゆる露梁津《ノリャンジン》の海戦となるが、このさなかに小西行長らは順天城から撤退に成功する。この海戦は慶長の役における最終決戦となり、宗茂ら最後まで朝鮮に残った将兵も十一月下旬に、漸次日本へ帰還していくことになる。

第五　関ヶ原合戦

一　「庄内の乱」への関与

博多への帰還

宗茂が日本へ帰還した時日は不詳であるが、慶長《けいちょう》三年（一五九八）十二月十二日には問《もん》註《ちゅうじょ》所小兵衛尉政連《まさつら》（前名を統康と称す。のち名は三右衛門尉と改める）の来訪をうけており、少なくともこの時までには博多へ戻っていたと考えられる。政連へ謝辞を述べる書状のなかで宗茂は、

この表御牢人の儀候、拙子事この中留守の儀候、また追っつけ上洛候あいだ、諸事御不如意たるべしと察し申し候、しかしながら和泉《いずみ》・三河《みかわ》留守にこれある事に候条、毎篇仰せ談ぜらるべく候、（「問註所家文書」）

と述べている。問註所政連は小早川隆景《こばやかわたかかげ》・秀俊《ひでとし》に仕えていたが、小早川家の越前《えちぜん》転封を期に牢人したものである。この書状にあるように、帰還した宗茂はほどなく上洛するこ

ととなり、十二月二十六日には大坂に到着した。後続の島津義弘《しまづよしひろ》・忠恒《ただつね》、小西行長《ゆきなが》らを待って、ともに伏見《ふしみ》へのぼることとなる。

家康の茶会

そのまま越年し、慶長四年正月七日には、島津忠恒・小早川秀包《ひでかね》・高橋直次《なおつぐ》・筑紫《ちくし》茂成《しげなり》らとともに宗茂は徳川家康《いえやす》の茶席へ招待されている。もとより朝鮮での軍労をねぎらうものであったろう。

この時の上方滞在がいつまで続くのかも判然とはしないが、四月朔日付で「ばはん」取り締まりの五大老連署《たいろうれんしょ》状《じょう》を給されており、さらに五月十一日付の「新公家衆御法度御請之連判」と称される「御禁制条々」には「柳川侍従」の名がみえる。したがって、このころまでは伏見ないし大坂に留まり、その後しばらくして、柳川に戻っているようである。五月末から七月にかけては、家臣への知行給付などを行なっており、この間は領内統治に従っていたと考えられるが、詳細にはできない。ところが、九月に入ると再び上洛することになる。この際の上洛には、いわゆる「庄内《しょうない》の乱」が関係するようである。

伊集院幸侃の生涯

島津氏が豊臣政権に服属して後、領国の刷新を中心となって進めたのは、重臣伊集《いじゅう》院幸侃《いんこうかん》であった。石田三成《みつなり》らの支持をうけた幸侃の権勢は、ともすれば大名権力をも凌《しの》ぐほどであったが、慶長四年（一五九九）三月九日、島津忠恒がこの幸侃を伏見において生害したのである。この事件に連動するようなかたちで、領国においても、島津義久《よしひさ》が幸侃の子源二郎忠真《ただざね》をその本拠日向庄内《ひゅうがしょうない》（現、宮崎県都城市）に攻撃する。この島津領における内乱を「庄内の乱」と称する。忠恒も、四月には家康の許しを得て、乱鎮圧のため国元に下る。

庄内の乱

宗茂、出兵を打診

こうした事態に対して、宗茂はかなり早い段階から、島津領への派兵を表明していたようである。たとえば、宗茂は七月二十四日付の忠恒充て書状のなかで、

> しかれば源二郎（忠真）楯籠りこれあるに依り、少人数召し烈（連）れまかり出ずるやの由、数度申し入れ候と雖《いえど》も、御留めなられ候、その上にてもまかり出ずべき儀候へども、御国中の儀候、ゆる〳〵と城中をいためられ、ひとりころひ申す様に仰せつけらる由候条、結句時分柄いかがと存じ、その儀無く候、
> （「島津家文書」）

と述べている。ここから、伊集院忠真謀反を知った宗茂がかなり早い段階から、小勢ながら島津領への派兵を打診していたという事実がわかるが、「その上にてもまかり出ずべく候へども」なる表現から宗茂の強い意志を伺うことができよう。秀吉の死をうけた非常に微妙な段階での動向として注目される。

島津父子との起請文

時間的に前後した記述になるが、宗茂は閏三月八日に島津義弘・忠恒、寺沢正成《てらさわまさなり》らと

ともに起請文《きしょうもん》を取り交わしていた。内容は「このたびの談合について、心底残らず互いに申し出で候の儀、いささかもって他言申すまじきこと」とあるのみである。この起請が朝鮮の役に関連したものか、秀吉没後の急を告げる政治状況のなかでの行動に関するものであるのか、興味つきないものがある。時期的にみて伊集院幸侃の生害に関係する可能性がもっとも高いように考えられるが、いずれにしろ、朝鮮出兵の最後を戦い抜いた島津氏と宗茂の間には、非常に親密な関係が形成されていたことは事実であろう。こうした関係が、島津領への強い関心となってあらわれたものであろう。

宗茂の上洛

さて、先に述べたように宗茂は九月後半に上洛する。これに先だって、宗茂は小西行長とともども政権から島津家に対し正式に派遣される予定になっていたようで、その意味でもにわかの行動ともいえようが、兄の留守を守る実弟高橋直次は「風説とも御座候について、不図《ふと》上洛仕り候」と述べている。いかなる「風説」が流れたのか詳《つまびら》かにしえないが、島津領への派兵表明のごとき独自の軍事行動が問題化した可能性はあろう。とすれば、このたびの上洛は、政権を担う内大臣家康への弁明とみなすこともできようか。

家康による調停

家康は、七月に山口勘兵衛尉直友《なおとも》を下して、島津・伊集院両氏の調停を試みたが失敗しており、十月にも寺沢正成らを派遣して調停にあたらせている。このように家康としては、調停によって乱の終息を計ろうとした模様で、必ずしも武力による討滅を意図していなかったようである。上洛の目的は弁明に加えて、こうした齟齬《そご》を是正することにあったのであろうか。いったん帰国してのち年が改まってからの宗茂書状には、「伊集院儀、かの表一左右次第に出陣いたすべき旨、内府様よりも仰せつけられ、私にも随分御馳走申したき覚悟候」とみえており、結果的には一定の条件はあるものの家康から派兵の許諾を得たことがわかる。

　しかしながら、家康の調停工作はその後も続き、慶長五年（一六〇〇）正月には、再び山口勘兵衛尉直友を薩摩《さつま》に遣わしている。このころには忠真側の戦況が悪化し、二月には島津氏と伊集院氏の主従関係を復旧するかたちで和睦が成立することが、ほぼ確定する。こうして結果的には立花勢の日向庄内への派兵は実現することがなかった。この間、宗茂は島津領内の動きに敏感に反応し、既述のように慶長四年九月には上洛して家康との交渉をもったが、五年の正月にも講和交渉の進み具合をみながら、さらに上洛をほのめかすという態度を示している。

二　西軍大名

慶長の役を終えて日本へ帰還して以降の宗茂は、島津領におこった「庄内の乱」解決に腐心したのであるが、関ヶ原合戦において彼が西軍に投じるにいたった経緯については明らかではない。「慶長治乱記《ちらんき》」などによれば、慶長四年（一五九九）三月、伏見にいた家康が大坂の前田利家《まえだとしいえ》邸を訪れた際になされた家康襲撃の謀議に、宗茂も加わっていたとする。既述のように、宗茂はその時期上方に滞在してはいるが、真偽のほどは定かではない。

家康の会津討伐

周知のように、関ヶ原合戦に先だって五大老筆頭である徳川家康は、上杉景勝《かげかつ》討伐のため、会津《あいづ》へ出陣する。慶長五年六月十六日、家康を総大将とする会津遠征軍は大坂を発つが、ここに宗茂は加わってはおらず、在国していたようである。関ヶ原合戦にいたる軍事展開はこの会津討伐から始まるが、大坂にあった長束正家《なつかまさいえ》・増田長盛《ましたながもり》・前田玄以《げんい》らは、七月十七日付で家康を糾弾する「内府ちかいの条々」を明らかにし、諸国に連署状を発した。連署状は、このたびの会津出兵は「太閤様置目《たいこうさまおきめ》」に背く豊臣秀頼《ひでより》を見捨てた行為であるとして、秀頼への忠節を尽くすのはこの時であるとする檄文《げきぶん》であった。

宗茂の西軍加担

この連署状への応諾によって、結果的に宗茂は西軍へ荷担することとなる。宗茂の東上にあたっては、隣国の加藤清正《きよまさ》が断念するように勧告したといわれ、さらに途上において家康も柳川へ留まるように促したと伝えられる。この際の立花勢について島津義弘は、「立花殿は千三百の役にて候へとも、四千ほど召し連れ候」「秀頼様に対したてまつる御忠節のため、御軍役の人衆過上の由」などと述べており、豊臣秀頼に対する忠誠として、規定をはるかに上回る軍勢を催したことがわかる。ちなみに、文禄四年（一五九五）十二月の充行状で、宗茂は一三万二二〇〇石を与えられており、この折の軍役が一〇〇〇石に一人であったことが知られる。それはともかくとして、四〇〇〇の軍勢を率いて大坂城に入った宗茂に対しては、「伊勢口」の備えが命じられた。

立花勢の伊勢方面への展開について定かなことは判明しないが、八月二十二日付の井《い》伊《い》直政《なおまさ》書状には「たる（垂）井には島津・たちばな（立花）居り申し候由、申し候」とみえている。東軍諸将の目付として美濃へ派遣されていた井伊直政の戦況報告の一環であり、確度の高い情報といえようが、このころは島津義弘《しまづよしひろ》とともに美濃垂井《みのたるい》（現、岐阜県不破郡）付近に陣をおいていたようである。

宗茂の甲冑（立花家史料館蔵）

九月三日、当初は西軍に加わっていた近江《おうみ》大津《おおつ》城主の京極《きょうごく》高次《たかつぐ》が、岐阜城陥落の報を聞いて、東軍に応じる。参謀本部編『日本戦史　関ヶ原役』によれば、これより先、宗茂は西軍総帥の毛利輝元《てるもと》の命によって近江松本山に駐屯し、ひそかに高次の動静を窺っていたとされる。宗茂は高次謀反を知ると、大坂へ急使を走らせ、みずからは大津へ軍を進める。輝元・増田長盛は高次の翻意が難しいことを知ると、大津攻略を決定、宗茂もそのまま攻城軍に加わった。責め手は輝元の叔父で、その名代を勤める七郎兵衛尉元康《もとやす》以下一万五〇〇〇、籠もる城方は三〇〇〇といわれる。

大津城は背面を琵琶湖《びわこ》に守られた堅城であり、城の西方長等山《ながらやま》（現、滋賀県大津市）には大砲が据えられて、城内を攻撃したが容易に落ちず、九月十三日、外堀を埋める戦術をとって総攻撃を開始する。責め手は毛利元康らの軍勢が三井寺口《みいでらぐち》、尾花川口《おばながわぐち》に、小早川

和睦の成立

「尚政」時代の江上・八院合戦感状（「佐田家文書」）

一昨日申刻に、町際まで押し詰め候ところ、種々懇望候間、是非に及ばず候て、今日左近礼に出らるるに相究り候、はや家老の者共人質請け取り候、左様に候へば、明日は帰陣せしめ候、

（京都大学博物館所蔵文書・『熊本市史』史料編　第三巻　近世Ⅰ所収）

とみえる。清正は元来、宗茂に対して好意的であったとされており、和睦交渉は二十五日に成立、宗茂は柳川城を開き、みずからは「先鋒《せんぽう》」として薩摩攻めの軍勢に加わった。また、翌二十六日の書状に「明日母上洛にあい定め候」とみえることから、柳川開城・薩摩攻めへの参加・人質差し出しといったところが、和睦成立の条件であっ

たと考えられる。柳川城には清正の家臣加藤美作守《みまさかのかみ》正次《まさつぐ》が城番《じょうばん》として入る。

島津攻めの先鋒

一連の動きは如水から家康のもとへ報知され、十一月初頭に宗茂は如水の指揮下に入って、薩摩攻めのため肥後路を南下したとみられる。これには、宗茂の実弟で三池《みいけ》郡を領していた高橋直次も合流した。なお、肥後在陣中十一月上旬の書状に宗茂は文禄四年ごろからの「親成《ちかなり》」を改めて「政高《まさたか》」と署名しているが、ほどなく十一月下旬までには「尚政《なおまさ》」の名乗りを用いている。

「政高」ついで「尚政」への改名

三　敗軍の将

宗茂の降服勧奨

東軍の黒田如水・加藤清正が島津攻めの先鋒宗茂に期するところは、単なる軍事行動だけではなかった。宗茂は大坂からの退去に際して「維新様（島津義弘）御供申し候て、中途迄まかり下だり候」とあるように、義弘と船路周防国《すおうのくに》日向泊《ひゅうがどまり》で再会した折の様子を忠恒にわざわざ報知していたが、既述のようにこの時期、島津義弘・忠恒《ただつね》とはひときわ親密な間柄であった。こうした関係から、柳川開城の数日後の十月二十七日に、宗茂は島津義久・義弘・忠恒に充てて、和睦を勧める書状を発している。そこでは、

一、前十四、竜造寺《りゅうぞうじ》国中の人数をあい催し、久留米《くるめ》領分より河を渡り候、豊前如水人数もまかり出で申し談じ、羽藤七郎《小早川秀包》居城留主居の者共へ人数をたてかけ、人質を取り下城させ、同十五日愚領中はし〳〵へあい動候、少々の人数さし出し勝利を得候、

一、大勢の儀に候あいだ、此方少人数手ひろくあい拘候事事ならず、はし〳〵出城とも、此方より引き払らい申し候、しかるところに程近く仕寄り候、さ候へば、加藤主計《かずえ》方も宇土落去候へば、則ち此方へあい動かれ候、筑紫主水事、加主へ同心候、有馬其外方々の衆、勿論如水何も押し寄せられ候、籠城にまかり成候事、

一、余程近く押し詰まり候間、人数を出、鍋嶋陣所へ仕懸候、数刻あい戦、互勝負これなく候、しかりといえども敵大勢、味方は無人ゆえ、手負戦死歴々について、居城きはまて諸勢押し寄せ詰陣候、しかるところ京都へ残し置き候使まかり下り、まずもって御赦免の通仰せ出だされ候のあいだ、加主・如水へ理を申し、和談にまかり成候事、

（島津家文書）

と、肥前の鍋島《なべしま》（竜造寺）勢や豊前の黒田勢が筑後に押し寄せ、さらに小西氏の本拠宇土《うと》城（現、熊本県宇土市）を陥落させた加藤清正も柳川領を冒すにいたって、鍋島勢との間に

戦端を開いたこと、さらに家康からの赦免を得たうえで東軍との和睦に転じたことなど、みずからの柳川帰還後の状況を細かに述べ、「上方の儀静謐《せいひつ》せしめ、東国まで残所なき仕あわせ候、貴家御一分にあい極まり候条、一刻も早々御使者さし出さるべく候」と天下の情勢を説いたうえで、島津方の謝罪を勧めている。

立花勢、肥後高瀬に集結

厳寒に向かうということもあり、家康の命によって島津攻めの軍勢は薩摩へは入らず、国境に近い佐敷《さしき》（現、熊本県葦北郡芦北町）・水俣《みなまた》付近に留まった。この間、東軍諸将と島津方との交渉が進められたが、そうしたなかで宗茂は親身な降伏勧告に努め、島津方が和睦の使者を派遣することで、とりあえずの折り合いがつく。結果的に島津氏の処理は、その後の政治交渉に委ねられることとなり、水俣に一定規模の守兵を残しつつ、島津攻略軍の主力は兵を引くことになる。撤兵は十一月二十二日から開始されたようだが、宗茂に率いられた軍勢は、その後、肥後高瀬《たかせ》（現、熊本県玉名市）に集結したようである。宗茂は十二月二日付で家臣団に対し、先の鍋島勢との江上《えがみ》・八院合戦の折の感状を発し、同日付で安東彦右衛門尉連直・佐田清兵衛尉成景《なりかげ》（初名は統春《むねはる》、新田鎮実の子）に充てて、

高瀬津に至り奉行としてさし遣し候、しかれば家中誰々によらず高瀬へさし置く者ども内、自然喧嘩・口論ならびに濫妨《らんぼう》・狼藉《ろうぜき》そのほか猥《みだり》の儀仕出し、両人下知に

背く人これあらば、この方へ案内に及ばず、成敗申しつけらるべく候、万堅固の裁判ゆるがせあるべからず候、（「佐田家文書」）

という書状を出している。このように、宗茂は安東・佐田両名を高瀬に残る家臣団の「奉行」に任じている。一連の措置は宗茂の東上を前提としたものであろう。おそらくこの直後に、家康への釈明を目的として大坂へ向かったと判断される。十二月十二日には着坂したものとみられ、黒田長政と面談を果したようである（「黒田家文書」）。

家康への釈明

周知のように、長政は豊臣系大名や吉川広家《きっかわひろいえ》らの東軍加担に尽力した人物であり、この時期の家康に対しても一定の発言力をもっていたとみなされる。したがって、宗茂としても長政に頼むところが大きかったとみえ、

この上はいらず候へども、万一身上も成り立ち候へば目出候、らう《(牢)》人一篇にも成り候はばこの前よりの御なじみまいらせ候間、御かげをも頼み申すべくと存じ候、

と書き送っている。さらにその二日後、慶長五年十二月十四日の日付を有する小野鎮《しげ》幸《ゆき》・由布惟次《ゆうこれつぐ》充ての書状も、おそらく大坂から発せられたものであろう。書状の内容は、関ヶ原合戦後の豊臣家家政などにも言及するが、もとより主たる関心は、柳川の領知が確保できるのか否かにあったようである。ここには、

明国歴々候へ共いまた代官も仰せ付けられざる由候、かくのごとく候間逗留たるへきとの事に候間、兵粮《ひょうろう》追々さし上せられるべく候、油断あるべからず候、先々一左右までは其もとに居られ、しかるべく候、さりながら中途よりなるとも又申し下るべく候、もし世上の風説とも候て、国主其の内にも下り候なとゝ申し候はば、甲州へ人を遣し、能々《よくよく》あい尋ねらるべく候、その段申し置き候、　（「隈部家文書」）

とみえる。「明国」は豊臣期の大名がこぞって西軍についた筑後をさすが、ここにも「甲州」つまり黒田長政が登場する。世上の風説などにも心を配りながら、柳川領の措置やみずからの身上決定を待っている様子が伝わってくる。

田中吉政の筑後領有

しかしながら、結果的に立花氏旧領を含め筑後一国は、田中吉政《よしまさ》に充行われることになった。『寛政重修諸家譜《かんせいちょうしゅうしょかふ》』などによれば吉政初入国の暇は慶長六年（一六〇一）三月に出されたとされ、実際に吉政の入国が確認されるのは四月中旬のことである。したがって、筑後の戦後処理が決定されるのは六年に入ってのことであったかもしれない。領知安堵への願いをわずかにつないだこの時の上方駐在が、いつまで続いたのかは不明だが、かすかな望みを絶たれた宗茂は再び肥後加藤領の高瀬に仮寓することとなる。

第六　浪牢時代

一　浪牢生活

浪牢生活の始期をめぐって

宗茂が肥後を離れ、京に浪牢するにいたった時期や経緯については、従来「立斎《りっさい》旧《きゅう》聞記《ぶんき》」が江上《えがみ》・八院合戦の顚末、および立花主従の高瀬《たかせ》寄留の経緯をうけて、「かくて宗茂公翌年の春迄肥後《ひご》にて過し給ひけるが……」と述べて、高瀬仮寓を慶長六年の春までとしたり、『浅川聞書《あさかわききがき》』では「慶長五年十二月より、同七年の春まで、高瀬に御座なされ候」とあって、史実の確定にも混乱をきたしていた。また、「立斎様御自筆御書之写」なる史料には「その年我等借銀もすまし申し候て、銀子《ぎんす》七拾貫目余、又銭など集め、上洛せしめ候、そのまま浪人つかまつり候て……」と述べられており、いったん京に入った宗茂がなし崩し的に在洛を継続した結果が「浪人」であったとしている。つぎにこうした過程を詳しくみていこう。

慶長《けいちょう》五年（一六〇〇）に続く宗茂の東上として確認されるものに翌六年七月ごろのものがある。六年七月十六日付で宗茂が立花賢賀《けんが》に充《あ》てた書状にはつぎのような件がある。

一、内府（家康）様御内証御一段御懇候へく候、御心安かるべく候、伏見屋敷においても仰せ付けらるべく候て、身上の儀は井伊兵少（直政）上洛候て、それ次第に仰せ出さるべく□□、日夜伺い申すばかりに候、内府様も来月は江戸へ御下向の様に申し候、その内あい澄むべき由に候、

一、景勝（上杉）近日上著たるべき由に候、景勝上洛候はば佐竹（義宣）その外東国侍衆二、三人も国替とあい聞こえ候、薩州（島津）だけ今に上著なく候、井兵少留主により中途に待ち合い候とも申し候、いかゞ候や、薩摩澄み次第九州も所により替り申すべき由に候、

（「立花家文書」）

賢賀父子、黒田長政へ転仕

充所の立花賢賀は宗茂の宿老として重きをなした人物であったが、吉右衛門尉成家《なりいえ》ともども、宗茂の柳川開城ののち黒田氏を頼って筑前《ちくぜん》に移る。「薦野家譜《こものかふ》」によれば、賢賀は慶長六年十月十日付で、故地糟屋《かすや》郡薦野《こもの》村を代官として預けられている。宗茂はそうした賢賀の立場を慮《おもんぱか》りつつ、右のような近況を報じている。宗茂は家康の懇《ねんご》ろな対応を伝え、家康の江戸下向以前にみずからの処遇が決定するであろうとの、もくろみを

述べている。

実際、慶長六年のものとみられる九月二十日付の小野鎮幸《しげゆき》充て加藤清正《かとうきよまさ》書状には、

左近殿よりの御状、殊《こと》に御身上おおかたあい済み、御出仕の由仰せ越さる、我等ひとしおと満足せしめ候、いよいよ御知行かたあい済み候左右待ち入り候、

とみえている。先の賢賀充ての書状とも符合する内容であり、すでに家康との面謁を果たした宗茂にとって、身上回復は間近かと期待させるものがあったようである。

宗茂「身上」についての憶測

こうした認識は、清正をはじめとする関係者にも共有されるものであった。しかし、宗茂らの楽観的な見通しは大きく崩されてしまう。家康が伏見《ふしみ》を発つのは、十月に入ってからのことになるが、結局、それ以前に宗茂身上のことについての結論はでなかった。

家康との対面

立花三左衛門尉鎮久《しげひさ》に充てた慶長六年（一六〇一）閏十一月六日の書状には、

此地無事に候、内府様も近々御上洛の様にも申し候、しかしながら大略は来三月御上洛有べき哉とみな申さる事に候、待ち久しき事申すばかりなく候、薩摩の儀も日向あい渡す分にては候へども、種々御詫言《わびごと》申さるる旨ども候て、澄かね候由申し来たり候、菟角《とかく》内府様御上洛これなく候では何事も〳〵あい澄みがたく候、その間の儀、何とぞ各申し談ぜられあい続き候様に頼み入り候、

（「米多比《ねたみ》家文書」）

とあり、その後も宗茂が在京中で、引き続き翌七年春に予定される家康の上洛を待ちわびていることがわかる。

家康の居所と行動

家康との折衝が、みずからの地位回復を目的としていたことは歴然としている。この時期、家康はかなり頻繁に江戸と京・伏見を往復しており、伏見城にあって政務をとることも多かったが、宗茂はそうした家康との交渉を期して、在京を継続したのである。「立斎様御自筆御書之写」にみえる「上洛せしめ候、そのまま浪人つかまつり候」とはまさしくこうした事態をさすのである。

上方での浪牢

このように家康との折衝を目的とした上洛・滞京が長期化した結果が、上方での「浪牢」生活となったとみるべきであり、そうした意味で、宗茂が肥後高瀬を離れた時期は慶長六年（一六〇一）七月ごろとするのが正しい。こうしてみてくると諸書のなかでは、

翌丑秋御上京、同八卯年まで京・大坂へ御逗留、五畿内諸所御遊覧遊ばさる、

と上洛時期を六年の秋とする「京都伏見大坂町人御扶持《ふち》方調《かたしらべ》」に収める富士谷《ふじや》千右衛門の由緒書き上げに比較的高い信憑性を認めることができよう。同由緒は、この記述に続けて、

京都においては大徳寺《だいとくじ》中の大慈院《だいじいん》蘭溪和尚兼而御懇意ニ付而也並小河彦次郎宅、大坂においては住吉

屋藤左衛門宅と鍋屋吉右衛門宅へ御逗留遊ばされ候、

京の富士谷

と宗茂の上方での居所を細かにおっており、参考になる。たとえば、ここにみえる「小河彦次郎」こそが富士《ふじ》谷《や》紹務《しょうむ》である。宗茂との関係は豊臣期にさかのぼると考えられるが、詳細は不明である。しかしながら、紹務とその子六兵衛尉高知《たかとも》（紹味《しょうみ》）は柳川再封以降も、京の留守居あるいは銀主・呉服所として、宗茂・柳川立花家に大きく関わっていくことになる。

大坂の住吉屋、鍋屋

また、大坂の住吉屋も関係の初発は定かではないが、関ヶ原合戦ののち、柳川へ下る宗茂らのために堺の廻船を周旋したという由緒を伝える。一方の鍋屋は、戸次道雪《べっきどうせつ》が豊後藤北《ふじきた》（現、大分県大野郡大野町）にあった時分から、大坂表の諸御用を任されていたという家である。このように富士谷千右衛門の由緒書き上げでは、大徳寺塔頭《たっちゅう》の大慈院をはじめとして京・大坂にしかるべき寓居があって、比較的淡々と逗留生活を過ごしたよ

『浅川聞書』の挿話

うな筆致で宗茂の浪牢生活を述べている。逆に、『浅川聞書』などでは、上方浪牢中の宗茂が日々の食物にも事欠くような非常な艱難辛苦のなかで時を送ったように伝える。もとより両者の史料的差異によるものであろうが、後者の場合には、一定の意図のもとで「藩祖」宗茂の忍従をことさらに強調したような嫌いがなくもない。ちなみに、やは

り『浅川聞書』には、このころの宗茂に加賀前田家から招聘《しょうへい》があったことなどが記されているが、例によって具体的な事実などは不明である。

浪牢生活の実態

いずれにしろ、「立斎様御自筆御書之写」で宗茂は浪人中の懸け銀・借銀が皆無であったことを強調しており、幾分かの潤色があったにせよ、富士谷の由緒書き上げが客観的に綴るような逗留生活というほうが実態に近いのかもしれない。ただし、そうした背景には、加藤清正や旧臣らによる扶助合力《ごうりき》などがあったのであり、決して自適な生活ではなかったようである。

経済的にさほどの窮迫状態にはなかったとはいえ、浪牢中の宗茂の心理状態は必ずしも安閑としたものではなかった。花押《かおう》型から慶長七、八年のものと考えられるが、三月二十日付で十時《ととき》八右衛門尉成重《なりしげ》に充てた文書には、

しかしながら公儀の事、存ずるまゝ得も事成らざる事に候間、何方へも何もまかり出ずる事もこれなく候、内にてのたんそく（歎息）までのよし候、内々方々才覚油断なく候間、いつれの道にもあい調のうべくと存じ候間、追々申し遣るべく候、何も〱誰々によらす此方ためをなけき候事は、わきに成り候て、身なけき一篇にあい見え申し候、他言あるまじく候、

（「十時正道家文書」）

とある。各方面への手配りを怠りなく進めつつ、みずからは表だって活動もできないという状況が伝わってきて、まさにため息が聞こえてきそうな文書である。

また、年紀が明確になる史料としては慶長八年（一六〇三）卯月十五日付の由布《ゆう》七右衛門尉惟次《これつぐ》・十時孫右衛門尉連貞《つらさだ》充ての書状で、

今少し成り次第、堪忍これあるべき様に申し候、誠に以って寄特に存じ候、薩州一着次第との事に候べく候間、今少にて候、（「十時正道家文書」）

「薩州一着」への期待

と述べている。島津忠恒《ただつね》の伏見における家康への拝謁によって関ヶ原合戦の戦後処理が一区切りつくことになるが、宗茂としてはそれを契機にみずからの処遇についても道がひらけるのではないかと期するところがあったようである。この文書では、家臣の由布《ゆう》玄蕃惟与や十時八右衛門尉成重についても「三年同前に相詰」と評されており、宗茂が高瀬に戻っていた時期にも在京していたことが確認される。おそらくさまざまな政治情報の収集や各方面への折衝にあたっていたのであろう。しかしながら、ここでも宗茂の期待は裏切られる。八年四月二十九日付で島津義弘へ充てた書状にも、

拙者身上の儀、御尋に預かり候、今にあい当たる儀これなく候、長々相済まず、迷惑御推察の外に候、しかしながら内々御別儀無き通に候条、今日〱と相待ち、日

を暮らし申すまでに候、

とみえており、相変わらず浪牢生活は続いているのである。宗茂はこの文書を伏見で書いているが、伏見には家康が前年の暮れから滞在しており（一時大坂へ赴く）、文字どおり家康の許しを一日千秋の想いで待ちわびていたことがわかる。

二　家臣らの動向

ついで家臣団の動向についてみておこう。宗茂の上洛が以上のような経緯で進められたため、立花家の主従関係は非常に曖昧なかたちで凍結されたといってよい。すなわち、領国を失ったとはいえ、宗茂と家臣との間には依然、変則的ながら主従関係が継続しているものと判断される。また、そうした関係継続の前提には、宗茂が徳川氏との交渉のなかで何とか封建領主としての地位を回復できるのではないかと期待をかけていたという背景が存在しよう。

肥後に残った旧臣たち

宗茂が高瀬を発ってほどないころに、清正が小野和泉守鎮幸《しげゆき》に与えた書状では、

左近殿御内儀へ御兵粮まいらせ候ところ、御礼として飛脚給うについて御状に預か

り候、誠に御隔心がましき御礼なと候へば、かえって迷惑せしめ候、しかるべき様
　に御心得頼み入り候、左近殿御身上落着の儀、到来候はば示し預かるべく候、

誾千代の死

といった慇懃《いんぎん》な文言が使われている。この文書にみえるように、宗茂の室誾千代《ぎんちよ》は肥後領内玉名郡腹赤村（現、熊本県玉名郡長洲町）に居住していたが、慶長七年（一六〇二）十月十七日、同村において死去する。享年三十五と伝え、法名を光照院殿泉《こうしょういんでんせん》誉良清大禅定尼《よりょうせいだいぜんじょうに》と称す。

旧臣ら加藤清正へ臣従

しかしながら、他の大名領国のなかに改易《かいえき》された大名の家臣が集住するといった変則的な事態が長期に継続するはずもない。この間、筑前黒田家など他家へ転仕したものがあり、さらに帰農したものもいると考えられるが、大半の家臣らは肥後残留を継続していた。肥後国に残ったこれらの旧臣たちが加藤家に抱えられていくというのは、ある意味で自然な成り行きでもあった。慶長八年九月十一日付で立花新右衛門尉統実《むねざね》（政之《まさゆき》）は「御身上相済む儀延引に依り、御家中衆先々加藤肥後守様へ御預なされるの由、仰せ下され候」という書き出しで始まる「言上」を提出している。「御身上相済む儀」は、宗茂が徳川体制の下での封建領主として復活することを意味しており、これがなかなか決着がつかないので、家臣団はとりあえずの措置として加藤清正に預けられることにな

ったのである。
吉弘伝次《よしひろでんじ》（のちの加兵衛尉政宣《まさのぶ》）なども在京していたのが、肥後に戻されたりしている。つまり、宗茂の再仕が決定する前に大半の家臣の肥後加藤家召し抱えが決定したのである。「言上」の内容は、立花家に対する代々忠貞ぶりを書き上げたものであるが、おそらく旧臣らは、同様の「言上」を宗茂に提出したうえで加藤清正に「預」けられていったのであろう。清正に再仕した立花家旧臣の数は後年の史料によるとその数は「弐百五拾余人」とある。なお、実名を「俊正《としまさ》」と称したころの宗茂が、

殊に与中より銀子壱枚送り給い候、遠路に至り懇切の儀は誠に満足せしめ候、

と安東彦右衛門尉連直に書き送っている。もとより、儀礼的な部分が大きいことは承知するが、旧臣たちが加藤家に抱えられることで、浪牢の宗茂を経済的に支えていくという体制に移行したともいえないであろうか。いずれにしろ、こうして立花氏の家臣団は分裂することとなる。

浪牢に従った旧臣たち

宗茂は既引の慶長六年七月十六日付の立花賢賀《けんが》充ての書状のなかで、「此方には一切人も入り申さず候」と述べているのだが、実際には二十数名の家臣が「浪牢」生活を共にすることになる。「立斎公京都へ御座なられ候節、相詰め候御供の士」によって判明

する具体的な人名をみてみると、つぎのようになる。

由布美作《みまさか》　由布壱岐《いき》　矢嶋石見《いわみ》　十時摂津《とときせっつ》　十時三弥　因幡宗糺《いなばそうきゅう》　戸次治部《べっきじぶ》
池辺解ヶ由《かげゆ》　十時五郎左衛門　十時太兵衛　本郷惣左衛門　清田権左衛門
取鳥仁兵衛　後藤勘右衛門　前田三太郎後御暇　松浦久左衛門
児玉安兵衛好雪公御代御暇　相田五郎右衛門　渕仁右衛門宋雲院様ニ御附被成候
鳥飼孫兵衛　鹿毛兵左衛門江戸ニ御下不被成候内御暇　十時半次
立花孫市郎慶長九年至京都相勤　鳥飼九右衛門

家臣の交替

彼らが慶長六年（一六〇一）秋の肥後出立時から宗茂と共にあったのかどうかは、必ずしも判然としない。たとえば、先にあげた慶長八年卯月十五日付の由布七右衛門尉惟次・十時孫右衛門尉連貞充ての書状では、在京家臣の「休息」、すなわち肥後への帰還についてふれられていた。また、既述のように京都に常駐しているとみられる由布玄蕃頭《げんば》（前の史料にみえる由布壱岐守惟与と考えられる）は、慶長六年閏十一月十五日付の「十時津の守」充ての書状のなかでも、

その方事、爰元《ここもと》へ上洛ありたき由、玄蕃かたまて申し越さる由候、ここもとにはいまほとは人も入り申さず候、そこもとの儀一円番衆《ばんしゅう》等もこれ無く候、内外ともに

然々おとなしき者もこれ無く候、人をもつけおき候はで、他領の儀候へば万事気遣いに存じ候間、内外ともにしかとつき居り候体にて余人にかまはず万《よろず》肝煎《きもいり》頼み入り候、

(『伝習館文庫』「柳河藩政史料」の『旧柳河藩誌』十時家文書　一)

と述べられており、宗茂に近仕している様子がわかるが、十時摂津守連貞は肥後にあって残留家臣団の肝煎りを命ぜられていた。

このように、在京して宗茂に近仕する家臣の間には交替があったとみられ、先にあげた「立斎公京都へ御座なられ候節、相詰め候御供の士」のデータは、あくまで結果的なものとみなされる。したがって、逆に清正と立花旧臣との関係もきわめて変則的なものであったと考えられる。

第七　奥州時代

一　「身上相済」

一次史料による限り慶長《けいちょう》九年（一六〇四）九月の段階まで、宗茂の在京浪牢が確認されるが、状況からみて、それ以降も京都・上方《かみがた》での浪牢が継続することは間違いない。逆に、宗茂が奥州南郷《おうしゅうなんごう》＝棚倉《たなぐら》地域（現、福島県東白川郡棚倉町）を領有したことが確実となるのは、慶長十一年十一月十一日以降である。つぎにあげるように、この日付で宗茂は家臣団への知行充行状《ちぎょうあてがいじょう》を発している。

奥州での知行充行

於南郷之内赤館五百石分坪付在別紙事、預進之候、全可有知行者也

慶長十一年

十一月十一日　俊正（花押）

矢島勘兵衛尉殿

（「富安護義文書」）

「俊正」への改名

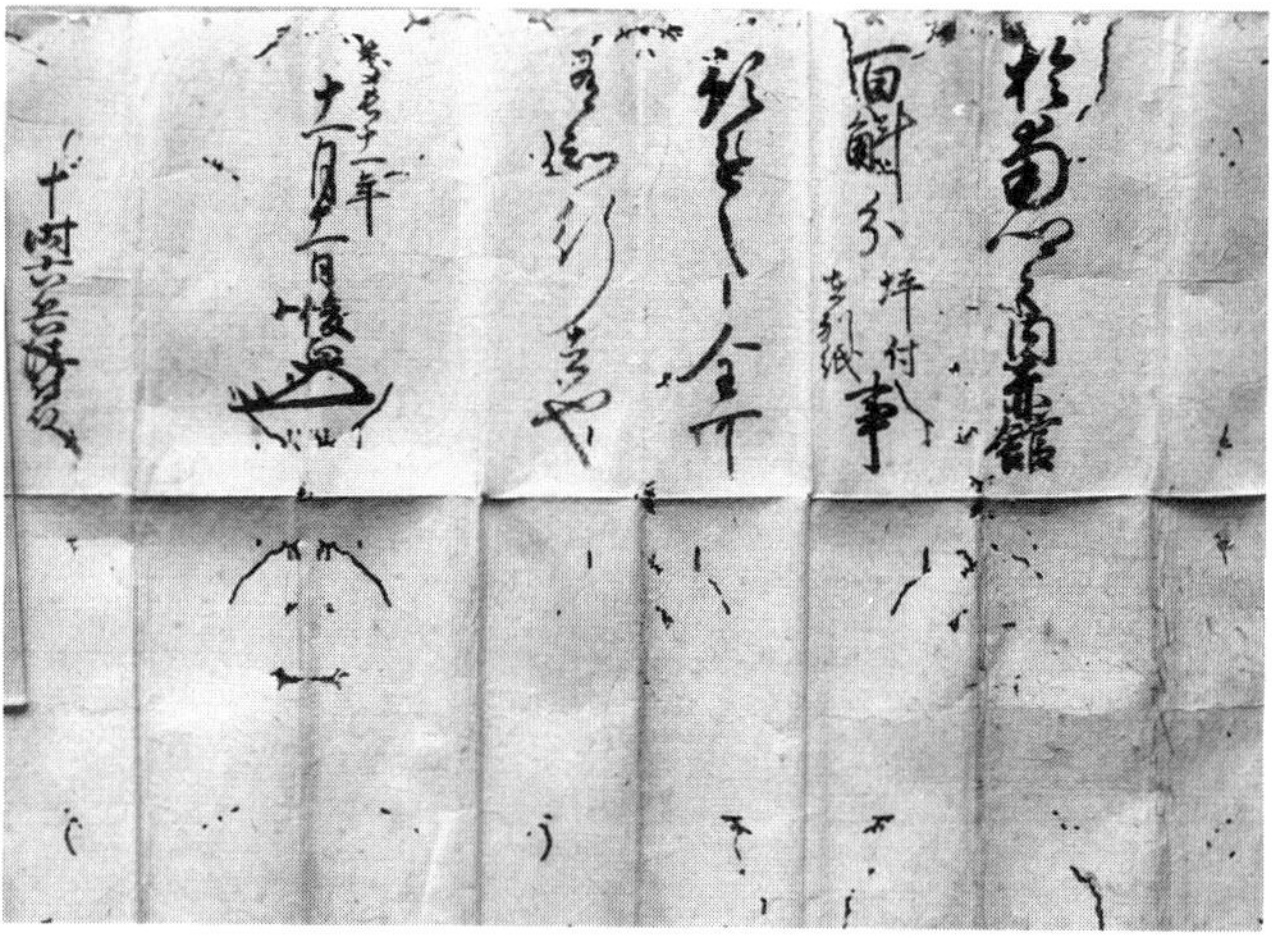

「俊正」時代，奥州南郷での知行充行状（「十時強次郎家文書」）

同様のものは「百石」を充行《あてが》われた十《と》時《き》六兵衛尉惟益（名はのちに与左衛門尉となる）充《あ》てのものなどが確認される（上掲図版参照）。右にみえるように、このころ宗茂は実名を「俊正《としまさ》」と称しているが、この充行状と同一の名乗り・花押で、肥後にいる家臣らに対し、つぎのような文書を発している。

今度此方事、将軍様御前へ召し出され候、祝儀とて遠路書状ならびに樽代銀十五文目到来、毎度之儀祝着浅からず候、まずもって当分心安くこれあり、殊更《ことさら》切々まかり出、別して御懇の御諚《ごじょう》とも候間、御心安かるべく候、（高橋主膳直次）高主より使者差し越され候、

宗茂「身上」復活

まかり帰り候間、便宜ながら申し遣り候、尚かさねて申すべく候、恐々謹言、

文書の日付は「九月廿七日」であるが、書き出しからみて宗茂が江戸へ出て徳川将軍家への再仕を果たしたときのものとみて大過なかろう。実名やその他の条件からみて、この文書の年紀は慶長十ないし十一年と判断される。いずれの場合であっても、「将軍様」は秀忠《ひでただ》をさすことになる。既述のように在京を続けた宗茂は、たびたび上洛して伏見で政務をとる家康《いえやす》からの許しを待ち続けたのであるが、政治的地位回復は家康から秀忠への将軍代替《だいがわり》をまって実現したのである。

大番頭役

浪牢生活の終わり

宗茂再仕のプロセスについては、いったん知行五〇〇〇石の大番頭《おおばんがしら》に任ぜられ、そののち加増されて一万石を得たともいわれており、家臣へ知行を充行った慶長十一年（一六〇六）十一月の段階で、宗茂自身がどの程度の領知を得ていたのかは不明である。しかしながら、現在のところ幕府に許された宗茂が奥州南郷以外に領知を得たという証左もない。したがって、蓋然的な結論ではあるが、秀忠への拝謁から領知給付の過程が一年以上の時間的懸隔なく進んだと仮定すると、先に判断を留保した宗茂の秀忠への拝謁年紀は、慶長十一年と考えるのが最も合理的と判断されよう。ちなみに「立斎様御自筆御書之写」では「関ヶ原浪人仕、六年京都ニ居申候」「六年牢人仕候」などと記されてお

り、史料的には十分とはいえないが、この記述に従うと、やはり宗茂の浪牢生活は、慶長十一年までということになる。

この年、大御所家康は四月上旬から九月下旬まで伏見《ふしみ》に滞在しており、この間に江戸への下向を許されたものと考えられる。宗茂は、慶長十一年九月上旬ごろに江戸で将軍秀忠に面謁を果たして長年の牢人生活を終え、ほどなく奥州南郷地域に領知を得て、十一月十一日付で家臣への知行充行を行なったとみることができよう。

つぎにあげる大鳥居充ての文書は家康存命中のもので、このころの宗茂の動きを窺いうる貴重なものである。

黒筑州(黒田長政)・田筑州(田中忠政)御見廻として、御使差し上げられ候ひて、御音書《いんしょ》預かり候、殊に料紙《りょうし》三十帖御意に懸けられ畏《おそ》れ入り存じ候、久々申し通わず、遠路故互いに通じず、あい過ごし候、両筑州別して懇切の由、一段の御仕合わせ目出候、此方相当の御用、今に仰せ越され候、拙にも此中公方様御供致し、駿府へ参り候へ共、江戸御留主御番仰せ付けられ、一両日以前にまかり帰り候、何かと隙を得ず、御報早々申し入れ候、猶後音《こういん》を期《ご》し候、恐々謹言、

(「太宰府天満宮文書」)

文書の日付は「二月廿九日」である。秀忠は駿府をたびたび訪れているが、日程的に

宗茂領知高三万石へ加増

該当するのは慶長十五年（一六一〇）である。この年、秀忠は二月二十日に江戸を発ち、二十四日、駿府に到着している。宗茂はこれに従い、その後すみやかに江戸へ戻って「御留主番」を仰せ付けられたものであろう。この後の史料からみても、元和初年ごろまでの宗茂は秀忠の警護や江戸城の守衛といった「番方」の役を仰せ付けられており、その意味で将軍直属の軍団に組織されていたとみてよい。なお余談であるが、この年紀比定が正しいとすると、「黒筑州」は黒田長政《ながまさ》（筑前守）で構わないが、「田筑州」は田中吉政《よしまさ》ではなく、子の忠政《ただまさ》（筑後守）となる。

ところで、当初の領知高が不明だが、結果的にみて奥州時代の最終的な領知高となる三万石が確定する時期についても諸説みられる。しかしながら、ここではその時期を慶長十五年七月二十五日と考えている。加藤家に仕えている立花新右衛門尉統実に充てた八月二十日付の宗茂書状には、「内々取沙汰候つることく、去月廿五日御加増として知行仰せ付けられ、前の合せて三万石程候へく候」とあって元高《もとだか》不明ながら、去月すなわち七月の二十五日に加増をうけ、領知高が「三万石程」に達したと述べている。

さらに、本史料と密接に関連すると考えられる史料が安東孫兵衛尉政弘《まさひろ》に充てられた九月二十八日付の宗茂書状である。ここでも「今度御加増知行候て拝領、外聞実儀かたじけなき仕合せ、御推量あるべし」とあって、領知高加増の事実を旧臣に報じているが、あわせて「七月の末ころ知行安堵申し候へども、嶋津琉球の王同道にて参上ゆえ、公儀故障の儀とも候て、漸《しば》らくこの四、五日前入部せしめ候」とある。島津《しまづ》家久《いえひさ》（忠恒《ただつね》の改名）が琉球《りゅうきゅう》王尚寧《おうしょうねい》をともなって「参上」とあるところから、この文書が慶長十五年のものであることがわかる。

もとより、これまでの検討では八月二十日付の文書にみえる「加増」と九月二十八日付文書に言及する「加増」とが別のものではないかという可能性も残る。しかしながら、これより先に肥後《ひご》に残った小野和泉守鎮幸《しげゆき》の死を悼んだ、慶長十四年八月五日の文書にみえる「俊正」なる実名と同じ署名・花押《かおう》が翌十五年三月二十八日付の文書で確認されているのに、ここで引いた八月二十日付・九月二十八日付の文書ではいずれも「宗茂」となっており、花押のかたちも大きく変わっている。したがって、ここで言及した領知高加増の事実が、慶長十五年の後半期より以前に遡ることはない。

以上のような検討から、宗茂の領知高が「三万石程」に達した時期を、慶長十五年七月二十五日と確定したい。なお、九月二十八日付文書に四、五日以前に「入部」とあるのは新封地の検分を目的としたものであろうが、やはり「今度御加増拝領について」で

新封地の検分

始まる十月十日付の問註所《もんちゅうじょ》三右衛門尉政連充て宗茂書状には、「今程入部せしめこれある儀に候、一両日中に江戸へまかり上り候」とあり、この時の入部がわずか十四、五日間の短期的なものであったことを伝えている。いずれにしろ、『寛政《かんせい》重修《ちょうしゅう》諸家譜《しょかふ》』は加増の経緯を「十五年七月二十七日陸奥国赤楯（赤館）・上総国山辺《やまのべ》郡において二萬石を加封せらる」と述べており、期日自体には数日のズレがあるものの、ほぼ承認される記述といえよう。

「宗茂」と名乗る

こうしてみてくると、立花宗茂についてもっともポピュラーな実名である「宗茂」はここでの加増を契機に用いられた可能性も高いことを指摘しておこう。

二　家臣の状況と在地支配

清正、宗茂の旧重臣らに知行を充行う

まず、肥後加藤家に「預」けられていた旧臣らについて簡単にふれておく。管見の限り、清正から旧立花家の重臣に充てて発せられた知行充行状は慶長十一年（一六〇六）十一月八日の日付を有す。小野鎮幸《しげゆき》に対しては山鹿《やまが》郡・南郷《なんごう》（現、熊本県阿蘇郡）で四〇八〇石、立花鎮久《しげひさ》には玉名《たまな》郡・合志《こうし》郡で三〇一〇石が給されている。豊臣期の禄高に比すれば、それぞれ一〇〇〇石、五〇〇石ほどの目減りがあるが、それなりの厚遇といえよう。むしろ問題とすべきは、知行充行状が正式発給された時期ではなかろうか。

この時期、すでに宗茂が奥州南郷を領知することは既定であり、清正《きよまさ》も当然承知していたであろう。すなわち、清正は宗茂が五〇〇〇石ないし一万石程度で「身上」の復活を果たすという事実を前提に、さらにいえば、旧臣すべての召し抱えが不可能であると判明した時点で、「預り」ではなく彼らを正式に臣従させたのである。おそらく、清正が宗茂や旧臣らの感情に配慮したものであろう。

旧臣らの知行

くだって慶長十三年八月二十六日付で、先に述べた旧城番《じょうばん》級の重臣以外にも充行状が発せられる。この時の事例をいくつかあげると、文禄《ぶんろく》五年（一五九六）の充行で二一五〇石を与えられていた三池《みいけ》伊兵衛尉親家《ちかいえ》が八〇〇石、一〇〇〇石の十時《ととき》太左衛門尉連秀《つらひで》が六七〇石、五五〇石であった堀又介秀が三〇〇石、一三〇〇石の十時摂津守連貞《つらさだ》の家督を継いだ八右衛門尉成重《なりしげ》が七〇〇石という状況である。三池の場合はかなりの減封であるが、ほかは元の禄高を五、六割のレヴェルで確保していることがわかる。また、この際の特徴は、彼らの知行所が益城《ましき》郡内に集中しているということであろう。

もとより、ここは旧小西領であり、関ヶ原合戦後、清正に加増給付された地域であ

料金受取人払郵便

本郷局承認

7058

差出有効期間
2027年1月
31日まで

郵便はがき

113-8790

東京都文京区本郷7丁目2番8号

吉川弘文館 行

愛読者カード

本書をお買い上げいただきまして、まことにありがとうございました。このハガキを、小社へのご意見またはご注文にご利用下さい。

お買上**書名**

＊本書に関するご感想、ご批判をお聞かせ下さい。

＊出版を希望するテーマ・執筆者名をお聞かせ下さい。

お買上書店名　　区市町　　書店

ご氏名《ふりがな》		年齢　　歳　男・女
〒□□□-□□□□ ご住所		電話
ご職業	所属学会等	
ご購読新聞名	ご購読雑誌名	

今後、吉川弘文館の「新刊案内」等をお送りいたします(年に数回を予定)。
ご承諾いただける方は右の□の中に✓をご記入ください。　□

注文書

月　　日

書名	定価	部数
	円	部
	円	部
	円	部
	円	部
	円	部

配本は、○印を付けた方法にして下さい。

イ. 下記書店へ配本して下さい。
(直接書店にお渡し下さい)

(書店・取次帖合印)

書店様へ=書店帖合印を捺印下さい。

ロ. 直接送本して下さい。
代金(書籍代+送料·代引手数料)は、お届けの際に現品と引換えにお支払下さい。送料・代引手数料は、1回のお届けごとに500円です(いずれも税込)。

＊お急ぎのご注文には電話、FAXをご利用ください。
電話 03−3813−9151(代)
FAX 03−3812−3544

る。彼ら旧臣たちは、慶長八年九月ごろの段階で、すでに清正に「預」けられていたのであるが、旧城番級の重臣にしろそれ以外の者たちにしろ、正式な知行給付をうけるまでどのようなかたちで相続していたのかは不明である。加藤家からの合力によっていたとも考えられるが、こうした知行地の性格を考えると結果的に正式な知行として与えられる村々を先行的・実質的に充行われていた可能性も高かろう。たとえば、「小野家文書」のなかには慶長九年七月二十四日付で小野和泉守鎮幸の署名・花押をともなった「法度条々　ひかへ」が残っている。内容は普請場に関わっており、おそらく大坂城手伝普請の折のものであろう。つまり、和泉守鎮幸もこの普請に動員されたのであり、すでに実質的な知行給付は実施されていたとみなければなるまい。

南郷立花家の家臣団

さて、一方の奥州南郷立花家の家臣団についても関係史料が僅少であり、尽くした記述もままならない。浪牢時代と同様、後年の編纂史料に拠らざるをえないが、この段階の家臣団は臣従の経緯によって四つのグループに分けて考えることができる。これらは史料上の表現によると、「肥後熊本より京都へ御出足御供の衆中」「肥後御出足後、慶長五年ころ参り候衆」「赤館御拝領後段々まかり越し候衆」と「奥州にて召し抱えられ候衆」である。こうしたグルーピングはそのまま、家臣団の段階的形成（ないしは復旧）を反映しているとみてよかろう。
最初の二つのグループは既引した「立斎公京都へ御座なられ候節、相詰め候御供の士」（二三八・二四〇頁）と基本的には共通する部分である。しかしながら「立斎公京都へ御座なられ候節、相詰め候御供の士」にみえながら「肥後熊本より京都へ御出足御供の衆中」、「肥後御出足後、慶長五年ころ参り候衆」にあがってこない部分も多く、何らかの事由で浪牢時代に脱落したものであろうか。また、ここでの史料が編纂された後年の段階で立花家中ではなかった場合には、除外された可能性も高い。なお、譜代の上席であった由布雪下入道惟信も慶長十七年六月には南郷で没することになる。

奥州での召し抱え

三つ目の「赤館御拝領後段々まかり越し候衆」は文字どおり奥州南郷拝領後、宗茂に従った旧臣たちである。こうした部分については年未詳ながら五月十五日付の書状でつぎのように述べており、示唆的である。

今度其許よりまかり越し候衆の儀について、道白（高橋直次）談合候て仕合よく肝煎《きもいり》の由、案中ながら尤に候、肥州別して御懇意の儀にて、□□直に申し入れ候ぬもの□□越し候、一人も召し置くましき覚悟申し候間、寄々その段申し聞かさるべく候、殊更我等本佐州（本多佐渡守正信）内儀にて役なし候つる、以来悪しく候間役をも仕り候て申さるべく候間、そ

立花家の役負担

肥後から転仕の家臣たち

の通に候ところ半役に仰せ付けられ、普請あたり申し候、左様候儀について人も入り申し候間、其□□□も延引□□方にて馬乗共少々抱え申し候間、はや我等分限には過ぎ申し候、一人も召し置き候事成ましく候、

（「十時正道家文書」）

虫損もひどく容易に判読できない箇所も多いが、大略は明らかとなる。清正への憚《はばか》りもあって、宗茂には加藤家へ再仕した旧臣をみずからの下に呼び寄せる意志はなかったようである。本多正信《ほんだまさのぶ》の取りなしなどによって、宗茂も当初は軍役《ぐんやく》賦課を免ぜられていたが、ほどなく「半役」ながら負担を余儀なくされ、手伝普請などを遂行するうえで、しかるべき人材が必要となった。史料の前半から加藤家の特別の計らいがあったことが承知され、旧臣の一部が宗茂のもとへ移ったのであろう。

なお文書自体は、さらに立花家への転仕を望む旧臣らの動きを制する内容となっている。結果的には二十数名が肥後から奥州南郷へ移ったようである。このなかには清田又兵衛尉、吉田半右衛門尉成兼《なりかね》（名はのちに右京《うきょう》、舎人《とねり》）、戸次《べっき》七左衛門尉統利《むねとし》、十時六右衛門尉惟盛《これもり》らのほか、肥後で三〇〇石を給されていた堀秀（名は八郎・又介から次郎右衛門尉に改めている）などがいた。ほかに「肥後御預なられ候衆より棚倉へ使としてさし上り候、そのまま御留ならられ候てあい勤」た木付《きつき》角右衛門尉（覚右衛門尉とも表記、名はのちに帯刀、監物

と称す）がいるが、残念ながら木付については宗茂に従った時期も具体的経緯も不明である。

彦坂元正の支配

さて、在肥後の旧臣で召し寄せられたのは二十数名に留まったが、宗茂は南郷拝領後から新規の家臣取り立てを行なっており、こうした部分が「奥州にて召し抱えられ候衆」として把握される部分である。これら家臣団の具体的な状況は不明であるが、主だった家臣の大半は宗茂ともども江戸にいることが多かったようである。宗茂に充行われる以前の奥州南郷地域は幕府直轄地で、代官彦坂《ひこさか》小刑部《こぎょうぶ》元正《もとまさ》の支配をうけていた（慶長十一年に改易）。彦坂の手になる「慶長検地」は、在地に残る佐竹氏旧臣、あるいは土豪層の勢力を帰農化させて一掃し、村請による年貢収納体制を定着させるものであったといわれている。

宗茂の南郷支配

その一方で『棚倉町史』などは入部した宗茂が「寺山の草分《くさわけ》野中又左衛門を城付郷士《しろづきごうし》にしたり、伊野郷の旧家井上市右衛門を検断職《けんだんしき》に取り立てたりした」ことを伝えている。微証であり、断定的なことはいえないが、「慶長の苛政《かせい》」とされる検地後の懐柔策であろうか、在地に対しては比較的妥協的な支配を展開していた側面も認められるようである。このほか在地支配については、非常に断片的な史料であるが、福島県・秦《しんの》太一郎氏

所蔵の「秦家文書」に残る隠田《おんでん》に関わる覚書のなかに、

下渋井村《しもしぶい》にて我等取り込み仕り候由、申し上げ候、（中略）戌歳九月より立花左近殿御知行所にまかりなり、御代官は十時摂津守殿と申す御方、未の二月まで御代官なされ候、未三月より申の十二月まで我等代官仕り候、

という件がある。この覚書自体が断片であって「我等」が誰をさすのか不明である。しかし、ここから慶長十五年（戌歳）九月から下渋井村は十時摂津守に代官支配されたことがわかる。この村は同年七月末に加増された地域に含まれるのであろう。細かな記述にはなるが、加増をうけた宗茂は九月下旬に領地への下向を行なっており、この際、摂津守の代官が決まったものと推察される。代官十時摂津守の支配は未《ひつじ》＝おそらく元和五年（一六一九）の二月まで続き、その後を「我等」がうける。前後の状況からみても「我等」は在地側の人間ではないかと考えられるが、彼の代官支配は申《さる》＝元和六年十二月、つまり宗茂の筑後柳川《ちくごやながわ》への移封の時まで続く。僅少な史料からの立論ではあるが、江戸在府が多かった宗茂に代わって、在地支配の実際は、十時摂津守惟昌（寛永期頃までの実名は「惟保」）らによって進められていたと考えられる。

下渋井村の代官支配

三 大坂の陣

宗雲院の死

慶長十六年（一六一一）四月、実母宗雲院《そううんいん》が没し、ついで六月、加藤清正が肥後熊本で死去する。清正の死は、さすがに宗茂の旧臣らにも動揺を与えたようであり、一部家臣は、清正の死と忠広《ただひろ》の襲封を機に転仕の働きかけを強めたようである。しかしながら、宗茂としては清正の旧恩を裏切るわけにもいかず、引き続き加藤家へ勤仕するよう促がしている。このころ肥後の旧臣たちに充てた書状には、清正の子忠広への配慮と旧臣への情との板挟みになる宗茂の苦悩が窺える。

加藤清正の死

東国大名誓約の条書

さて、再三引用した「立斎様御自筆御書之写」にも、このころの状況としては「奥州南郷《なんごう》拝領仕り、其内屋敷くだされ作事仕り、其内公儀の御普請も一両度仕り候」といった程度の記述しか確認できないが、小なりといえども一大名として宗茂の政治的復権が徐々に進んでいった様子は看取できよう。二代将軍秀忠は慶長十七年正月五日に、東国諸大名から誓約の条書を提出させているが、ここには宗茂も「立花侍従《じじゅう》」として署名の列に加わっている。さらに慶長十八年十一月には、日向国県《ひゅうがのくにあがた》（現、宮崎県延岡市）を改易《かいえき》

高橋元種の預り

された高橋元種《もとたね》を預けられている。

直次の復権

こうした状況のもと、実弟直次《なおつぐ》にも地位回復の兆しがあらわれてきた。直次は宗茂が上方浪牢中も、基本的に肥後に留まっていたことは確認できる。肥後では八代《やつしろ》に寓居していたが、ある時期から法体《ほったい》となり、名も「道白《どうはく》」と改めている。これまでに引用したいくつかの書状から、時により京・江戸の宗茂を見舞っていた様子が確認される。これが慶長十七、八年ごろの三月朔日付宗茂書状には、

まず以って道白事、旧冬廿八日に下着候、自他取り紛《まぎ》れの時分候て、やと(宿)以下在り付かざるの体、推量あるべく候、しかしながら則ち上聞に達し、将軍様へ召し出され、前十五御礼あい済み、御前の仕合せ残る所無く候、やがて御屋敷等も下さるべき旨仰せ出され候、

とみえており、こうした状況をうけたと考えられる年未詳正月十八日付直次（署名は「高主膳入道　道白」）の書状には、

我等儀も、市兵衛御存知として、節々御城へもまかり出で候、御老衆・御奉行衆も御懇には仰せられ候へども、いまた何共落着申さず候て、一世の難儀御察あるべく候、

という文言がみえ、処遇は決定しないながらも、直次がたびたび江戸城へ出仕している

「立花主膳正直次」

状況が看取される。これがやはり年末詳ながら、署名も「立花主膳正直次」と改めた六月二十六日付の書状では、

我等も仕合せ一段よく候、将軍様別して御懇に候、名乗をも改め候て、還俗《げんぞく》仕り、御奉公いたし候へと仰せ出され候、御知行もやがて仰せ付けらるべく候、御加勢としてまず御兵粮過分に下され候、

という記述がみえている。

直次、五〇〇〇石を給される

以上のような過程をみてくると、直接、一次史料での確認はとれないが、『寛政重修諸家譜』の「十八（慶長）年正月二十八日東照宮《とうしょうぐう》・台徳院殿《たいとくいんでん》に拝謁し、十九年十月九日常陸国《ひたちのくに》筑波《つくば》郡のうちにをいて采地《さいち》五千石をたまひ、のち大坂両度の御陣にしたがひたてまつり」といった記述にも、かなりの信憑性を認めることができよう。とすれば、還俗・改名を伝える右の書状も慶長十九年のものとみられよう。いずれにしろ、慶長の末年には直次も徳川家直臣として常陸柿岡《かきおか》（現、茨城県新治郡八郷町）に領知を得るにいたったのであり、『寛政重修諸家譜』にあるごとく、宗茂ともども大坂の陣に従うことになる。

大坂冬の陣

「立斎様御自筆御書之写」はこの間の状況を、「大坂へ両度の御陣一万石にて馬六十騎召し連れ、百五拾石の衆には金子七両中間《ちゅうげん》にて遣し、両度あい勤め候事」と述べてい

る。この記述が正しければ、宗茂は領知高三万石のうち、二万石分が無役として負担を免じられていたことになる。ただ、慶長十九年の冬の陣に関しては陣中法度が確認される程度であり（「吉田家文書」）、細かな動向を追うことはできない。

大坂夏の陣

つづく慶長二十年（元和元・一六一五）の夏の陣については、四月八日付で宗茂は「両御所様御出馬なられ候、又候我等事も御供仰せ付けられ、明後日十日まかり立ち候」と述べている。周知のように、夏の陣は家康が徳川義直《よしなお》の婚礼を口実に名古屋に発向、大坂方を牽制することから始まる。秀忠はそれより少し遅れ、四月十日に江戸を発つ。右の書状のように宗茂の出立も同日であることから、秀忠に供奉《ぐぶ》したことがわかる。

天王寺口の戦い

参謀本部編『日本戦史　大坂役』などによると、宗茂・直次の軍勢は秀忠麾下《きか》として岡山方面に展開した。五月七日、天王寺《てんのうじ》口の戦闘では城方毛利勝永《かつなが》の軍勢を防いだようだが、戦闘終結後の六月二十日付で旧臣諸氏に充てた書状では「我ら事御旗本《はたもと》御前備に仰せ付けられ候故、先手へまかり越さず」と前線へは出なかったことを報じており、実弟直次も「この度は御旗本へこれ有る衆、何たる手にも合い申さず」と述べている。ここでの「旗本」は「万石以下」の意味ではなく、文字どおり将軍馬廻《うままわり》のいわば「親衛隊」ということであろう。いずれにせよ、立花勢を含め「旗本」衆にもさしたる損害はなかったようである。その後宗茂は戦後処理のため、八月ごろまではともに上方へ逗留する旨を述べている（「十時正道家文書」）。おそらく秀忠に近侍していたのであろう。

ところで、領知高の問題もあって、宗茂の大坂の陣への参陣は必ずしも実戦上での期待を担ったものというわけではない。しかし、多くの挿話が残されているように、麾下として従った将軍秀忠への軍事的・戦略的な助言には、一定の意味があったようである。

四　秀忠の「御咄衆」

大坂の陣ののち確認されるものとしては、宗茂は元和《げんな》二年（一六一六）二月に奥州南郷《なんごう》に下っている（『本光国師日記《ほんこうこくしにっき》』）。しかしながら、将軍の警護という役の関係もあろうが、在江戸の生活を基本としていたようである。元和二年四月十七日、家康が駿府《すんぷ》に没する。これに先だって、秀忠は二月朔日に江戸を発って家康の病床を見舞い、その死を看取ることとなるが、この間、宗茂は、

公方様御（駿府）逗留中、御城大手の御門番、仰せ付けられ、今にその通りに候、それ故何方へも切々まかり出候事もこれ無く、

「御咄衆」となる

と江戸城大手の守衛にあたっていたのである。大御所の死という非常時に、江戸城大手の警護を任されていたのであり、「武人」として秀忠・幕閣に重用されていたとみてよかろう。ところが『本光国師日記』元和三年正月五日条には、つぎのような記事をみいだすことができる。

立花右近（ママ）殿極月二十一日の返書来る、御放衆相定まる、丹五郎左・佐備前・細玄・立左・猪内匠・三因州・本田若州・野伊予、以上八人、四人充一日替の番手の由、申し来る、唯心・禅高・一斎・栃河などは番手と候はば、気つまり候はん間、節々に出仕候への由、仰せ出さるの由、申し来る、

いうまでもなく、「立左」＝宗茂が将軍家の「御咄衆《おはなししゅう》」に選ばれたとの知らせである。この時、宗茂とともに八人の「御咄衆」となったのは、順に丹羽《にわ》五郎左衛門尉長重《ながしげ》、佐久間備前守《びぜんのかみ》安政、細川玄蕃頭興元《げんばのかみおきもと》、猪子《いのこ》内匠助《たくみのすけ》一時《かずとき》、三好因幡守《みよしいなばのかみ》一任《まさとう》、本田若狭守《わかさのかみ》一《かず》継《つぐ》（のち名字は「堀田」に復す）らである。最後の「野伊予」は能勢《のせ》伊予守《いよのかみ》頼次《よりつぐ》ではないかとみられる。大半が信長の時代から戦陣を駆け巡った者たちであり、武辺咄をはじめ、話題にはこと欠かなかったのであろう。

しかし禄高からみると、宗茂と佐久間安政の三万石が最も高禄であり、猪子一時や三

好一任などは、二千数百石の知行しかない。また年齢的には、猪子一時、三好一任、本田一継といった天文《てんぶん》年間（一五三二～五五）の初頭に生まれたような長老から、元亀《げんき》二年（一五七一）生まれの丹羽長重にいたるまでかなり幅広い。永禄《えいろく》十年（一五六七）生まれの宗茂はこの年五十一歳であり、長重についで若い。林羅山《らざん》（道春《どうしゅん》）の『近代雑記』坤には「立花立斎　九州の事よく存じ候ゆえ」とあり、宗茂はこうした立場から「御咄衆」の列に加わったようである。彼らは四人ずつ二組に分かたれ、隔日に秀忠の御前に伺候したのである。このほか「節々に出仕」する衆として名があがっているのは、唯心院と号した権大納言日野輝資《ひのてるすけ》、山名豊国《やまなとよくに》入道禅高、成瀬正一《なるせまさかず》入道一斎、朽木河内守元綱《くつきかわちのかみもとつな》である。

細かな年紀は比定できないが、花押型から元和初年のものと考えられる極月四日付の宗茂書状には「このごろ日夜あい詰め、御末座の御伽なと仕り候へと仰せ出され」という件がみえており、このころの宗茂の立場を雄弁に語っている。

都々古別神社

さらに、秀忠の信任を前提とした宗茂のこうした立場が、幕閣にとっても一定の意味を持ったことは想像に難くない。たとえば元和三年三月二十八日付で宗茂は、領内八槻《やつき》（現、福島県東白川郡棚倉町）の都々古別《つつこわけ》神社（近津大明神）の別当に充てて書状を発しているが、ここでは老中酒井忠世《ただよ》との約束にふれて、同社に対する朱印状《しゅいんじょう》給付を確約してい

立花（米多比）鎮久父子の預り

る。このほか幕閣との関係を窺いうる問題として、立花三左衛門尉鎮久《しげひさ》父子の転仕がある。彼らの身柄については、つぎのような老中の連署奉書が存在する。

急度申し入れ候、よって加藤肥後守殿内立花三左衛門尉ならびに子ども三人、貴殿へ御預けに候間、御請け取り候て召し置かるべく候、恐々謹言、

十一月八日　安藤対馬守《つしまのかみ》　重信
土井《どい》大炊助《おおいのすけ》　利勝《としかつ》
本多上野介《こうずけのすけ》　正純《まさずみ》
酒井雅楽助《うたのすけ》　忠世《ただよ》

立花左近殿

この文書の年紀は元和四年（一六一八）と考えられる。清正没後の元和四年、加藤家に家中騒動がおきる。いわゆる「牛方・馬方」騒動と称されるものである。ここでその詳細を述べる余裕はないが、結果的に多くの重臣が死罪や流罪に処せられている。三左衛門尉鎮久と実子三名は加藤家証人として江戸にいたが、奥州南郷立花家へ「預」となったのである。幕閣の立花家に対する好誼を抜きには考えられない措置であろう。

第八　再び筑後柳川へ

一　再封の過程

田中家の改易

田中吉政《よしまさ》の跡を継いで筑後《ちくご》一国を領していた忠政《ただまさ》が、元和《げんな》六年（一六二〇）八月四日、江戸で没する。忠政には継嗣がなく、田中家は改易《かいえき》される。八月十三日、幕府は美濃大垣《みのおおがき》城主松平忠良《ただよし》と丹波亀山《たんばかめやま》城主岡部長盛《おかべながもり》に柳川城の請け取りを命じた。

宗茂、筑後移封の風聞

欠国となった筑後に誰が入るのかについては早くから風聞が流れていたようだが、江戸にいた細川忠利《ただとし》は九月二日付の書状で有馬豊氏《ありまとようじ》・稲葉紀通《いなばのりみち》・立花宗茂らの名前があがっていると国元に伝えている。このように宗茂の筑後移封はかなり早い段階から取りざたされていたが、『寛政重修諸家譜《かんせいちょうしゅうしょかふ》』などによれば、宗茂の再封決定は元和六年十一月二十七日のこととなる。さらに吉日を選んだのであろうか、旧臣らへの報知は十二月朔日付の書状による。肥後《ひご》にいる旧臣らに充《あ》てて宗茂は、よって我等事、柳川《やながわ》・三潴郡《みずま》・山門郡《やまと》・三池郡《みいけ》拝領致し、まかり下り候、本領と申し過分の御知行下され、外聞実儀これに過ぎず候、年明緩々とまかり下るべしと仰せ出され候間、二月末・三月始ころ入国たるべく候、万々その節申すべく候、

有馬豊氏

と書き送っている。しかし、この段階では筑後の他の諸郡がどういった支配をうけるかなどもいまだ不明であり、具体的な領知内容なども決定されていない。北筑後が丹波福《たんばふく》知山《ちやま》（現、京都府）の有馬玄蕃頭豊氏《ありまげんばのかみとようじ》に与えられるのは閏十二月八日のことで、それをうけた翌七年正月二日付の小田部《こたべ》新介・渡辺五左衛門尉充ての宗茂書状によっても、双方の詳細な境域が未定であったことが窺え、この書状にはつぎのような箇条がみえる。

再封の通知

一、こゝもとわりもいまたすミ申さず候間、人をも下し申さず候、わりすミ次第人ヲ差し下し申すべく候、我等も御意次第罷下り候、小物成《こものなり》ハすたり申し候て、双方ニうき所務ニ下され、高ニ入れ申さざる由候、有玄（有馬玄蕃頭豊氏）廿壱万千石の内、壱万石有玄弟出雲（有馬出雲守豊長）と申し候人参り候、千石ハ有玄女房衆御縁者ニ付て取り申し候、残十弐万石の内壱万石主膳取候て、我等一所ニ参り候由申し候、いまたしかとハすミ申さず候、仰せ出ハ之無く候、いかにもすミかね申し候て、其もとより差し上らさる使も年内ハ日々つめ候へ共、いまにすミ申さず候、所分すみ候て、仰せ出され

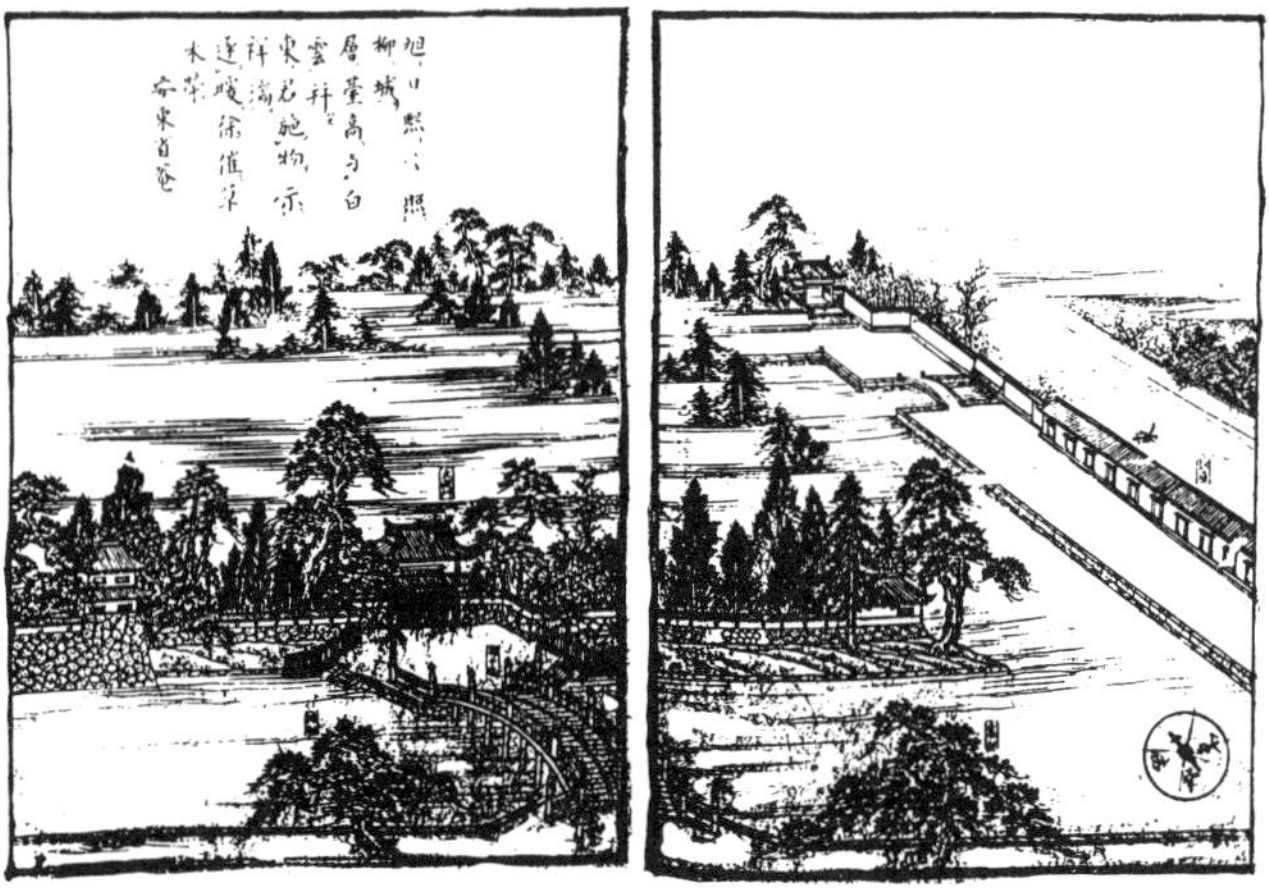

(『柳河明証図会』より)

候ハヽ、直ニ差し下すべく候、其内
ハ人も下し申ましく候、

このように、有馬・立花両氏の大まかな領知高はすでに決定しているものの、細かなところでの「わり」は、いまだ終了してはいない。実際、上妻《こうづま》郡については矢部川《やべがわ》をもって有馬・立花領の境界とする決定は、二月七日付でなされる。他の地域については上妻郡のように明示的な史料も残存していないが、同様に「わり」すなわち具体的な境界の決定が進められたものであろう。こうした一連の作業を終え、実際に確定的な領域が引き渡されたのは二月下旬以降のことと考えられる。ただし、旧臣たちに移封を告げる文書でも拝領地の冒頭に「柳

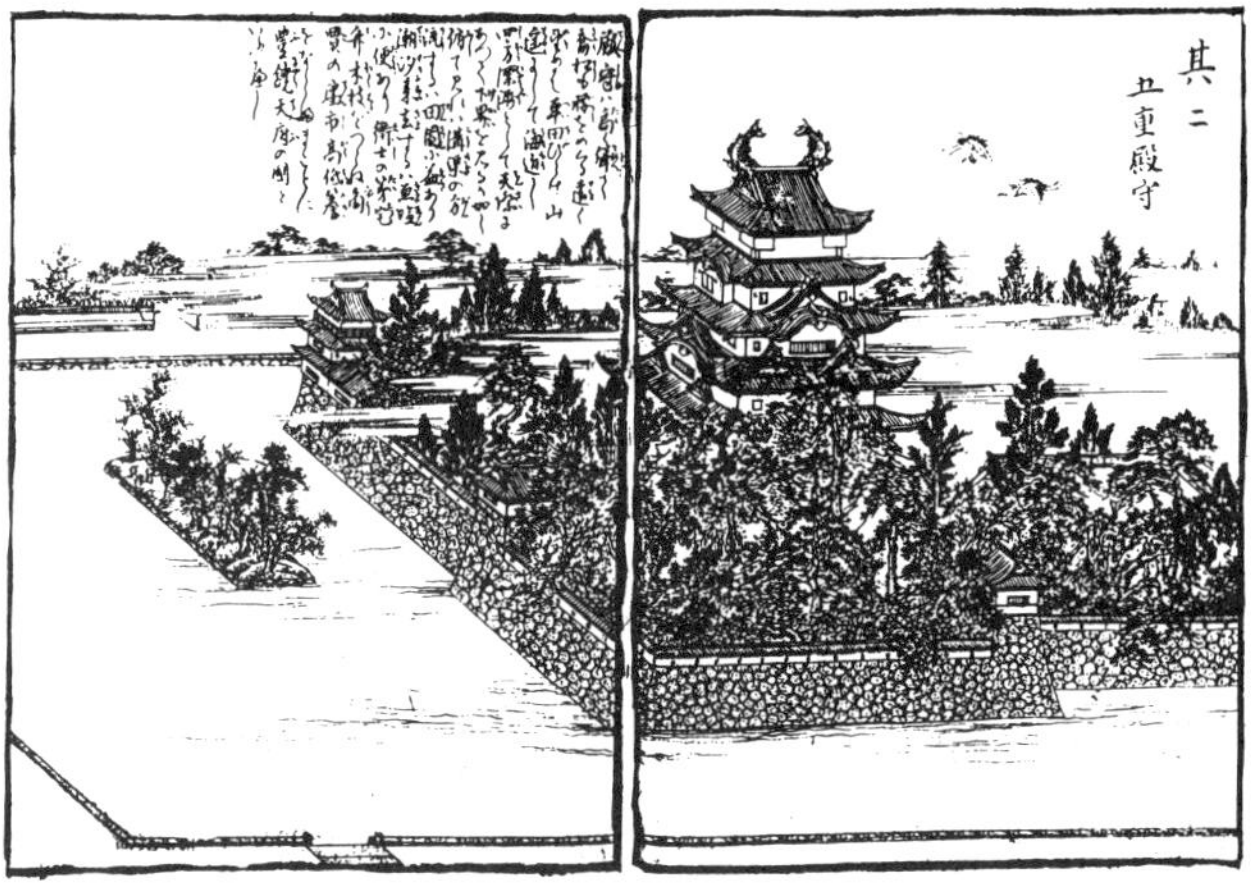

柳川城

川」があげられており、城地を山門郡柳川に置くこと自体は既定であったとみてよい。

豊臣期の継続という点もあろうが、城郭も吉政によって五層の天守が設けられており、田中氏の治下柳川は筑後一国の中心として大きく発展していたと考えられる。米《ね》多《た》比《み》家の所伝によれば、城下の屋敷割を任されたのは立花鎮久《しげひさ》の三男米多比茂成《しげなり》（名は采女・七兵衛尉・源太左衛門尉）であった。

また、七年正月十日には高橋系立花家の三池再封も決定している。ただし、直次《なおつぐ》はすでに元和三年に没しており、常陸柿岡（現、茨城県新治郡八郷）の高橋系立花氏は直次の長子種次《たねつぐ》が継承していた。

さて、宗茂は七年の二月朔日に三河吉田《みかわよしだ》

から金地院崇伝《こんちいんすうでん》に、五日には近江膳所《おうみぜぜ》（現、滋賀県大津市）から富士谷紹務《ふじやしょうむ》に書状を発している。いずれも筑後下向の途次であろう。膳所では本多縫殿助康俊《ぬいのすけやすとし》を病床に見舞っている。康俊の息下総守俊次《しもうさのかみとしつぐ》の妻は宗茂の養女であり、かねて昵懇《じっこん》の間柄であった。「京都・伏見・大坂町人御扶持方調《ふちかたしらべ》」によれば、同じく五日宗茂は京に入ってただちに富士谷の屋敷にいたり、十日に大坂へ入って鍋屋の屋敷を訪れ、十四日に出船とある。

『本光国師《ほんこうこくし》日記』三月十八日条には、

立花左近殿より二月晦日の状来る、筑後柳川より来る、路次中天気悪しく、二月二十六日筑後へ着、同二十八日城請け取り、まかり移り候、日取り故忝《かたじけ》なく候、この儀先ず申し上ぐべき為一書、と申し来る、

柳川入城

とある。これは宗茂が崇伝に充てた書状の摘録であるが、柳川入城の日程を確認することができる。ちなみに、後年、おそらく寛永《かんえい》十一年（一六三四）に筆をとった覚書のなかで宗茂は、「かのとのとりの正月御暇下され、同二十一日に江戸まかり立ち、二月二十四日筑後へまかり着き、同二十八日に柳川入城仕り候事、上使衆同日に上られ候」と書き留めている。

領国の引き渡し

上使《じょうし》衆が柳川を離れたとされる元和《げんな》七年（一六二一）二月二十八日付で、岡田将監《しょうげん》・竹中

立花領の石高

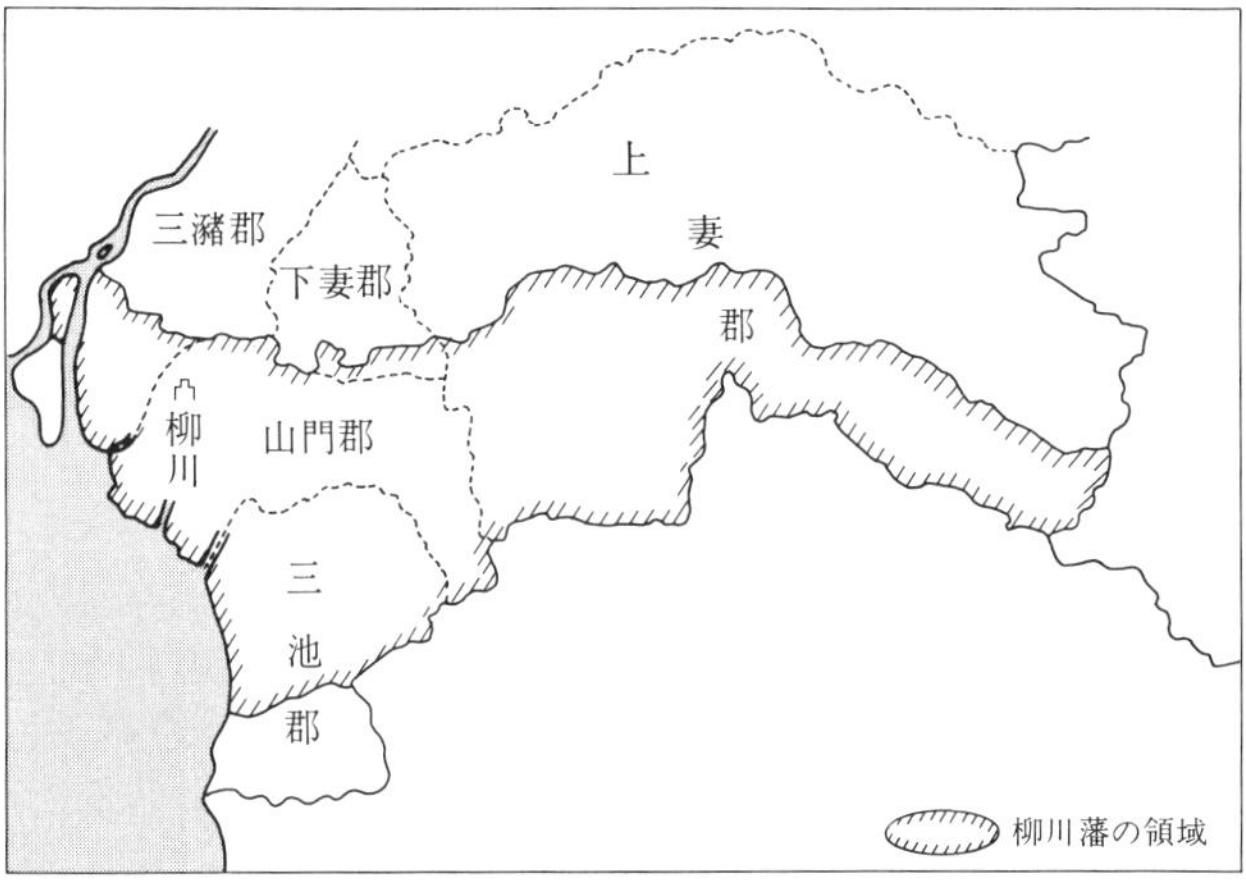

元和再封以後の柳川藩領域図

采女正《うねめのかみ》・松倉豊後守《ぶんごのかみ》・秋元但馬守《たじまのかみ》・内藤左《さ》馬助《まのすけ》の五名が連署《れんしょ》して作成した各郡ごとの「柳川付村々高頭帳」五冊が存在している。すなわち、二月二十八日宗茂は柳川城に入って、上使衆から領国支配権を引き継ぎ、ここに立花氏による領域の実効支配が開始されたのである。

その領域は山門一郡のほか、上妻・下妻・三瀦・三池の各郡に及び、領知高は一〇万九六四七石余を数える。この領知高は田中時代に重層した石高の体系から「玄蕃《げんば》高《だか》」を採用し、これに新田高《しんでんだか》を加えて新たな村高《むらだか》を決定、それらを基数として算出されたものである。ちなみに各地域で収取されていた多様な小物成については、村単位の詳細な把握を行なった後、「浮所務《うきしょむ》」として領知高には加えないかたちで、立花氏に与えられた。

江戸東上の希望

この後の宗茂の動きであるが、九月十五日付の富士谷紹務充ての書状に「我らも年内まかり上りたく候、切々江戸へ申し越し候へ共、今に相定まらず候」とあるように、領国支配にも目途がついたのであろうか、九月に入ると年内の江戸帰還を許されるべく幕閣へ働きかけているようである。しかし、結局は当分領内統治に専念すべきとの指示が下り、在国のやむなきにいたった。数日後の二十六日付で同じく紹務に充てた書状には、

　我ら事、年内江戸へまかり上がるべく内々支度仕り候ところ、先ず先ずここもと仕置きなど申しつけ、重ねて御諚《ごじょう》次第まかり上がるべく通り、御年寄衆、上意として御奉書到来候条、まかり上がらず候、

とみえている。ちなみに、先にもふれた寛永十一年（一六三四）の宗茂覚書には「いぬの年（元和八年）九月に御礼のためまかり上り候事」とあり、在国は翌年九月まで継続することとなる。

二　家臣団の再編

三万石の大名が一挙にその領知高を四倍近いものにすることになったわけで、宗茂が新たな家臣団構成などを模索していたことはいうまでもない。先にも引いた元和七年（一六二一）正月二日付の小田部《こたべ》新介・渡辺五左衛門尉充ての宗茂書状には再封後の家臣団についての言及した箇条もみられるので、まずその検討から始めたい。

新たな家臣団編成

一、奉公人の事一人も入り申さず候、今迄ノ侍数百四五十人程これ在る事ニて、又肥後方より前々の衆返し給うべき由、結句さいそく申すべく候へ共、やう〳〵侘《わび》言《ごと》仕り、先ず其地へ罷り下り候て意を得べくと申し延べ候、むかし我等分十三万弐千石余ニて候、今ハ十壱万石程ニて候、田中検地のことく仕り候へハ、奉公人も入り申し候、左様ニ仕り候でハ事ならず候、むかしよりハ知行ハへり候て、人ハ三ツ一ツはまし申し候、何をとらせ候ハんと皆々すいりやう（推量）候哉、先ず田中家中の牢人ども留め置かるる由、入らざる事に候、早々何方へなるとも奉公取り付き候様ニ申さるべく候、一人も置く事成り申さず候、将監殿へも其段申し遣り候、

新規召し抱えは行なわない

（「立花家文書」）

右の記述における論点を整理すると、家臣団の新規召し抱えは一切行なわないという主張に尽きよう。豊臣秀吉の政策によって戦国大名大友氏から分離・独立するかたちで成立した立花家家臣団は、すでにふれたように、関ヶ原合戦の敗北による改易によって基本的に解消する。これが浪牢から奥州南郷《なんごう》での受封・加増というプロセスのなかで、家臣団も一定の規模に復旧してきた。書状中の「今迄ノ侍数百四五十人程これ在る事ニて」とあるのはこうした状況をさす。この内訳は、もちろん浪牢時代を支えた近臣を中核とするが、南郷領有を機に加藤清正《かとうきよまさ》のもとにあった旧臣のうちから二十数名が合流し、さらに奥州で新規に召し抱えた者たちもあった。

　さて、解消した立花家家臣団のかなりの部分は、肥後加藤家に抱えられていた。後年の史料であるが、その数は二五〇名余と知られ、奥州時代の宗茂の下への異動があったにせよ、いまだかなりの数が肥後に残っていたことになる。右の引用から明らかなように、宗茂はこれら旧臣らの返還交渉を加藤氏との間で開始しようとしている。宗茂の主張にも明らかなように、豊臣期の領知高は一三万石余であったが、今回の再封にあたっては領知高も一一万石程度に減少している。新たな領知高の基数が田中時代の「玄蕃高」に求められたことは既述のとおりであるが、引用書状中にみえる「田中検地のことく仕り候へハ、奉公人も入り申し候」というのは「田中高」を退けたという経緯をさすものであろうか。

旧臣らの糾合

いずれにしろ再封後の家臣団編成は、南郷領有期までに形成された家臣団に豊臣期の旧臣を糾合することを基本としたため、如上のような新規召し抱えを一切行なわないという方針が打ち出されるにいたった。ところが、実際には当初の計画のとおりに事態は進まなかったようである。

知行高の通知と充行状の発給

つぎに家臣団再編の実際についてみてみよう。前節でみたように、領国引き渡しは元和七年（一六二一）二月末に完了するが、元和七年七月十二日の段階で家臣に対し、村付を伴わない知行高のみが通知される。ちなみに、この時の文書は竪切紙に「宗茂」の印判を据えるという略式の形態となっている（図版参照）。その後、新たな家臣団に対して一斉に知行充行状《ちぎょうあてがいじょう》が発給されるのは、さらに時間を経て、元和八年七月六日のことになる。もとよりこの間の事情については諸々の背景を説明する必要があるが、とりあえず「内検《ないけん》」が二度実施されたという事実を指摘しておこう。

「内検」の実施

再封柳川立花家の家臣団は「棚倉《たなぐら》より召し連れ」た侍に「方々へ浪人仕り候御普代」

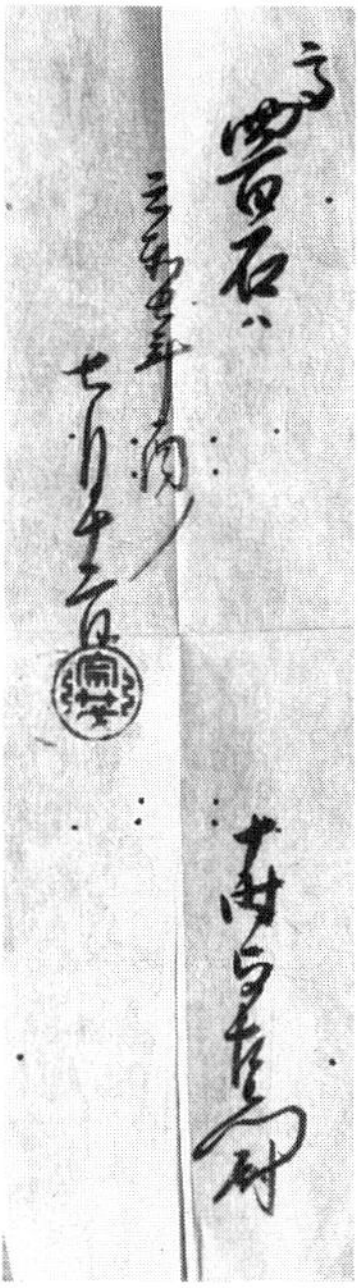

宗茂の印判を据えた知行高の覚
（「十時強次郎家文書」）

の侍が加わり、さらに当初予定されていなかった「方々より御理ニ付、拠ん所なく」召し抱えざるをえなかった新規の者たちと、先に言及した肥後加藤家からの帰参組によって形成されることになる。ところが、これら侍分の知行高と扶持方の給米分を一〇万九〇〇〇余石の拝領高から引くと、残る「蔵入高《くらいりだか》」はわずかに七〇〇〇〇石余しかなくなってしまう。これではとても大名財政が成立するはずもないが、別の言い方をすれば、あらかじめ一定の「蔵入高」を確保してしまえば、新たに形成される家臣への知行配当がまったく不十分にしか実施されないということでもある。そこで「内検」を二度行なって、「惣高」の増幅を計ったものであろう。ちなみに少し時間がたった後の史料ではあるが、蔵入高は「六万六千六百石余」と判明する。この数値は忠茂《ただしげ》襲封期のものと考えられるが、筑後再封時に遡及できるレヴェルであろう。いずれにしろ、こうして既述の

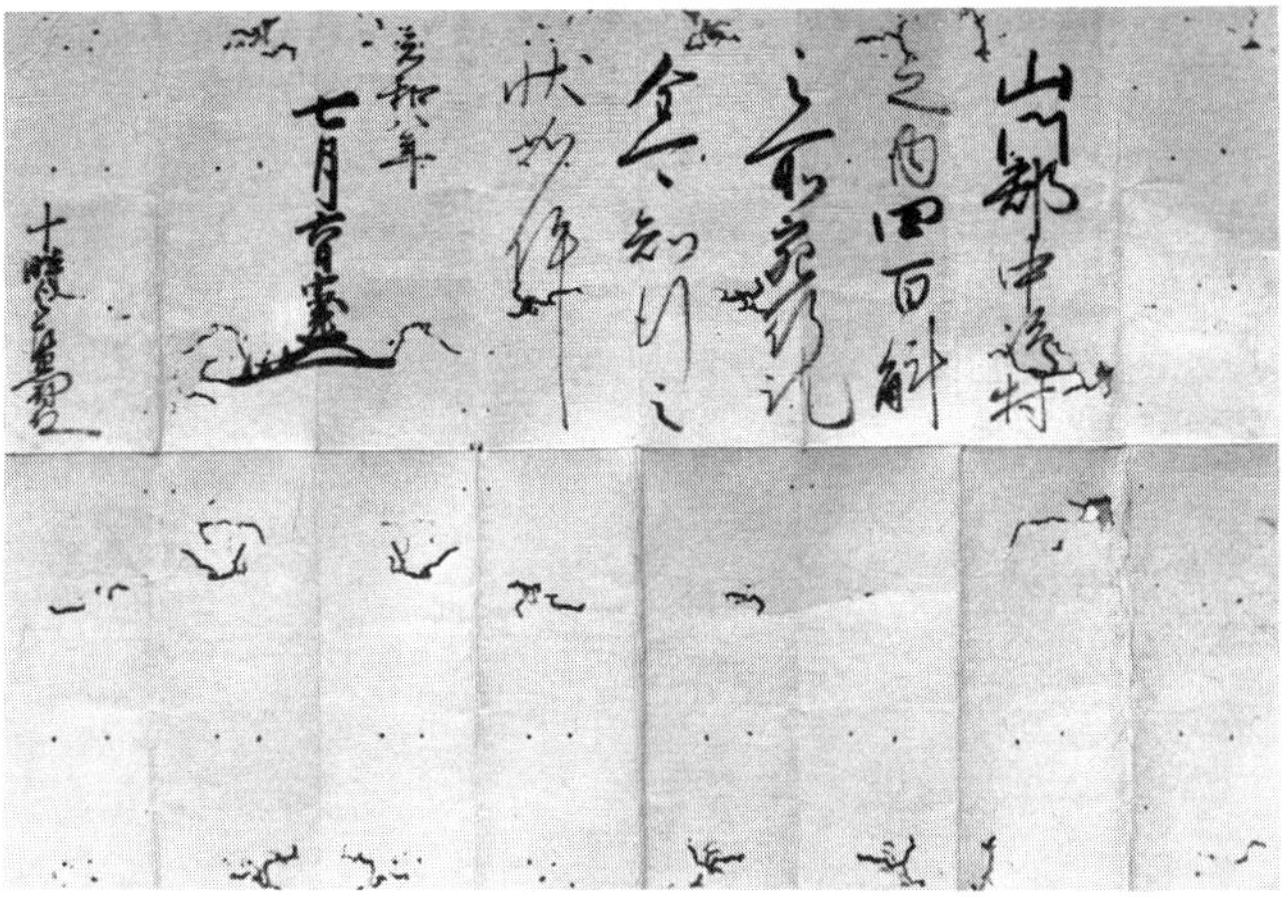
山門郡中辺村
之内四百斛
之事宛行訖
全可知行之
状如件
元和八年
七月六日
十時惟益殿

十時惟益に充てた宗茂の知行充行状（「十時強次郎家文書」）

ように元和八年七月六日付で家臣団に対する知行充行が実施される。

寛永六年の侍帳

再封後の「侍《さむらい》帳《ちょう》」でもっとも古い年紀を有するのは「寛永六巳年閏二月廿九日調　宗茂公御代諸士高附《たかつけ》帳《ちょう》」である。奥州南郷時代にどういった編成が行なわれていたのかは詳かではないが、この寛永六年（一六二九）の高附帳によると、家臣はそれぞれ大組《おおぐみ》もしくは与力組《よりきぐみ》に編成されている。豊臣期にあっては支城主に代表される重臣層に与力が付せられるというかたちをとっていたが、再封期にはもちろん、支城も破却されており、軍団としての編成原理が大きく変化したのである。

大組頭の構成

端的にいって、豊臣期の支城主級が再封

後には大組頭に該当するとみてよかろうが、具体的な構成員をみると、必ずしも家格としてのスライドがあったわけではない。寛永期の大組頭をみてみると、十時《ととき》摂津守惟昌《これまさ》（寛永期まで実名は「惟保」、名は「内匠助」・「三弥介」・「三弥助」などと称する）・小野伊豆守正俊《まさとし》・立花（本姓由布《ゆう》）壱岐守惟与・矢島石見守重成《しげなり》・立花（本姓米多比）河内守（名はのち三左衛門尉）鎮実《しげざね》の五名である。

十時、矢島両氏の台頭

後述のように、小野和泉守鎮幸《しげゆき》の跡を襲った孫の若狭守茂高《わかさのかみしげたか》は寛永五年九月に死去、伊豆守正俊はその子にあたる（松平信綱の老中就任をうけて、寛永十年七月末に、官途は和泉守に改める）。また、立花三左衛門尉鎮久《しげひさ》の跡を継いだ民部少輔《みんぶのしょう》（もとの主馬、のちに三左衛門尉）鎮信《しげのぶ》も寛永元年八月に死去、河内守鎮実は鎮信の子にあたる。こうした世代交代は別として、豊臣期に比すると新たに十時氏と矢島氏の名がみえる。ちなみに、文禄五年（一五九六）の給知高は矢島が二〇〇〇石、十時が一三〇〇石であり、そのときの支城主級が三五〇〇石から五〇〇〇石であったのと比べると、その格差は決して小さなものではない。

さらに、立花壱岐守惟与が実は十時摂津守連貞の長子でありながら雪下《せっか》系の由布家を継いでいること、同様に連貞四男の伊兵衛正良《まさよし》が因幡家を継いで大組頭に準ずる与力頭に任じていることなどを勘案すると、再封以後における十時摂津家の台頭はさらに注目すべきであろう。一方の矢島氏は近江を本貫《ほんがん》とするが、少なくとも文禄五年までには立花氏への臣従を果たしており、宗茂の継室を出している。

年寄衆の分掌

彼ら大組頭は同時に年寄（家老）という位置づけを与えられる。これら年寄衆が領国支配に一定の関与を果たすことは当然ともいえるが、彼ら年寄分の重臣たちが事細かな藩政にまで関与していたかどうかは判然とはしない。ただし通常の領知支配にあたっては、年齢や宗茂との親疎も手伝って、相応の分掌があったようである。再封後間もないころの宗茂書状には「美作事、隠居の事に候へば、二の丸在番・まかなひ方奉行方申し付け候」とみえており、すでに隠居して「公儀」向きの出仕が憚《はばか》られる惟次《これつぐ》が、宗茂不在の留守を任されていたようである。やはり隠居たる十時連貞も同様の立場とみなされるが、彼は惟次を補佐するような地位にいたのではなかろうか。彼らが入部後の内検などを担当したのはこうした関係によるものであろう。

由布惟次と十時連貞

小野茂高

また、小野茂高は鎮幸の嫡孫にあたり、年齢的にも下になるが、「多年他国に在り帰参候、いか様に申し付け候はんもままにて候」と述べられている。加藤家からの帰参であるにもかかわらず、従前のとおり最高禄でむかえたということであろうか、宗茂としては多少とも強圧的に臨めたのかもしれない。

矢島重成

これに対し、矢島石見守重成（石見守の前名として父の名であった勘兵衛尉を称していたと考えられる）については「勘兵衛尉事も女ども兄弟の事にて候」、また立花（本姓由布）惟与に関しては「若年より近辺にこれあり、互いの心中も存じ」と述べている。この両名は浪牢にも従った仲であり、宗茂との間は個人的にもかなり親密なものがあった。再封後の領国支配に関しては由布惟次や十時連貞に委ね、これに次世代の立花惟与や小野・矢島らを配する体制であった。

立花惟与

立花惟与は宗茂の側近という立場にあり、矢島重成は江戸の宗茂のもとへ使者として赴くことも多かったように見受けられる。また、小野茂高は鎮幸の名跡を継ぐ人物として外聞もよく、後述のように幕府手伝普請の責任者に任じられている。

山田親良

このほか、山田勝兵衛尉親良《ちかよし》が「年寄分」の一人に数えられるようである。勝兵衛尉については禄高《ろくだか》も判然とせず、その立場はあまり明確ではないが、本姓は戸次《べっき》であり、この家ものちには立花姓を許される。おそらくは戸次一門を代表する立場から「年寄分」として名を連ねたのであろう。「勝兵衛尉」の名は財政問題に関連して史料にみえることが多く、財務に関わっていたようであるが、あるいは蔵入財政を所管していたのかもしれない。

梅岳寺の復興

ところで、渡辺村男氏の『旧柳川藩志』によれば、慶長年間、田中吉政《よしまさ》は道雪《どうせつ》の菩提《ぼだい》を弔った柳川の梅岳寺《ばいがくじ》を「毀《こぼ》ちて、家士の邸宅と」していたという。時期を含め詳細は不明ながら、宗茂はこの曹洞宗《そうとうしゅう》梅岳寺を再興する。ちなみに、この寺はのちに三代藩主鑑虎《あきとら》の時、黄檗宗《おうばくしゅう》に転じ「梅岳山福厳寺《ふくごんじ》」となる。

宗茂東上

さて、江戸への帰還を強く念じていた宗茂は在国中も富士谷などへそうした意向を伝えていたが、ようやく家臣への知行充行などを終え、江戸へ上る準備を始めることになる。すなわち、七月晦日の書状で九月中には東上の途中に上洛する旨を紹務に告げているが、年貢収納前のこととて諸費用を富士谷から借銀する申し入れまで行なっている。

柳川を発した時日は明らかではないものの、九月二十日付の書状で、紹務に伏見到着を告げ、やがて出京する旨を報じている。京都では進物を調え、所司代《しょしだい》板倉氏への来訪などが予定されていたようである。これは浪牢、南郷《なんごう》時代の厚誼《こうぎ》を謝する目的かと考えられる。

十月二十一日には宗茂の将軍への拝謁がつつがなく済んだことを細川忠利《ただとし》が忠興《ただおき》に報じており、無事に江戸へ戻ったことが窺われる。ところで、このたびの在江戸は非常に重要な意味をもつことになる。実子のなかった宗茂は、慶長十七年（一六一二）七月七日、

忠茂の元服

実弟直次に四男が誕生すると、即日養子とした。幼名もみずからの千熊丸《せんくまる》を継がせていたが、この千熊丸は、この年元和八年（一六二二）十二月二十七日、将軍秀忠《ひでただ》の御前で元服《げんぷく》、名を「左近将監」に改める。実名も偏諱《へんき》をうけて「忠之《ただゆき》」と名乗る。ただし、実名はこののち忠貞《たださだ》、忠茂《ただしげ》と改めることとなり、以下では「忠茂」に統一して記述を進めたい。もとより、のちの柳川藩二代藩主である。これをうけて宗茂もその官途を飛驒守《ひだのかみ》に改める。

第九　再封後の宗茂

一　居所と動向

飛驒守を称する

秀忠・家光への相伴

『寛政重修諸家譜《かんせいちょうしゅうしょかふ》』は「（元和）八年十二月二十七日仰せによりて飛驒守にあらたむ。この後台徳院（秀忠）殿御相伴の列に加えられ、御成《おなり》毎に陪従し、また老の慰とすべしとて、名物の茶入を賜ふ」とする。将軍秀忠《ひでただ》への近仕は奥州時代から確認されることで、ことさらに飛驒守叙任後というわけではない。逆に、元服を果たしたとはいえ、忠茂《ただしげ》はいまだ十一歳の少年であり、柳川再封後の宗茂は藩主として領内統治の務めを果たさざるをえない。一方、大御所秀忠、将軍家光《いえみつ》の近臣として多くの場面への相伴を求められている。たびたび引く宗茂の寛永《かんえい》十一年（一六三四）覚書には、

筑後へまかり越し当年まで十四年、右のうち入部ともに三度まかり下り、とらの年行幸にまかり上り、江戸へ御供仕りまかり下り、今に在江戸仕り候、当年まで九年、

とある。江戸での生活が主であり、寛永十一年までの間、入部を含めわずか三度しか国元に下向していないと書いている。

松平忠直

忠茂の御目見《おめみえ》を無事に済ませた後、宗茂は元和九年（一六二三）も江戸で迎えているが、三月十三日付の書状で「この中越前《えちぜん》の事、何かと申し候へども、大かたあいすみ申し候間、やがて御暇出申すべく候条、上洛程あるまじく候」と越前松平忠直《ただなお》の問題で緊迫していた状況を伝えている。四月十日には「公方様御上洛の儀も、今日仰せ出され候、来月中頃二十日時分の由候、拙者儀も十五日以前にまかり上るべく候条」と、秀忠の上洛とみずからも先行して上洛する旨を富士谷紹務《ふじやしょうむ》に告げている。同月十六日には参内の装《しょう》束《ぞく》やそのほか諸々の準備を紹務に依頼、その後、江戸を発った宗茂は、五月十六日に三島に到着、二十六日には京着を果たしている。

秀忠・家光の上洛

秀忠の江戸出立は、五月二十日に予定されていたようであるが、六月八日には入京する。秀忠はその後、大坂・堺を巡って再び京に入る。六月の末に日光社参を果たした後に江戸を発った家光も七月十三日には上洛、七月二十七日征夷大将軍《せいいたいしょうぐん》に任ぜられる。上方《かみがた》での宗茂の動向は詳かではないが、あるいは秀忠に扈従《こじゅう》していたものであろうか。また、着京後ほどなく「隙明き次第、下向申すべく候」との意向を告げていたが、家光

宗茂下国

の将軍任官後、秀忠の出京に先立って下国が許されたもののようである。閏八月十二日「今度大坂御普請中法度の事」を小野若狭守茂高《しげたか》に充てているが、宗茂はこれを現地大坂で発したのち、海路によって十九日に下関に到着、二十日には豊前小倉《ぶぜんこくら》に入っている。その後、閏八月二十七日には大坂の小野茂高に対して、さらに諸々の指示を発しているので、そのころまでには帰城を果たしていたと考えられる。

大坂城手伝普請

「横洲給人」への知行充行

十月二十二日、やはり大坂の小野へ充てた書状で宗茂は「我らことも江戸将軍様へ色々大御所様より御渡しなられ、御隠居の様子にて候由、申し来たり候間、左候へば春は早々江戸へまかり越すべしと存ずる事候」と述べており、十二月二十一日付の富士谷紹務に充てた書状でも「江戸一左右次第まかり上るべき覚悟に候」とみえる。しかしながら、改年後ただちに宗茂が東上したわけではなさそうである。宗茂は在国を続け、三月十五日付で「横洲給人《よこすきゅうにん》」と称される家臣団に三〇石から五〇石程度の知行充行を行なっている。「横洲給人」とは、かつて天正十四年（一五八六）の岩屋城《いわやじょう》合戦において戦死した紹運《じょううん》旧臣の一族のうち、宗茂への再仕を望む者たちに三池《みいけ》郡横洲《よこす》村（現、福岡県大牟田市）の地先に展開する潟地（低湿地）を充行い、干拓を進めさせたものである（『柳河藩享保八年藩士系図』）。

継室矢島氏の死

「瑞松院」

ところが、こうしたなか「女ども久々の煩《わずら》い候て、本復《ほんぷく》無く死去の由、夜前江戸より申し来たり候」と江戸にいた継室矢島氏の病没が知らされる。矢島氏の死去は寛永元年（一六二四）四月四日と伝えられる。既述のように、宗茂の浪牢にあたり正室誾千代《ぎんちよ》は肥後に留まり、慶長七年（一六〇二）十月に死去する。継室矢島氏はおそらく浪牢の宗茂にともなわれたと考えられるが、細かなことは不明である。矢島氏は法号を「瑞松院《ずいしょういん》殿」とするが、その遺髪は柳川城下光台山本覚寺《ほんがくじ》に葬られた。これによって同寺を瑞松院と称するにいたる。

宗茂柳川出立

宗茂が柳川を発つのは矢島氏死去の知らせをうけて、少し時間を経た後のこととなる。もとより無年紀であるが、五月十日付の十時《とどき》与左衛門尉惟益《これます》その外に充てた文書の中で「江戸より早々まかり上るべき旨申し来たるに付いて、前三日柳川まかり立ち、まかり上り候」とみえるものがある。この文書では、手伝普請のために小野茂高が大坂に駐まっていることが窺える。小野はこの後、寛永五年（一六二八）にも普請を指揮するために上坂しているが、その年は宗茂の居所も江戸であり、件の文書は寛永元年に比定されよう。すなわち、宗茂は、寛永元年五月三日に柳川を発し、豊前の大里《だいり》（現、北九州市門司区）で少し「霍乱《かくらん》」気味となるが、ほどなく快癒する。六日の晩に下関を出船、途次「向島《むかいじま》」

石場の状況

までは天候に悩まされるが、その後は順調に十日に「宇野島《うのしま》」近辺に到着。石場の様子を聞くために、先の充所《あてどころ》十時与左衛門尉惟益と面談している。一連の状況は九月十日付で国元の矢島石見守重成《しげなり》・由布《ゆう》美作守惟次《これつぐ》らに告げられている（「富安護義文書」）。

秀忠西の丸移徙

いずれにしろ、大御所秀忠の西の丸移徙《いし》が行なわれた九月二十二日の時点での宗茂江戸在府は確実であろう。国元の重臣たちに充てた十月十四日付の書状には、

　この方替わる儀無く候、大御所様前の廿二、西の丸へ御移徙、霜月三日将軍様御本丸へ御移徙の由候、年内中はかように御祝儀かれこれにてあい過ぎ候、

と記されている。この文書には、これに続いて、

一、屋敷中普請も当年存じ立ち候事、いかがに候へども、先書に申し候如く、世上を見及ぼしこしらへかね、取りかかり迷惑仕り候、

一、そこもと井出橋《いでのはし》出来候由、そのほか見合わせ、いずれも大破になり候はぬ様に、申し付けらるべく候、春はまかり下るべく候条、万々その節申すべく候、

江戸上屋敷

とみえている。屋敷は江戸上屋敷のことであろうか。後年の史料であるが、「御入目惣積控書写」には「同（元和）八年戊暮　御上屋敷御作事御入目銀弐百貫目　元（清）誓願寺前市橋候の西隣なり」とあがっており、筑後再封にともなって新たな屋敷を与えられていたようで

ある。元和八年の作事をうけて、ここにふれられた「普請」とは改修のようなものをいうのであろう。また、寛永二年（一六二五）春の国元下向を示唆している。これに先だって知らされた立花（本姓米多比《ねたみ》）民部少輔《みんぶのしょう》鎮信《しげのぶ》の訃報に対する九月二十六日付返書のなかで、「来春は下向せしめ候」と告げている。こうしたことから、寛永元年はそのまま在江戸を続けたとみて大過なかろう。

さて、翌二年春に予定されていた国元下向が実現したかどうかは定かではない。寛永二年が確実である宗茂書状として四月十日付の「柳川留主衆中」充てのものがあるが、この文書の書き出しは「去月四日、鉄炮衆上げの書状、今月五日参着」となっている。すなわち、国元では三月四日付で江戸にいる宗茂に充てて書状を発したのであり、時間的にみても「春」の下向は考えにくいのではなかろうか。実際、この文書には、

一、両御所様御機嫌よく御座なられ候、御前仕合わせもよく、方々御成り御供など仕り候間、心安かるべく候、

一、当月は南光僧正新屋敷を取られ候間、東ゑい山と名付け、則ち御宮立て候て、十七日に御せん宮にて候、諸公家御下向、勅使もこれある事に候、又方々御成りの用意にて候、かれこれ取り紛れいそかしき事、推量あるべく候、

寛永寺創建

という箇条もみえている。寛永寺創建のことなどもあって、秀忠・家光に近仕して宗茂の多忙な様子を窺うことができる。したがって、二年「春」の国元下向は果たしえなかったのではないだろうか。その後は五月上旬に細川忠興《ただおき》からの誘いをうけていることから、在府が確認される。

譜代並みのあつかい

また、五月二十三日立花壱岐守惟与（このときの名字はまだ「由布」）を国元に下すにあたって、大坂の小野茂高充ての書状を託している。そこでは暇が出されるのを待ちながらも、「御普（ママ）代衆いまた一人も御暇出申さず候、此なミにて候はん哉と申し候」とみずからが譜代並に遇されていることには満足し、安心しているようである。宗茂は、富士谷六兵衛に充てて六月十五日付で、

> 諸大名残らず御暇出申し候間、我ら事も早々まかり上るべしと内々用意仕り候ところ、今に何とも仰せ出されず候、いかがと気遣いに存じ候へども、方々御成御相伴に召し連れられ、一段御前仕合わせよく候間、まずもって案堵（安）せしめ候、この地逗留とも、又御暇とも兎角《とかく》の沙汰これなく候間、何ともはかり難く候、今日〳〵と待ち申す体に候、（「富士谷文書」）

と書き送り、さらに七月二十五日付では、

宗茂坐像（立花家史料館蔵）

我ら事今日〳〵と御暇あい待ち申し候へども、今に何とも仰せ出されず候、しかしながらもはや近日たるべしと存じ候条、上洛の節万々申すべく候、（「富士谷文書」）

と書き送っている。このように大御所や将軍の覚えがめでたいゆえに、なかなか暇をもらえないでいたのである。

米多比茂成の死

ところが、こうしたなか米多比《ねたみ》源太左衛門尉茂《しげ》成《なり》が江戸で没する。宗茂は八月二十六日付で立花鎮久《しげひさ》に「源太左衛門尉事、久々あい煩い候、色々養生を加え候へども、大病故験無く是非に及ばざる段、申すべき様これなく候、打ち続く朧気《おぼろげ》推察せしめ候」と三男茂成の死去を告げている。鎮久は前年にも長子鎮信《しげのぶ》を失っており、文字どおり「打ち続く」不幸であった。

寛永三年

さて、その後の居所は明確にはならないが、翌寛永三年正月二十八日には柳川へ下着している（「富士谷文書」）。寛永三年は秀忠・家光の上洛が行なわれた年であり、京屋敷の整備など、宗茂も早くからその準備のため、京都の富士谷に充てて頻々と書状を発している。このうち閏四月十三日の書状では、みずからの行程について「五月十日頃ここもとまかり立ち候、二十三、四の時分は必ず京着候」としており、秀忠・家光の上洛に先駆けて京着を果たす心算だったことがわかる。実際、やはり京都の富士谷に充てた五月二十日付の書状に「前十三日国元まかり出、夜前大坂まで参着候、進物方あい調い候哉、承りたく候」なる文言をみる。宗茂は五月十三日国元を発向、十九日夜に大坂に入って、早速進物などの準備状況を聞きただしているのである。ちなみに、この文書でも「又屋敷の普請等も出来候や、承りたく候」と京屋敷の整備状況について言及している。

後水尾天皇二条城行幸

一方、秀忠は五月二十八日に江戸を出立して六月二十日に着京、その後、大坂へ向かうが、ほどなく戻って九月六日には、二条城に後水尾《ごみずのお》天皇を迎えている。「二条城行幸奉迎行列次第書」にも「柳川侍従」と宗茂のことがみえ、行幸後の「御金賦」にも「銀二千枚之衆」に名が上がっている。家光は九月二十五日、秀忠は十月六日に京を発するが、例によって宗茂は秀忠に従っていた。この間の状況を国元に報じた九月二十四日付の史料があるが、これには、

随って前の六日行幸、同十日還幸候、しかれば大御台様（秀忠室・崇源院）当十五日御逝去候由、十九

日あい聞こえ候、将軍様明日還御の旨候、しかるにおいては大御所様も追っつけ還御たるべくと存じ候、西国衆御暇候て、□□□江戸へ参るべきかも近日しれ申すべく候、

宗茂、江戸へ向う

とある。秀忠の出立を期に西国衆にも暇が下されるであろうとしている。文書の後半が破損して読めない箇所があるが、宗茂は筑後へは下らず、江戸へ戻る所存であったようにみえる。実際、こののち十月二日の立花鎮久充ての書状には「しかれば公方様前二十五還御なされ候、大御所様も近日還御たるべく候、我ら事御跡より追っ付け江戸へ相越すべく覚悟候」と記している。

寛永四年

寛永四年（一六二七）は、三月九日、家光の忠長《ただなが》邸御成に従っている。五月に入ると三日、十四日に秀忠の臨尾張・水戸邸に、六月も二十一日、二十八日にやはり秀忠の尾張邸・水戸邸御成にともなわれている。その後は九月十日に秀忠の本丸への御成に相伴しており、さらに四日後の九月十四日にも秀忠の茶席に呼ばれている。また、十月十二日には秀忠の、同二十二日には家光の忠長邸御成に従う。ついで十月二十九日は秀忠の、十一月三日には家光の藤堂高虎《とうどうたかとら》邸臨駕に従うという具合である。

秀忠・家光への近侍

史料上確認される限りではあるが、この寛永四年以降は秀忠・家光の他出にともなわ

れるケースや茶席への相伴が多々みられる。五年以降は、さらに頻度が高まるといってもよい。先にみた寛永十一年（一六三四）の覚書が、三年の上洛に従ったのち、在江戸が九年継続するとしていたが、個々の記述は措いてそのころまでの動静を表2にまとめておこう。国元への下向などとてもおぼつかない状況であったことがわかる。

寛永五年

寛永五年（一六二八）も江戸での越年であり、正月早々から大坂城普請を指揮する小野若狭守茂高にさまざまな指示を書き送っている。三月十二日には秀忠の伊達《だて》政宗《まさむね》邸御成にともなわれ、四月六日には家光の忠長邸御成に従っているが、後者の様子を報じた書状のなかで「我ら事、この十日時分まで方々御成御座候御供に参り候」「今日駿河《するが》大納言様へ将軍様御成、お供に参り候」と書いており、相変わらずの状況が伝わってくる。

日光社参

四月下旬には、秀忠・家光の日光社参が行なわれる。当初は「日光への御供はつれ申し候、これは不慮にて候」と、不本意ながら供からははずれていたようであるが、四月二十二日に大坂の小野茂高に充てた書状には「今ほど両御所様、追々に日光へ御社参、ここもと急がしきこと推察あるべく候、我らなどもやがて社参申し候」とあり、二十四日付の富士谷六兵衛充ての書状では「巨細申すべく候へども、明日日光社参の事に候、取り紛れ具ならず候」とみえている。結果的には日光にも従ったわけであるが、このと

表2「江戸幕府日記」『徳川実紀』にみる宗茂の動向

年月日	記事
寛永5年1月19日	西の丸での茶事に相伴
3月4日	秀忠の紀伊頼宣邸御成に水戸頼房・藤堂高虎らと相伴
3月14日	家光の紀伊頼宣邸御成に駿河忠長・丹羽長重・藤堂高虎らと相伴
3月26日	家光の伊達政宗邸御成に丹羽長重・藤堂高虎らと相伴
8月9日	家光の尾張義直邸御成に水戸頼房・藤堂高虎らと相伴
8月14日	西の丸茶事に島津家恒・伊達政宗・松平忠昌らと召される
9月26日	秀忠本丸渡御に尾張義直・水戸頼房・藤堂高虎らと相伴，宗茂秀忠の草履を直す
寛永6年1月28日	秀忠の本丸渡御に駿河忠長・水戸頼房・藤堂高虎らと相伴
2月13日	秀忠駿河忠長邸御成に水戸頼房・藤堂高虎らと相伴
2月20日	家光西の丸渡御に水戸頼房・藤堂高虎らと相伴
4月8日	西の丸茶事に前田利常・朽木元綱らと召される
4月29日	秀忠の前田利常下屋敷御成に水戸頼房・藤堂高虎らと相伴
5月23日	家光の駿河忠長邸御成に水戸頼房・藤堂高虎らと相伴
6月1日	秀忠の駿河忠長邸御成に水戸頼房・藤堂高虎らと相伴
8月10日	家光の水戸頼房邸御成に駿河忠長・藤堂高虎らと相伴
8月15日	秀忠の水戸頼房邸御成に駿河忠長・藤堂高虎・本多忠政治らと相伴
9月2日	秀忠の土井利勝邸御成に水戸頼房・藤堂高虎らと相伴
9月21日	秀忠の本丸渡御に駿河忠長・水戸頼房・藤堂高虎らと相伴
10月17日	秀忠の江戸金地院臨駕に水戸頼房・藤堂高虎らと相伴
10月23日	秀忠の西の丸茶事に召される
12月26日	秀忠の堀直寄邸御成に丹羽長重・藤堂高虎らと相伴
寛永7年1月26日	家光の酒井忠世邸御成に駿河忠長・水戸頼房・丹羽長重・藤堂高虎らと相伴
1月29日	秀忠の酒井忠世邸御成に紀伊頼宣・水戸頼房・丹羽長重・藤堂高虎らと相伴
2月13日	家光の堀直寄邸御成に丹羽長重・藤堂高虎らと相伴
2月23日	家光の紀伊頼宣邸御成に水戸頼房・丹羽長重・藤堂高虎らと相伴
4月6日	家光の伊達政宗邸御成に丹羽長重とともに相伴
4月11日	秀忠の伊達政宗邸御成に藤堂高虎・丹羽長重・毛利秀元らと相伴
6月17日	秀忠増上寺参詣に従い，茶事に相伴
10月3日	西の丸茶事に丹羽長重・加藤嘉明らと召される
寛永8年1月3日	御歯固御祝い参列
1月20日	尾張義直・駿河忠長・水戸頼房らと御茶湯の御相伴
1月28日	秀忠本丸へ御成に尾張義直・駿河忠長・水戸頼房らと相伴
2月12日	御鷹の雁拝領

2月29日	（秀忠の）尾張義直邸御成に水戸頼房と相伴
4月17日	紅葉山社参扈従
5月9日	家光の尾張義直邸御成に水戸頼房と相伴
6月3日	秀忠の本丸渡御に尾張義直・水戸頼房・金地院崇伝と陪従
6月21日	家光の浅草川川狩りに水戸頼房と供奉
寛永9年1月22日	年頭御礼
1月27日	秀忠死去につき登城
6月6日	三家・丹羽長重・譜代の面々らと家光に拝謁
6月16日	大広間出御，参列
7月9日	御鷹の雲雀拝領
7月15日	家光増上寺御成に三家・丹羽長重らと陪従
10月8日	秀忠一周忌に備え，在府越年の言上
10月10日	丹羽長重とともに不時の御目見え
10月13日	毛利秀元・丹羽長重らと家光御前へ召し出され物語
10月21日	毛利秀元・有馬豊氏・寺沢広高らと家光御前に召され閑談
10月26日	毛利秀元・丹羽長重・有馬豊氏・寺沢広高らと御前へ御召し
10月29日	御鷹の雁拝領
11月4日	毛利秀元・丹羽長重・寺沢広高らと家光御前に召され談話・饗膳
11月19日	毛利秀元・丹羽長重・有馬豊氏・寺沢広高らと家光御前へ召され談話
12月6日	丹羽長重・毛利秀元・藤堂高次・加藤明成らと家光御前に召され談話・饗膳
12月11日	丹羽長重・毛利秀元らと家光御前へ召し出され閑話
寛永10年1月2日	年頭御礼
2月26日	毛利秀元・丹羽長重・有馬豊氏・加藤明成らと家光御前へ召され御咄
4月20日	毛利秀元と家光御前へ召し出され御咄
7月5日	御鷹の雲雀拝領
7月26日	毛利秀元・有馬豊氏・堀直寄らと家光御前へ召され御咄，御鷹の雲雀拝領
7月28日	島津家久・京極忠高・毛利秀就・生駒高俊・藤堂高次・京極高広・寺沢堅高・有馬豊氏・森忠政らと家光に拝謁，来年御作事の件
8月3日	品川行殿へ水戸頼宣・井伊直孝・有馬豊氏・藤堂高次・堀直寄・毛利秀元その他譜代の面々と陪従
8月4日	毛利秀元・藤堂高次・有馬豊氏・堀直寄らと家光御前へ召され御咄
8月8日	毛利秀元・藤堂高次・有馬豊氏・堀直寄らと家光御前へ召され御咄
8月10日	家光黒書院で碁・将棋を御覧，水戸頼宣・有馬豊氏・藤堂高次・毛利秀元・堀直寄らと陪席
8月16日	毛利秀元とともに家光御前に伺候

11月13日	御鷹の雁拝領
12月28日	黒書院での拝賀に参列
寛永11年1月2日	年頭御礼
2月9日	黒書院にて御鷹の鶴の料理拝領
3月5日	忠茂ともども黒書院にて家光に拝謁
3月9日	松平忠昌・池田光政・浅野光晟・鍋島勝茂・佐竹義隆らと昼の御茶事に召される
3月22日	毛利秀元・藤堂高次・有馬豊氏・堀直寄らと家光御前に伺候
4月3日	伊達政宗とともに茶湯相伴
4月16日	毛利秀元・有馬豊氏・加藤明成・堀直寄らと家光御前へ召され御咄
4月20日	御鷹の鶉拝領
4月28日	毛利秀元・有馬豊氏・加藤明成・堀直寄らと御前に召され，今度の洛にさいして道中供奉し，御咄を命ぜられる
5月13日	丹羽長重・加藤明成・毛利秀元・有馬豊氏・堀直寄らと家光御前に伺候
5月15日	毛利秀元・丹羽長重・有馬豊氏・加藤明成・堀直寄らと御振舞を下される
6月16日	毛利秀元ら他の御咄衆ともども御暇を下され，銀300枚・御帷子20ずつ拝領
6月23日	上洛途上の家光小田原に滞座，毛利秀元・有馬豊氏・堀直寄らと御前に伺候，酒宴
7月16日	京二条城にて御菓子拝領

き秀忠はすでに四月十九日に江戸へ向け日光を発っており、家光が二十二日に江戸を発ち二十五日に日光に到着しているので、宗茂は家光に随行していたことがわかる。

江戸へ戻った後も宗茂は秀忠・家光に近仕するが、六月には高仁親王の死去が伝えられ「両御所様御力落とし申すべく様これなく候、多分明年の御上洛はあい延ぶべしと存じ候」との情報を京都へ送っている。なお、この間も大坂の小野茂高への頻繁に書状を発し、御手伝普請に関わる細かな差配、国元の仕置《しおき》きなどを令していたが、

小野茂高、大坂で客死

九月に入って小野茂高が病に倒れ、客死する。重体を知った宗茂は、先行して九月十六日付で嫡子伊豆守正俊《まさとし》への一跡安堵《あんど》を認めていたが、九月十七日付で立花惟与らほかの重臣による「遺言承置申覚」が作成されている。

宗茂は、九月二十六日の秀忠本丸渡御に従っているが、その後は十月二十六日付の書状で大坂普請に関わる諸算用を命じている。発信地は江戸であろう。寛永五年（一六二八）は、さらにこれ以降も在府を継続していたとみて大過ない。

二　役負担・領国支配の諸相

ここでは幕府から課せられた役の遂行状況や領国支配のことなどについてみていきたい。時間的に少し遡るが、まず元和九年（一六二三）の大坂城手伝普請について述べる。

大坂城手伝普請

元和九年からの大坂城手伝普請は、筑後に再封された宗茂にとって最初の大きな課役となった。何度か述べたように、大坂に上って普請を指揮したのは、小野若狭守茂高《しげたか》である。元和九年、上洛供奉《ぐぶ》を果たした宗茂は大坂へいたり、閏八月十二日、茂高に親しく普請中法度を令達している。その内容は喧嘩口論や遊興の禁止、指揮命令系統の遵守

などを要求するものであったが、末尾の箇条は、

金銀入り候儀は、いか様にも苦しからず候、入りまじき所に入れ候はぬ様に、万事国もち衆のまね成るまじく候間、分限相当の心持ち専一に候、このたび始(初)めての御普請に候間、おおかたこの方相応の役目の衆は様子切々見聞き、油断有るべからざる事、

(『伝習館文庫』「小野文書」)

と括っており、興味深い。

手伝普請の体制

立花家の体制は、小野茂高のもとに「惣奉行」さらに「下奉行」を付し、これに「小身の者」が配されることになっていたが、宗茂は特に下禄者の負担を慮《おもんぱか》って、彼らの借銀について、茂高に指示するところがあった。これらとは別に「公儀普請奉行」なるものも置かれたが、名称から推して幕府サイドとの連絡役であろうか。これには「西原」とほか一名が任ぜられることになっているが、「惣奉行」や「下奉行」の具体的陣容は、明らかではない。大坂へ遣わされる者として、由布《ゆう》杢左衛門尉や黒川徳右衛門尉といった名前があがっているが、彼らが「惣奉行」であるのかどうかも判然としない。

ただ、元和九年の段階では石材の確保と搬入が主であり、「惣奉行」の登坂は先延べにされたようである。段階的に体制を敷いていこうするのは、財政的な配慮からであろ

う。普請用の石は「宇野島《うのしま》」「向島《むこうじま》」で確保されている。石材の確保を担ったのは、十《と》時《き》与左衛門尉惟益《これます》らである。既述のように、宗茂は寛永元年（一六二四）五月三日に柳川を発って東上するが、六日の晩に下関を出船し、十日に「宇野島近辺」にいたって、与左衛門尉惟益に会っている。みずから石場の視察を行なう予定であったが、路次「霍乱《かくらん》」によって果たせず、与左衛門尉との面談のみに終わっている。しかしながら、ここで「過分」に石が確保された様子を聞き、満足して大坂に入った。はじめての大きな課役に対する宗茂の意気込みや、それと表裏をなす腐心ぶりが窺えよう。

手伝普請の終了

なお、一応の体制が整ったのをうけて、小野茂高は十月以前に一度帰国しているようであるが、結果的にこの時の普請は寛永二年までで、いったん終了した。寛永二年五月二十三日の茂高充ての書状には「来年御普請役あい延べ、方々丸などもやみ候て、南の方の御普請ばかり三明年仰せ付けらるる由候」と告げている。この間、宗茂は戸田氏鉄《うじかね》、藤堂高虎、細川忠利《ただとし》といった諸大名から助言・助力を得ていたようである。

この寛永二年のものと考えられる九月五日付の書状には、つぎのようなものがある。

> 三明年御普請に付いて、まかり上り候衆の苦労銭の儀、この方にてあい定め候へども、惣《すべて》相談なくてはあい済みがたく候、明年宇野島石わりにまかり上る衆は当

年・明年打ち続きまかり上り候て、少その心持ちもこれあるべき哉、人からは書き立て遣わし候、惣高にかかり候事候条、その地において能々相談を以てあい定められ、さし上せしかるべく候、委細小野若狭守申し達すべく候、（「富安護義文書」）

文書の充所は、矢島石見守重成《しげなり》・小野若狭守茂高《しげたか》・由布美作守惟次《これつぐ》・十時摂津守連《つら》貞《さだ》・山田勝兵衛尉親良《ちかよし》の五名である。文書の末尾から、この文書が小野茂高によって国元へもたらされたと考えられるが、小野は家老の一人として充所にもあがっている。文書の内容は次期の普請を見越して、それに従う家臣への「苦労銭」と、「人から」はおそらく人選に関わる問題であろう。これらについて、江戸の宗茂は一定の素案を提示し、最終決定を国元での「惣相談」に委ねている。さらにこの間も、石材の確保などは続いており、大坂での工事自体は休止されても、領国の対応は継続していたのである。

宗茂在国

さて、既述のように寛永三年（一六二六）の正月末から五月中旬にかけて、宗茂は在国するものの、この間の施策については具体的な史料も残っていない。一部の家臣に知行を充行ったり安堵したこと以外、通常の領地支配に関して、この時期宗茂がどのような姿勢で臨んでいたのかは判然としない。

廻米の指示

そうした一方で、江戸から発せられる宗茂の書状では「米払いの事、大坂よりは註進候間、豊前・筑前など聞き合わせ、払い然るべく候哉、この方より申すに及ばず候」（『伝習館文庫』「柳河藩政史料」）、「八木うり候事、油断無く申し付けらるる由、尤もに候」（『伝習館文庫』「小野文書」）、と払米市場の状況に対する高い関心が見受けられる。これらはもとより上方廻米を主としたものであるが、寛永元年（一六二四）十月七日の書状（『伝習館文庫』「小野文書」）では、

大坂も少し米あかり候様に内聞候、ここもと常陸《ひたち》よりおくは当年散々にて候、八木たかく候はん由申し候、来年は大まわりの船少しはやく出船候に仕りたく候、

と述べており、江戸大廻りの廻米も実施していたことがわかる。払米価格への関心は年貢を経済的な基盤とする大名領主にとって、ある意味で当然のことであるが、一つには借銀返済の問題が関係している。

かけのかね

この時期、宗茂が富士谷紹務《ふじやしようむ》に充てた書状のなかからいくつかを紹介すると、「かけのかねの事、大坂米はらい次第、早々渡し候へと申しこし候間、少しも油断無くさいそく候て、御取り候べく候」「米相場あかり次第見合わせ、払い候様に申し渡し候、筑後より銀子上がり申すべく候間、それ次第にその方かけの分、作右衛門尉手前算用候て、御請け取りあるべく候」などと述べている。富士谷は、まさにさまざまな局面で宗茂の

活動を支えているが、あくまで借銀は負債＝「かけ」であり、払米の相場はこの返済に大きく関わるものであった。

なお、後段の史料にみえる「作右衛門」には在坂して払い米の実務や銀子の貸借を担当していた矢島作右衛門なる人物が比定される。寛永四、五年ごろの文書からは「大坂蔵奉行」なる職名が文書にも散見されるようになるが、作右衛門尉との関係はなお定かではない。ちなみに、手伝普請で大坂に詰めていた小野茂高にもこうした京都向きの仕事や大坂廻着米の払い方など差配が併せて課せられていたし、海老名《えびな》平馬や佐田清兵衛尉成景《なりかげ》らも上洛準備にかり出されている。

大坂城普請の再開

寛永五年（一六二八）になると、大坂城普請が再開されることとなるが、すでに前年末、小野茂高は戸田氏鉄から「しかれば、大坂御普請来年三月朔日より仰せ付けらるべきの旨」が報知されており、江戸の宗茂のもとへは「まかり登る衆」の着到がもたらされるなど、すでに四年のうちから具体的準備が始まる。寛永四年は蔵入地《くらいりち》・給人地ともに虫入りで「否作」であり、「借銀これ無くては調い難き」状況であった。普請に際しては幕府からの扶助も予定されているが、この年は筑後入封の折、幕府から貸与された銀・米の返済も求められており、財政的にはかなりの窮迫が見込まれていた。

宗茂は当年の「物成改帳《ものなりあらためちょう》」をつぶさに検討し、暮れの「物成の出来様」を案じるという状況であったが、上方とりわけ富士谷からの借銀は不可欠であり、借銀の「裏判」五枚を添えて、由布孫左衛門尉惟可を江戸から大坂へ派遣している。補佐役としての派遣であるが、孫左衛門尉のほか堀六右衛門尉惟盛《これもり》、問註所三郎兵衛尉政連《まさつら》らが茂高に付せられた。ところが、三月になると家光から借銀が許され、宗茂としてはこれによって富士谷からの借銀整理が可能になったようである。

赤間が関伊藤氏

幕府の奉行は、戸田氏鉄・加々爪忠澄《かがつめただすみ》・堀直之らで、宗茂は「なかんずく、先年のごとく万事戸田左門の指南を得られ、尤もに候」と指示している。正月十一日付で起請《きしょう》文《もん》を認めた茂高は、二月中旬には大坂に入っている。そのほかの衆も三月朔日を前に続々と大坂へ入ってきたようだが、途次、下関に船がなかったため、細川家の好意で小《こ》倉《くら》の運賃船の差配をうけている。このほか赤間《あかま》が関《せき》の伊藤氏からも「国元より大坂御普請旁上下の砌《みぎり》、舟そのほか肝煎《きもい》り、馳走」を請けており、のちに宗茂は伊藤杢允《もくのじょう》興矩《おきのり》(名の表記は木工丞などもある)に対して知行五〇石を与えている(「赤間関本陣　伊藤家文書」)。

四月下旬になると、「御普請殊のほか大相」という事態ではあったが「定めて七、八月頃はあいすみ申すべき」という見通しがたっている。その後、他家に遅れをとることもなく、五月四日には担当部分の根石《ねいし》を据え終え、「石垣成就」を報せる七月九日付の急便が、十七日、江戸にもたらされた。こうして手伝普請は完了するのであるが、この間、宗茂は借銀の状況を心配し、少しでも利分を抑えるために、必要な分だけを少しずつ借りるようにといった細かな指示を出している。

さて、宗茂は「石垣成就」の知らせをうけたのち、小野茂高以下にも「隙明き」次第の下向を許しているが、残石の片付けのことなどがあって、そのままの在坂を余儀なくされる。九月十三日付で加々爪忠澄・堀直之連署の書状が発せられ、残石の処置が決定するが「当年は御普請にいすれもひとしお出精候間、来春まで御延べ」ということで実務は翌年におくられることになる。

ところが、財政窮迫のなかでの普請遂行という心労がたたったのであろうか、先にもふれたようにこの九月十七日、小野茂高が在坂のまま病没する。普請役の後事は佐田清兵衛尉成景・海老名平馬に託されているが、重責を担ってきた小野茂高の早すぎる死は宗茂にとって非常に大きな痛手となった。

対外交渉

最後に、いわゆる対外交渉の問題について簡単にふれておこう。無年号で、写の文書であるが、宗茂が永井弥七なる人物（正盛ヵ）に充てて、つぎのように書き送っている。

一両日は少し咳気故、まかり出ず候、しかれば拙者在所の町人へにや弥三兵衛と申す人、去年御朱印下され、異国へまかり渡り候、又当年御取りかへの御朱印下さるる由、左候へば毎日御城へあい詰め候へば、御前に御覧合わせられ仰せ上げらるべく候間、詰め候様にと御年寄衆仰せられ候に付いて、まかり出候へども、御法度稠しき故、まかり出候も居りかね申す体候、

（「安東家史料」）

紅粉屋弥三兵衛尉

後段の文言から寛永期も後半のものかと考えられるが、ここに登場する「へにや弥三兵衛」は後藤弥三兵衛尉なる人物で、国元に「紅粉屋開《べにやひらき》」なる干拓地を開いたことでも知られる豪商である。右の文書からも明らかなように、いわゆる「朱印船《しゅいんせん》」貿易に従事していた。

甲木藤右衛門尉

領内には、このほか甲木《かつき》藤右衛門尉などが対外貿易に関わっていたようである。甲木氏は戦国期の国人蒲池《かまち》氏の一族で、同家の由緒書きには「慶長年中長崎へ白糸割符《いとわっぷ》相極、召し出され、右御用仰せ付けられ、慶長九年より元禄九年まで御用承り」などとみえている。すでに田中時代から糸割符に関わる商人だったようであるが、再封後の宗茂にもよく仕え、南蛮《なんばん》菓子・唐菓子・唐木綿・長崎たばこ・砂糖・丁香《ちょうこう》や皿などの器物類などをしばしば宗茂らに献上している。

第十　「内儀」の隠居

一　下屋敷へ

下屋敷の作事

「御入国以来御物入之覚」には「同《（寛永）》六年巳　海禅寺《かいぜんじ》前の御屋敷三千五百両、御作事御入目銀にて弐百弐拾貫目、只今の御下屋敷」とあり、寛永六年（一六二九）「下屋敷」の作事が行なわれたようである。この下屋敷は宗茂の進退にも大きく関係するものとなる。二月五日付の書状で京都に「当年の下屋敷普請憑《たの》み入り候、出来次第上屋敷は左近に渡し、我ら移り申し候」と書き送っていた宗茂は、五月八日付で十時《ととき》与左衛門尉惟益《これます》に充てた書状では、

今度申し越すべく候へども、七月には下屋敷へ移り申し候、左候へば上屋敷左近へ渡し申し候、隠居の儀色々内々御年寄り衆相談申し候へども、しかとの儀は今ほどは成りがたく申し候、まずまず内儀に隠居に仕り、万仕分け候て、次第の事に仕る

　　べく申す事に候、

（「十時強次郎家文書」）

と述べている。すなわち、下屋敷への移転は宗茂にとって「内儀」のことながら、隠居を意味するものであった。

山形へ移封の噂

　こうした折、宗茂に出羽《でわ》山形へ移封の噂がたつ。山形の鳥居忠恒《とりいただつね》が重病に罹《かか》り、国替えが近いという風聞は五月ごろから流れていた。六月十四日の書状で細川忠興《ただおき》が、

　　先度の書状に最上《もがみ》国替えの由申し越され候、鳥井（ママ）伊賀もってのほかの病者にて候間、別人遣わさるべく候、先書に申し候如く、誰を遣さるべきとの推量無く候、大事の所と思し召さるべく候間、もし立飛（立花）騨殿など大身に仰せ付けられ、遣され候はんや、

と忠利に書き送っている。鳥居氏転封の噂はその後もしばらく続くが、八月末から九月初頭のころには、細川父子の間で忠恒の跡は松平忠明《ただあきら》か宗茂かのどちらかであろうと推察されている。九月十日忠興書状には「その方推量に松平下総《しもうさ》殿かもしくは立花殿かと存ぜらるる由、尤も候」とみえている。ここに名のあがった松平下総守忠明は、家康《いえやす》の外孫にして養子となり、豊臣氏滅亡後の大坂を支配し、当時は大和郡山《やまとこおりやま》一二万石余の大名であった。のちに播磨姫路《はりまひめじ》に移されて一五万石を領することになる。結局のところ、

松平忠明に伍す

この段階で鳥居氏の転封はなかったが、当時の宗茂が将軍家一門の重鎮たる松平忠明に

立花忠茂肖像
（福厳寺蔵，柳川古文書館写真提供）

伍して名をあげられるほどの地位にあったということは特筆されよう。

「内儀」の隠居

さて、隠居とはいえ、あくまで「内儀」のことであり、実際は鎮久《しげひさ》に告げたような安閑とした状況ではなかった。やはり寛永六年（一六二九）のものと考えられるが、十時惟益に充て、

兎角《とかく》二、三年の内に我らも隠居の覚悟に候、左候てもここもと御前引□□候事は中々事ならざる様子にて候、隠居候はば弥《いよいよ》御前にあい詰むべき様子にて候間、手前事ならず候はばなるまじく候、万事その心持ちばかりにて候、

（十時強次郎家文書）

家督移譲の準備

と書き送っている。宗茂にとっての「隠居」は、国元の政治から離れ、秀忠《ひでただ》・家光《いえみつ》への近仕をますます強めることを意味したのである。したがって、宗茂としては「内儀《ないぎ》」隠居の間に、忠茂《ただしげ》への家督移譲の準備を進め、さらに国元の支配を軌道に乗せようという

意向であった。

木付帯刀と村尾主膳

たとえば江戸詰めの家臣は宗茂に付属する「定御供衆」と忠茂の「若殿様江戸詰」とに分かたれ、忠茂付きの筆頭に立花惟与が座った。惟与は赤間が関の伊藤杢允《もくのじょう》興矩《おきのり》に充てて「我ら事飛驒守せかれ（悴）左近に付け申され、江戸の住人に碇とまかり成り候」と書き送っている。これまでも惟与は年寄分として長く宗茂の側に仕えていたが、世子忠茂に付けられるということで、以後は江戸へ常住するということであろうか。これにともない宗茂付きの筆頭は木付帯刀《たてわき》（覚右衛門尉、監物《けんもつ》とも）と村尾主膳（主税、田宮助、晩年には彦右衛門尉と称す）にかわる。この両名も早くから宗茂側近として確認される者たちであった。

領内支配

また、国元の支配に関しても、十時与左衛門尉惟益に対して、比較的細かな指示をたびたび発している（「十時強次郎家文書」）。たとえば、寛永七年十一月二十八日には、

当年の八木、如何候て、大坂に遅く上り候哉、払い方多く候間、油断無くさし上げらるべく候、しかれば少しづつ心持ちの儀も時々これあるべき事に候、心得に成り候間、蔵入《くらいり》の内にて、自然給人地に成り候も苦しからざる所を、千石にても二千石にても、一村にても二村にても、内々書付越さるべく候、その主しれ候てからは成りがたく候間、かねがね心持ちにしなし候て、せんさく（穿鑿）候てか、又人しれずに立ち

まわり候て、おんみつにて書付越さるべく候、

と書き送っている。後段文意のつながりがよくないが、給人地と蔵入地との交換を検討させているようである。もとより前半からの流れを考えれば、廻米の便宜を考えた蔵入地の構成を作り上げるためであろう。

また、年未詳ながら十一月十七日付の文書で宗茂は、

当年の所務方かけ米の帳、早々指し越され候、早々あい調へ、殊更一段念入り候通り、銘々披見候、弥以て精を入れらるべき事専一に候、これ以前よりも然るべく申しつけらるる段、具に見届け候、又百姓どもに念入り候書き物も披見候、一つ書き之通り奉行中同前に承儀候、当分は返事に及ばず候、

とみえる。十時与左衛門尉惟益は元和九年（一六二三）からの大坂城手伝普請に関係して石材調達に従うが、寛永年間のある時期からは、如上のような在地支配の実務に関わる指示を遂行するようになる。

もとより、この段階でも国元の留守を預かるのは由布惟次《ゆうこれつぐ》・十時連貞《つらさだ》といった宿老であるが、宗茂は在地支配を山田勝兵衛尉親良《ちかよし》・十時与左衛門尉惟益・由布孫兵衛尉惟可らを軸として安定させるべく努めたようだが、手伝普請への対応などには、やはり借銀

によらざるをえなかったようである。

宗茂、下屋敷へ移る

下屋敷へ移った宗茂は、相変わらず秀忠や家光に親しく仕える日々が続くが、寛永六年（一六二九）九月ごろには秀忠から新庄駿河進上の「丸壺の御茶入」を拝領したことを細川忠興に告げている。こうしたなか、継嗣忠茂《ただしげ》の縁談が整う。相手は永井信濃守《しなののかみ》尚政《なおまさ》の

忠茂の婚儀

女子（通称「長子」）である。尚政は当時下総《しもうさ》古河《こが》の大名であり、西の丸老中として秀忠の大御所政治を支えた人物である。忠茂の縁談も秀忠の意向にそって進められたものであろう。七年八月十六日付の富士谷六兵衛充ての書状には、

左近縁辺の儀、仰せ出され我ら満足このことに候、それに就きそこもとにて用意の注文この度遣わされ候、祝言は霜月あい調うべくと申し合わせ候、

とある。実際の祝言はこの年の十二月八日に行なわれたが、「御入国以来御物入之覚」は「御祝言御入目」として「二千両」をあげている。

仙洞御所

さて、この年は勅使の下向があったため、上洛はないであろうとの予測を富士谷六兵衛に告げている。五月朔日付の書状であるが、このなかで宗茂は、

いんの御所ちやうあん寺にたち申し候由、内々承り候、左候へば我ら屋敷ちかく候、たとひちやうあん寺にてこれなくとも、とかく院の御所たち候はば、我らあたりは

成るまじく候間、さた《（沙汰）》なき内に早々ぬしさへ候はば、少しやすく候とも、うり《（売）》候て
しかるべく候、

とも述べている。周知のように、これに先だって後水尾《ごみずのお》天皇は、昨寛永六年（一六二九）十一月八日に譲位している。天皇は紫衣《しえ》事件など、幕府の朝廷への干渉に対して反感を抱いていたと伝えられるが、「いんの御所」とは、まさしくこの後水尾院の仙洞御所《せんとうごしょ》をさす。立花家の京屋敷は、寛永三年の秀忠・家光の上洛に合わせる目的で設けられたことはすでに述べたが、これが仙洞御所に近接する恐れが出てきたため、右のような指示を出すにいたったのである。

立花家の京屋敷

翌日、宗茂は「院の御所、北政所御屋敷に大かたあい定まる由候」と新たな情報に基づいて再び富士谷に書状を送付するが、ここでも依然売却の意図は変わっておらず、あわせて「屋敷これなく候では、なり申すまじく候」と代替屋敷の物色も富士谷に依頼している。その後は上洛も数年先との見通しから、しばらくは「ゆるゆると見合わせしかるべし」と落ち着いた風をみせるが、板倉重宗《いたくらしげむね》からも類焼の心配などを指摘されており、京屋敷の買取主を探すという状況に変わりはない。

結局、院御所は十一月に完成、院は十二月十日に渡御する。この間も宗茂は富士谷に

充てて「院の御所御ふしん《普請》我ら屋敷辺りへは構い申さざる哉、様子細々申し越さるべく候」と気をもんでいる。ただし、新屋敷については「当年は国元大雨・大風にて散々の由申し来たり候、大坂普請かれこれに候間、さうさ《雑作》入り申すべく候間」、当面は見送りにされた。京屋敷についてはこのほかにも「重ねての屋敷も一つもち候はずば、成るまじく候」とも述べており、たびたび大御所・将軍の上洛が議せられるなか、依然、政局に占める京都の高い位置が窺えよう。

二　秀忠の死と家光の時代

寛永八年の宗茂

寛永八年（一六三一）も宗茂は江戸にいる。「江戸幕府日記」にも「早旦尾張《おわり》大納言殿御成、御数寄屋《おすきや》の御相伴水戸中納言・立花飛驒守、御数寄屋過ぎ、書院出御」（二月二十九日条）といった類の記述が目に付く。まさに将軍家の一門に準じる親しさで、相伴を許された感がある。五月ごろも「公家衆御馳走の御能、尾張大納言殿へ御成り、うちつづき隙入り一円隙これ無く候、年老い草臥《くたび》れ、気力もつづき申さず候」という有様であった。

秀忠の病

ところが、九月ごろから秀忠は「癪《しゃく》」を病み、病状は次第に重篤になっていった。

年未詳ながら、七月二十三日付の富士谷充ての書状に「しかれどもこのごろ相国様少し御病悩にて候故、日々登城申す事候、しかしながらはや大かた御快気の事候」、また八月十八日付の書状に「相国様少し御病悩に付いてこの中は日々登城候、はや次第に御快験にて何も大慶の事に候」などとみえる。こうした症状が前兆であった可能性も否定できまい。いずれにしろ、秀忠の罹病にともなって宗茂が「日々登城」を繰り返したことは間違いなかろう。

年が明けて寛永九年（一六三二）正月二十四日、秀忠は死去する。享年五十四であった。秀忠の形見として宗茂は「銀子二千枚づつ」を充行《あてが》われている。この前後の宗茂の動向は詳かではないが、このころ花押《かおう》の型に変化がみられる。確証は得られないが、秀忠の死を契機とするものではなかろうか。

こうして秀忠の大御所時代が終わるが、家光親政のもとでも、宗茂の立場が大きく変わるわけではない。年未詳であるが、秀忠存命中の「十月十四日付」書状のなかに、

この方あい替わる儀なく候、両御所様御成御相伴にもはずれず、五郎左（丹羽長重）・我ら両人ばかり召し連れられ、別して忝なく存じ候、就中《なかんづく》将軍様別して御懇ろの儀に候、大御所様は前々よりの御事候間、

（「富安護義文書」）

家光と宗茂

といった件《くだり》がみえる。宗茂は「両御所」のうち、とりわけ家光の覚えめでたいことを国元に告げているが、家光親政下では、むしろ従来にまして枢機に関わることが増したようにも見受けられる。「江戸幕府日記」によれば、丹羽長重のほか毛利秀元《もうりひでもと》、有馬豊氏《ありまとようじ》、加藤明成《あきなり》、堀直寄《なおより》、藤堂高次《とうどうたかつぐ》らとともに宗茂がしばしば家光御前に伺候している様子が窺える。ちなみに、後年の編纂史料ではあるが、『大猷院殿御実紀《だいゆういんでんごじっき》』(『徳川実紀』)には宗茂をさして「当代御噺衆《おはなししゅう》十二人の第一にて、御待遇なみなみならず」とみえている。

肥後加藤家の改易

寛永九年六月は肥後《ひご》熊本の加藤忠広《ただひろ》が改易《かいえき》され、筑前の黒田家でも御家騒動が表面化する。加藤家改易の顛末《てんまつ》について、江戸にいた細川忠興はいち早く事態を承知していたが「右の様子、我らには飛騨殿御言伝えにて」と情報源が宗茂であることを述べている。

黒田騒動

一方、筑前の状況であるが、長政の跡を継いだ忠之とその傅役《もりやく》で重臣の栗山大膳《くりやまだいぜん》とはかねがね衝突することが多かった。両者の対立は、寛永九年になって決定的となり、六月に忠之が大膳の屋敷を取り囲み、全面対決の様相を呈するにいたる。こうした事態に対し、早くも七月十一日の時点で、やはり細川忠興は国元の息忠利に、

一、筑前の事、一つ書きにて披見候、言語に絶えるまでに候事、

一、立花飛騨殿上らるる由、聞こえ候て、書状も参らず候、もし左様にこれなく候

はば、筑前の儀、大方申し遣わすべき由、申し越さるべく候、すなわちその由申し遣り候へば、状参り候間、これを進らせ候、ここもとにても立飛州の儀は所の案内者と申し、勝手と申し、遣わされしかるべき仁に候間、遣わさるべきかと申しあひ候いつれども、その念なく候、ただ御譜代衆まで遣わされ候仰せ付けらるる様と見へ申し候事、

（『大日本近世史料　細川家史料』）

と書き送っている。ここで宗茂が黒田騒動の上使《じょうし》に擬せられていることは特筆してよかろう。この後も忠興は幕閣の騒動への対応について、宗茂から情報を得ていくことになる。忠興は「黒田事、御前あい済み申し候、具に飛州よりの状に御座あるべく候事」と述べており、宗茂が「御前」の情報をいち早く伝えたことが判明する。同じ書状には「筑前は替わり申すべきかと申し候由、飛州より申し来たり候事」と、この段階では黒田氏転封の可能性があったことも知られる。

情報源としての宗茂

加藤家の改易や黒田騒動を通して、宗茂が「御前」の情報を親しい細川氏に伝えていた事実をみてきた。もちろん、宗茂から発せられる情報は右のような事件的な色彩のものばかりではない。たとえば忠興は、

土井利勝

大炊殿（土井利勝）、永信州跡へ御替わり、二万石の御加増、都合十六万石拝領の由、物成《ものなり》違い

細川家と宗茂

申し候間、三分一身上へり申し候心と存じ候、先度飛驒殿より、雅楽殿（酒井忠世）・大炊殿・讃岐殿（酒井忠勝）は御前遠く御成候様に御申し越し候時、大炊殿は必ず知行替えにてこれあるべきと、我らそばに居り候者どもに申し候つる、か様にこれあるべきと存じ候事、

と土《ど》井《い》利勝《としかつ》らの近況を述べているが、宗茂から幕閣のかなり微妙な様子を告げられているようである。また、「立飛州より、来年御上洛に付き、大名衆主々家は苦しからずと申し来たる由、先ず以て珍重に候」と、宗茂は上洛に関わる情報なども細川氏に伝えている。細川家とて宗茂を唯一の情報源としていたわけではないが、家光御前に近事する彼が幕政の枢機に通じていたことは明らかであろう。やはり細川忠興の書状には「飛驒殿ことのほかの仕合わせ、上様御懇ろの由、申し来たり、大慶に存じ候」と、家光御前の宗茂を好意的に報じている。しばらく後の史料だが、細川忠利《ただとし》は在府の嫡子光尚《みつなお》に対し、

立花飛驒殿へ、用の儀候ば申され候様にと、先日申し遣り候と覚え候へ共、又申し候、飛州は老足の事に候間、切々その方へ見廻り候事も有るまじく候へ共、用の事候はば、談合申さるべき事、

（『大日本近世史料　細川家史料』）

と、宗茂への見舞いを欠かさぬように言い置いており、細川父子からも高い信頼をえていたことがわかる。

上洛の準備

さて、忠興に伝えたごとく寛永十一年（一六三四）は家光上洛の年である。六月十一日に先遣《せんけん》が江戸を発し、同月二十日、家光が江戸城を出発する。これまでの大御所秀忠が主導する上洛とは異なり、家光が独自に行なった今回の上洛には、三〇万の軍勢が従った。上洛挙行のことは、前年寛永十年五月の上旬には諸大名に触れ出されており、宗茂も三月ごろの予定で早速準備に取りかかる。五月の下旬には松平信綱《のぶつな》・柳生宗矩《やぎゅうむねのり》・井上政《まさ》重《しげ》が路次検分・上洛準備のため、江戸を発って入京する。詳細は不明ながら、宗茂は富士谷に彼ら充ての書状を託している。

京屋敷の売却

宗茂が立花家京屋敷の売却を意図していたことはすでに述べたが、このころには、すでに売却が済んでいたようで、諸準備を命ずる富士谷充ての書状には「まず屋敷買い候事、無用に候」「明年御上洛候はば、又四、五年も在るまじく候、やしき（屋敷）かかへ候事、入らざる事候」とあって、「御上洛の間、地子にてかり（借）候て、御下向の刻みは則ち本主へ返し候やうに才覚尤もに候」とみえる。前回の寛永三年の上洛や、後水尾天皇譲位のころに屋敷の問題に腐心していた宗茂は、ここにきて大きく見解をかえている。

したがって、今回の上洛では士卒の駐まる「小屋掛け」の場所を確保し、作事を進めることが重要な位置を占めた。富士谷には小屋場の候補を二つほどあげて、江戸からのぼった信綱らの許可を得るように促している。富士谷六兵衛らが見立てたのは大将軍と妙心寺の近所であり、それらの絵図面は江戸の宗茂のもとにも届けられている。

当初、宗茂は小屋場の確保が整い次第、国元から大工などの職人を呼び寄せ、年内に作事を終える算段であったが、結局、松平信綱らが滞京の間には小屋場の決定にはいたらず、小屋場の最終決定は翌年にずれ込んでしまう。しかし最終的には希望どおり、大将軍に場所を確保できたようである。この間、宗茂は所司代の板倉重宗や姻戚の永井尚政らの便宜をうけている。尚政は、秀忠の死後寛永十年三月に下総古河《こが》（現、茨城県古河市）から山城淀《やましろよど》（現、京都市伏見区）へ加増転封されている。もとより幕政の中枢からははずれることになるが、畿内・西国支配の重鎮であり、したがって、今回の上洛にあたっても重責を担うことになる。

これに先だって、宗茂は準備のため太田分右衛門惟政《これまさ》を京へ派遣、「明年いよいよ五月時分の様に御さた《(沙汰)》に候間、小屋かけの事は春然《しか》るべく候」としながらも、京・大坂で準備できるものは、すみやかに調えるように命じている。このなかには、大坂普請の折に使用した「小屋道具」なども含まれる。一方、大坂で諸道具を揃えるべきことや布幕の調達などを国元で進めるべきことなど、非常に細かな指示を性急に発している。

忠長の死

こうして上洛準備であわただしいなか、十二月六日、家光の実弟忠長《ただなが》が自害して果てる。乱行著しかった駿河大納言忠長は、家光によって上野国高崎《こうずけのくにたかさき》（現、群馬県高崎市）に幽閉されていたが、宗茂は「駿河大納言殿御気ちかひ、いよいよ頃おこり候て、前の六日御自害なされ候、上様御朧気、御腹立ち、今ほどは右の様子にて何事もらち明き申さず候」と述べている。家光は密かに自害を命じたと伝えられているが、非常な混乱を来したものであろう。いずれにしろ秀忠存命のころは、ともに相伴することの多かった忠長の死である。

秀忠法要

寛永十一年（一六三四）は「当月《（正月）》二十四日までは十五日より、増上寺《ぞうじょうじ》にをひて、台徳院《たいとくいん》様第三年の御弔いこれ有り、二十四日過ぎ候はば、御上洛の時分も御ふれこれあるべきかと存じ候」と、正月に秀忠の三回忌が営まれ、その後、具体的な日程が発表されることになっていた。実際、二月七日付の書状では、

上様御上りは五月末にてこれ在るべくと存じ候、多分六月にかかり申すべきかと存じ候、左候はば四月中にもまかり上るべく候哉、その段はしれ申さず候、御暇さへ出候はば、左近はとかくさきへ上り申すべく候、（「富士谷文書」）

と告げ、三月五日には「我ら事は来月か五月初めには御暇次第、まかり上るべく候、公

儀次第の事候間、時分計り難く候」と報じている。この日は家光と江戸城内黒書院《くろしょいん》で対面を済ませており、それをうけての情報であろう。その後、諸大名に対し、国元にいったん下りたい衆にはあらかじめ暇を下される旨、打診があったようだが、宗茂は「勿論国へはまかり下るまじき由、御請申し上げ」と、下国の意志がないことを上申している。これに先だち、尚政の弟永井日向守直清《ひゅうがのかみなおきよ》が上洛しているが、宗茂は直清にも細事を託したようである。結局、宗茂らに暇が下されるのは六月十七日のことであった。

家光の上洛

家光は七月十一日に京二条城に到着、翌十二日諸大名の礼をうけ、十八日に参内する。上洛に際し、宗茂は家光に直々に従っている。前の年の予定では上洛に従う立花家の人数も「下々かけて七、八百もこれ在るべきか」という規模であったが、これらは忠茂《ただしげ》が指揮して先発していたのであろう。

入京後の宗茂は、忠茂ともども参内に従い、十九日には二条城に登り参内を賀した。

領地充行状

その後、閏七月十六日、諸大名は二条城において領知充行状をうける。もとより宗茂もつぎのような、判物をうけている。

筑後国山門《やまと》郡五万七千三百七拾壱石五斗、三池《みいけ》郡の内弐万七千五百拾八石五斗余、三潴《みずま》郡の内壱万四千五百三拾六石九斗余、上妻《こうづま》郡の内四千三百三石弐斗余、下妻《しもつま》郡

の内五千九百拾六石九斗余、都合拾万九千六百四拾七石余　目録別紙在り事、前々の如くまったく領知すべきの状、件の如し

寛永十一年八月四日　（家光花押）

柳川侍従殿

（「立花家文書」）

日付が実際の発給日と異なるのは「閏月」を嫌ったためといわれる。ほどなく（閏七月十九日）諸大名には暇が下され、忠茂は国元へ戻ったようである。一方、宗茂は閏七月二十五日からの家光の大坂行に従う。二十八日に大坂を発った家光は、その日のうちに京に戻っている。宗茂は「陸地を御跡より上る」予定であったが、同じくその日のうちに帰京したものであろう。家光は八月五日に京を発し、江戸へ戻るが、宗茂も「還御の供奉《ぐぶ》」をして下向する。宗茂の江戸到着は「我ら事路次中異議無く、前の（八月）二十日下着候」とあり、家光の江戸到着と同日であることから、帰路も旅程をともにしたとみて大過なかろう。

家光への扈従

さて、この同じ書状には「又当月十日以後、日光社参《にっこう》にて候」とあるように、江戸に戻った家光はほどなく日光社参を行なう。九月十三日に江戸を発向した家光は、十六日日光に到着。十八日には日光を発って、二十日に江戸に帰っている。江戸への帰還後の

日光社参

「九月廿一日」付宗茂書状に「前の十三日日光へ御供にあい越し、昨二十日に帰宅」とみえており、宗茂も扈従したことがわかる。日光東照宮《とうしょうぐう》は元和《げんな》二年（一六一六）に創建し、翌三年三月には落成するが、当時は簡素な造りであり、このたびの社参は、東照宮の改築について親しく指示を発する意図があった。

それはともかく、上洛から戻ってほどないこのたびの社参は、かなりの強行軍であったらしく、宗茂は九月二十三日付の書状で忠茂に「今度日光にてさんざんくたびれ（草臥）申すこと、申すべき様これなく候、その煩いひとしお申し候」と書き送っている。同じ書状のなかで宗茂は、実父高橋紹運《じょううん》の五十年忌についても言及している。

紹運の五十年忌

> また申し候、明年の七月、紹運五十年忌にて候、了堂《りょうどう》和尚下向あるべきの由に候、左候はば何方にても見合わせ、かりにひろくさへ候はばよく候、さりながら坊主数多く候まじく候、余りひろきも入らざる事に候、寺かまひ申し付け、とふらい（弔）の用意仕り候様に申し付けらるべく候、明年は多分所かへなどもこれ有るように風聞候間、やがて後までの用に立ち候様には無用に候、いかにもかろかろと、茶や同前の様に申し付けらるべく候、四・五月の頃より了堂は下向たるべく候、

妙心寺の了堂

柳川で行なわれる五十年忌の法要には、妙心寺の了堂宗歇《りょうどうそうけつ》の下向が予定されている。

天叟寺

柳川で高橋紹運を祀る寺として妙心寺派の臨済宗《りんざいしゅう》定慧山天叟寺《じょうえいざんてんそうじ》（福岡県柳川市）がある。天叟寺の建立については「柳河年表」（『福岡県史資料』第五輯）が「寛永年間」に「立花忠茂が高橋紹運のため一寺を建立す。天叟寺と号し、俊嶺《しゅんれい》（宗逸）を開山とす。はじめ桂林寺（マヽ）と称し、後に今の寺号とす」と記しているが、当初、寺号はなく桂林庵《けいりんあん》と称していたようである。いずれにしろ右の宗茂書状で指示されている寺こそがこの天叟寺であろう。

転封の可能性

しかしながら「後までの用に立ち候様」には無用としており、きわめて簡素なものを要求している。出羽山形へ転封の噂があったことはすでに述べたが、ここでも宗茂は「明年」みずからが「所かへ」となる可能性が高いことを示唆している。先のような指示もこうした配慮に基づくものであった。

家光慰の宴

さて、これ以降も宗茂の満足な「草臥《くたびれ》」は続く。上洛の返礼として江戸へ下向していた公家・門跡《もんぜき》衆も、十月九、十日のうちには皆帰洛してしまうが、これをうけて十一日には二の丸で家光御慰めの宴が「終日」行なわれた。この様子を国元の忠茂に告げる書状（十月十三日付）の中で「我ら事一人毎日出頭、つねづねかやうに、その日ほど出頭仕り候はば、国の五カ国・三カ国も取り候ほどの様子にて候つる、おかしく候」と述べ、また家光の心配りについても、

家光の宗茂に対する配慮

かようの内儀の御あそび、又方々への御成彼是にはずれ申さず候故、猶以て毎日まかり出、隙無く草臥れ候事、推量あるべく候、しかしながら以庵薬相応にて今ほど一段無病に候、さりながら御酒過ぎ候へば、少々発り申し候、上様一段御用捨にて、我らには余り酒過ごし候はぬやうに、御酌の節々御心付けなされ候、忝《かたじけ》なき仕合わせに候間、心安かるべく候、（「立花家文書」）

と書いている。さらにそれから二十日ほどのちの書状（十一月三日付）にも、

上様一段御機嫌能く、このごろ二、三度二の丸にて御遊び、我ら事も召し出され、色々物に狂い申し候、御前の仕合わせは残るところなく候、草臥れ申し候、推量あるべく候、十日ほどつゞけ候て、御城へ出申し候、（「立花家文書」）

幕閣、諸大名の動静

ともみえる。ちなみにこの書状には、諸大名・幕閣の動静にふれる箇所があるがそこには「松中書（蒲生忠行）死去」「井掃部（井伊直孝）・酒讃岐殿（酒井忠勝）もいまだ在宅にて候」「井上筑後（政重）は御下向路次より煩いにて、いまに出られず候、水河（水野河内守守信）もわつらひこのごろ上方より下向候、林修理は中風にて身も叶わざるに口もかなひ申さず、引きこもり、今は柳生但馬（宗矩）一人にて候、内藤（政長）左馬煩いにて死去候」「成瀬伊豆（之成）煩いにて死去候、酒井うた殿（忠世）おやこ供にいまた出られず、御前の儀は今ほどは大炊殿（土井利勝）一人にて、公儀は裁判にて候」と歴々の散々な体が語ら

れており、壮健・軒昂な宗茂自身との対比が興味深い。

三　忠茂への権限移譲

「二頭政治」

既述のように、寛永六年（一六二九）と考えられる宗茂の江戸下屋敷への移転は、「内儀」の隠居を意味するものであり、当主としての責務や権限はこれ以降、徐々にではあるが忠茂《ただしげ》に移譲されることになる。寛永三年以降、在江戸を継続する宗茂にかわって、忠茂が国元への下向と江戸参府を繰り返しており、ある種の「二頭政治」と考えてよかろう。

軍役道具定

忠茂は、すでに寛永二年二月に由布《ゆう》壱岐守惟与に「立花」の名字を与えていた。これは特例としても、八年に入ると知行充行状や名字状の発給なども行なっている。また、十年五月十一日付で家中の軍役道具定が決定した。これは家老矢島石見守《いわみのかみ》（重成）・由布美作守《みまさかのかみ》（惟次）・十時《ととき》三弥助（惟昌）充《あ》てのかたちをとり、宗茂の指示のもと作成されたとなっているが、忠茂のもとでの新たな軍役体制を意図したものとみて大過なかろう。

宗茂・忠茂、家光に拝謁

その後、寛永十一年（一六三四）三月五日、忠茂は宗茂ともども江戸城黒書院で家光に拝謁しているが、正式な家督移譲への準備とみなすことができる。忠茂もこの年の上洛に従うが、その後は宗茂と分かれて国元へ下向する。九月二十一日、日光から戻った直後の宗茂書状には「左近事もやがてまかり上るべき事に候」とあったが、その後「我ら事ここもとに居り候間、すこし遅れてもくるしからずや」と、土井利勝《どいとしかつ》との相談のうえ「その方ことは惣並にのぼり候て、しかるべき由候」とされ、年明けの参府が許されることになる。以後も参府の時日をめぐっては曲折があるが、結局は他の大名と同じく正月十五日すぎと決定する。当初、宗茂は改年早々五日すぎにも国元を発するように指示していたが、御前に詰める宗茂の指示で動く忠茂をみて近隣大名が我がちに参府を早めては混乱が生じる、との懸念から、ほかの大名並ということで落着した。

忠茂の参府

十一年十月末には、江戸城手伝普請が問題となってくる。普請場が江戸であることから、宗茂も伊豆での石の確保かれこれに指示を発し、京の富士谷にもみずから普請費用の借銀を依頼している。また、十二年二月には石の確保のため伊豆に到着した安東弥三右衛門尉親清に指示を発し、六月には丁場での細かな指示を与えているようであるが、これまでとは異なり、基本的な差配は忠茂が行なうべきであるとの姿勢を示している。

江戸城普請に備えた石材の確保

寛永十一年十一月三日付の忠茂充ての書状には、

来る二月過ぎ候はば、殊の外石高く成り候はんかと申し候、その内に買い候へば、先ず借銀また如何ほど入り候はんもしれ申さず候、過分のざうさにて候、何とも分別に及ばず候、とかく海老名平馬・佐田清兵衛尉両人の間、またその外にもふしんかた（普請方）巧者の仁一両人も、年内にても正月にても、ここもとへまかり登り、様子吟味候はでは済みかね申すべく候、ここもとにてもずい分夜白（夜昼）それのみ才覚仕り候へ共、十方（途方）無く候間、はかゆき申さず候、とかく普請かたの儀、已来《いらい》ともにその方申しつけられ候はでは成るまじく候、我ら事は隙無く、としより候て、心むつかしく、気もつまり候へば、心みしか（短）くいよいよはかゆき申さず候、万事そこもとにてよくよく相談候て、申しつけらるべく候、
（「立花家文書」）

とみえる。石材の確保に関わる借銀などについて細々とした指示を発しながら、すでに老齢に達した宗茂としては公役の遂行にも倦んでいるようにも感じられる。

忠茂室永井氏の死

ところで、忠茂の柳川発足前、寛永十一年十二月五日に室永井氏が疱瘡《ほうそう》で没する。この年は疱瘡が流行したのであるが、十二月二十九日付の細川忠利《ただとし》書状には「疱瘡仕り候衆」の一人に彼女の名があがっており、「一、立花左近殿内儀　是は死去　是は永井信州娘なり」とみえる。

忠茂の江戸到着

結局、忠茂が江戸に到着したのは十二年の二月も後半のことであり、「江戸幕府日記」の二月二十二日の条に「立花左近将監当地参勤に就き御礼、呉服

など献ず」とみえる。なお、「御入国以来御物入之覚」には寛永十二年のこととして「御新屋敷御普請御入目二千五百両、銀にして百五十七貫五百目、只今の御上屋敷なり」と記載がある。忠茂正室の急死はまことに皮肉であるが、襲封を前に江戸上屋敷の新築が行なわれたのであろう。

上屋敷の新築

さて、この寛永十二年には「武家諸法度」の改訂がなされ、大名の参勤交代《さんきんこうたい》が規定される。もとより参勤自体は恒例化していたのであるが、ここで大名は二組に分かたれ、毎年四月を機に交互に参府する定めとなった。姫路酒井家本の「江戸幕府日記」では「当年在江戸の歴々」として「立花飛驒」を墨で消して「立花左近」の名が書かれている。「御咄《おはなし》の衆《しゅう》」「相伴衆《しょうばんしゅう》」として在江戸し御前に伺候する宗茂は別格であり、立花家で参勤義務を負ったのは、すでに忠茂であったとみてよい。

由布惟貞出奔

こうしたなか、国元では重臣由布勝右衛門尉惟貞（鉄運と号す）が立花家を出奔する。宗茂と惟貞とはかねて意見の対立があったようであり、惟貞は本多俊次への転仕を願い出たこともあったようである。出奔に至る直接のきっかけは惟貞の二男で安東家を継いでいた孫兵衛尉惟尚（初名は段右衛門尉、実名は惟友とするものもあり）の給地百姓と他家の百姓とが「田畦《たのくろ》の争論」をおこして公事に及んだが、結局は「贔屓《ひいき》の沙汰」によって、安東惟尚方が敗れてしまった。これに立腹した惟貞は一門を伴って立花家を出たのである。惟貞は太宰府に留まり、天草・島原の乱には筑前黒田家の家老黒田美作一成に従って参陣する。

江戸城惣構の大修築

江戸城では、寛永十二年から二の丸拡張工事が進められていたが、十三年正月になると、惣構の大修築が開始される。西国の大名に石垣普請、東国大名には堀・堤の普請を命ずるものであり、立花家は細川忠利を組頭とし、阿波の蜂須賀《はちすか》忠英《ただひで》や三池の立花種長《たねなが》らからなる第三組に配されている。立花家の役高は、半役の「五万四千八百弐十石」で、十時《とどき》太左衛門尉惟寿《これひさ》が工事を指揮し、その下に立花三太夫・安東弥三右衛門尉親清・谷田六郎兵衛尉ら物頭《ものがしら》分と、佐田清兵衛尉成景・海老名平馬の両下奉行が付せられていた。

立花家に対しては、宗茂の名のもと役の賦課がなされたのであるが、十二年の十二月十四日付の「御普請に付き、此方御条目」は忠茂の名で発せられている。したがって、外聞はともかくとして、この際の普請は新たに忠茂を戴いた体制のもとで遂行されたとみるべきであろう。さて、普請は早くも四月初めには完成し、三日に十時惟寿以下は登城して、褒美の品々を拝領している。ほかの大名たちも、四月中には工事を終えることになるが、こうしたなか、家光は四月十三日に江戸を発って日光に向かう。江戸への帰還は二十二日のことである。

日光社参

このたびの社参は、東照大権現二十一年神忌の祭礼を執行するためであるが、すでに東照宮の改修も終わっており、その検分という意味も含んでいよう。もとより宗茂も扈《こ》従《じゅう》を許されており、出発前四月六日付の書状には「近日日光供奉の事候間、取り紛れ」と、江戸帰着後の二十六日付のものには「今度日光御社参に就き、我ら事も供奉致し、御前能くこれ有り候間、心安かるべく候」とみえている。

「子年隠居」

「江戸幕府日記」によると、忠茂は寛永十三年（一六三六）五月十四日「立花左近・織田出《い》雲守《ずものかみ》御暇、御帷子《かたびら》拝領」と、石垣普請の終了後に暇を許されている。ところで、宗茂がのちに述べるところをみると、「子年隠居仕り、はや是からは死人同前に候間」「子の年以来隠居仕り」などとあり、子年すなわち寛永十三年に隠居したとする。とすれば、忠茂に暇が与えられる五月までに何らか家督継承の実態があったと考えるべきであろう。

そこで、つぎの史料をみてみたい。

覚

一、家光将軍様御判の御書出シ　一ツ

一、太閤御朱印の柳川付の御帳　一ツ
一、飛驒様御自筆の御一ツ書　一ツ
一、筑後御改御奉行五人の御印の御帳　五ツ　但し柳川付
一、柳川付の御帳、小田部《こたべ》土佐守・十時摂津守・由布美作守書判の御帳　一ツ
一、同三人の判形のこれ無き御帳　一ツ
右物数拾ヲ
寛永十三丙子年
六月十二日
村尾田宮助（花押）
立花壱岐守（花押）
多賀梅寒
中村専丞殿

柳川立花家の正当性を示す諸文書・帳面の入記の覚である。さて、この覚には裏書きがあって、実はこちらの方が問題となる。すなわち、

什書類の移譲

右の前、寛永拾三子ノ五月廿一日、筑後柳川へ左近様御下りの砌、大殿様へ御預け成られ候、同丑ノ閏三月十二日江戸参上の砌、左近様へ御返進なられ候間、披露仕

り候へば、御両人へあい渡し申すべき旨、左近様御意に就き、同閏三月十九日に慥かにあい渡し申すなり、

丑ノ閏三月十九日　　木付帯刀（花押）

立花壱岐守（花押）

青木七兵衛尉殿

高木四郎兵衛尉殿

（「立花家文書」）

こうした文言から明らかなように、これらの諸文書・記録はすでに忠茂に移譲されたことを前提に、国元への下向にあたって宗茂に預けられたようである。また、寛永十四年閏三月の江戸参府の際、再び忠茂へ返還された。こうした経緯からみても、寛永十三年段階ではすでに立花家の重書類が忠茂の所管となっていたわけであり、「子年隠居」とはこうした実態をさすものであろう。「内儀」の隠居の過程が完了したとも言い得ようか。ちなみに忠茂は、古庄源左衛門尉茂郷《しげさと》・小田部《こたべ》右馬助鎮教《しげのり》（立花（米多比《ねたみ》）三左衛門尉鎮久《しげひさ》の次子で小田部統房《むねふさ》の養嗣子となる、官途は土佐守とも称している）・安東弥三右衛門尉親清（儒者安東省菴の実父）・十時主計助《かずえのすけ》惟利《これとし》といった者たちに「役々の赴《(趣)》き」を令達しており、おそらく彼らが奉行となって領国支配の実際を担ったものと考えられる。

四　天草・島原の乱

肥前松倉領の一揆

寛永十四年（一六三七）十月、肥前国松倉領《ひぜんのくにまつくら》で蜂起した一揆は、二十六日に島原《しまばら》城を攻撃して落城寸前まで攻めたて、その後は廃城となっていた原《はる》城を修築して、ここを本拠とした。

寺沢領天草の一揆

一方、早崎瀬戸《はやさきせと》を挟んで対岸の寺沢領肥後天草《あまくさ》においても、一揆が呼応し、島原の一揆と合流して富岡《とみおか》城（現、熊本県天草郡苓北町）を攻撃した。寺沢氏の城代を敗死させたが、こちらも落城にはいたらず、

一揆勢、原城に集結

結局、一揆勢は原城に集結する。松倉家の家老たちは豊後目付に事態を告げるとともに、佐賀・熊本などの近隣諸藩に援兵を要請するが、武家諸法度を遵守した近隣諸家からは援兵の派遣はなかった。

柳川立花家の対応

柳川立花家でも、早速使いを出して情報の収集にあたり、小野和泉守正俊《まさとし》・十時《ととき》太左衛門尉惟寿《これひさ》・山田勝兵衛尉親良《ちかよし》・十時三弥助惟昌《これまさ》ら家老中が派兵を含めた対応のあり方を佐賀藩などに打診しているが、ほどなく「御下知無き以前に取り懸かり候事、必ず無用に候」との命令が発せられている。

幕府の措置

一方、十一月九日、豊後目付からの報告をうけた幕府は上使として板倉内膳正《ないぜんのしよう》重《しげ》

昌《まさ》・石谷《いしがや》十蔵貞清《さだきよ》の派遣を決定し、島原の領主松倉勝家と豊後府内の日根野吉明《ひねのよしあきら》を帰国させ、鍋島・寺沢両家の加勢を命じた。ついで、豊前・豊後の譜代大名らを帰国させ、さらに細川・黒田・鍋島・有馬といった九州大名については「或いは子息、或いは舎弟」が「その領分へ遣わされ、仕置き申し付くべ」きことになった。立花家でも忠茂《ただしげ》が国元に下向するが、これはそれぞれの領国に一揆が波及しないように措置を講ずるためである。

立花勢、原城を囲む

さて、板倉重昌・石谷貞清らは十二月五日に島原城に入り、さらに原城を囲む。そののち領内仕置《しおき》にあたるはずであった忠茂も上使の許可をえて、十日には原城の包囲に加わっている。のちに十時三弥助は「その時までは諸大名のうち、別に誰も島原へお越し無く候事」と述べており、近隣諸家のなかでは戦陣への一番乗りであった。

ところで、従来、立花家の軍団編成は馬廻りのほか、五つの大組と二つの与力組からなっていたが、ここにきて組編成は変更され、与力組は解消、大組は六つとなっている。おそらく寛永十一年（一六三四）の家中軍役改訂後の措置であろう。当時の大組頭は矢島主《もん》水《ど》正重知《しげとも》・立花壱岐守惟与・十時三弥助惟昌・小野和泉守正俊・立花三左衛門尉鎮実《しげざね》・十時太左衛門尉惟寿である。忠茂の下には、これら六組がすべて配されており、また方々からの牢人が多数これに加わっている。

「有馬一揆旧記」（「安東家史料」）などの記録では「侍中」が四二二人、「足軽以下」が四七九人のほか「御家中者」三六五五人で、都合四五五六人とあるが、他家の見聞では総勢「六、七千」とも「四千八百六十」「二千」とも伝えられ、かなりの幅がある。牢人衆や徴発された陣夫の割合も高く、数字がばらついているのであろう。しかしながら、立花家としてはすでに主力を投入していたと考えてよい。

「立花立斎自筆島原戦之覚書」

なお、『改訂　史籍集覧』にも収める「立花立斎自筆島原戦之覚書」は十二月十日に起筆していることから明らかなように、「立斎《りっさい》」とあるものの、宗茂ではなく忠茂の記録である。さて、忠茂着陣の日に攻城軍は攻撃をかけるが反撃される。この戦いでは立花勢も「大手城門に向かいて」陣取ったが、後方にあったようで目立った被害もなかったようである。ついで十八日に「浜の手」への陣替を命ぜられ、その日の夜から「城涯近」くに仕寄を行なっている（日吉神社文書）。原城北部の海岸線に接した地域であろう。もとより城方の攻撃も厳しく、死傷者を出しながらの仕寄となった。

立花勢、原城三の丸攻撃

ついで二十日には、立花勢が主力となり「浜の手」から三の丸を攻める。立花壱岐守惟与組、十時太左衛門尉惟寿組の順に攻めかかるが、城方の反撃が厳しくこの日の戦いでは甚大な被害を蒙って攻略に失敗する。立花勢の死傷者は四五〇名以上に及び、うち戦死者は五四名。死者のなかには、大組頭立花鎮実のほか、佐田清兵衛尉成景《なりかげ》らがおり、立花惟与・十時惟寿らもみずから負傷するという有様であった。この日の状況を聞いた

十時雪斎（連貞）の従軍

宗茂は、江戸から島原の十時《とと》雪斎《きせっさい》（連貞《つらさだ》）に充てて書状を発している。当初、宗茂は雪斎の従軍を知らなかったようである。雪斎は宗茂より年長であり、この時八十歳を越しているはずであるが、もはや数少ない実戦の経験者であり、初陣の忠茂を慮っての従軍である。

宗茂の心配

宗茂は雪斎の配慮に感謝するとともに、二十日の戦いを労《ねぎら》っているが、袖書には、

　ここもとよりの気遣い、中々夜もねられ（寝）申さず候、我らはやよき年にて候、かわり申し度と心中計りに候、左近無事に名をあげ候やうにとねがひ申し候、はやここもとにて事の外ほめ申し候、この度は左近一人別に人はなきやうに、皆々仰せられ候て、満足申し候、別して大せつに存じ、きつかい計りに候、（「鎮国守国神社文書」）

と子を思う率直な気持ちを書いている。

板倉重昌のあせり

　こうしたなか、寄せ手の体制が充分調うまで攻撃を延期することに決するが、十二月晦日、急遽元日早旦の総攻撃が決定する。新たに上使として派遣された松平信綱、戸田氏鉄《うじかね》ら近日到着の報に、板倉重昌が功を焦ったものといわれている。ちなみに、忠茂は

島原御陣図（全体図・『伝習館文庫』「柳河藩政史料」柳川古文書館写真提供）

『伝習館文庫』「柳河藩政史料」に伝世した図である．描写内容から元禄期に作成されたものと推定される．作成主体・作成契機などの詳細は不明だが，いうまでもなく天草・島原の乱を描いたものである．構図は島原半島南部原城を中心にするが，南方には天草の富岡城を，東方には湯島を配し，その両者を結ぶ海域に「阿蘭陀船」「奉書船」などを描く．とりわけ湯島は一揆側の島原勢と天草勢が談合をもったところとして知られるが，乱を描いた図に登場することは稀である．

この図には諸大名が原城包囲の体制に入った寛永15年の2月上旬頃の様子から，総攻撃の具体的な戦闘過程，さらにはさらし首に象徴されるように落城後の状況までもが描かれている．包囲軍は「北」から「西」にかけて細川，立花，有馬，鍋島，寺沢，黒田勢の順に描かれている．

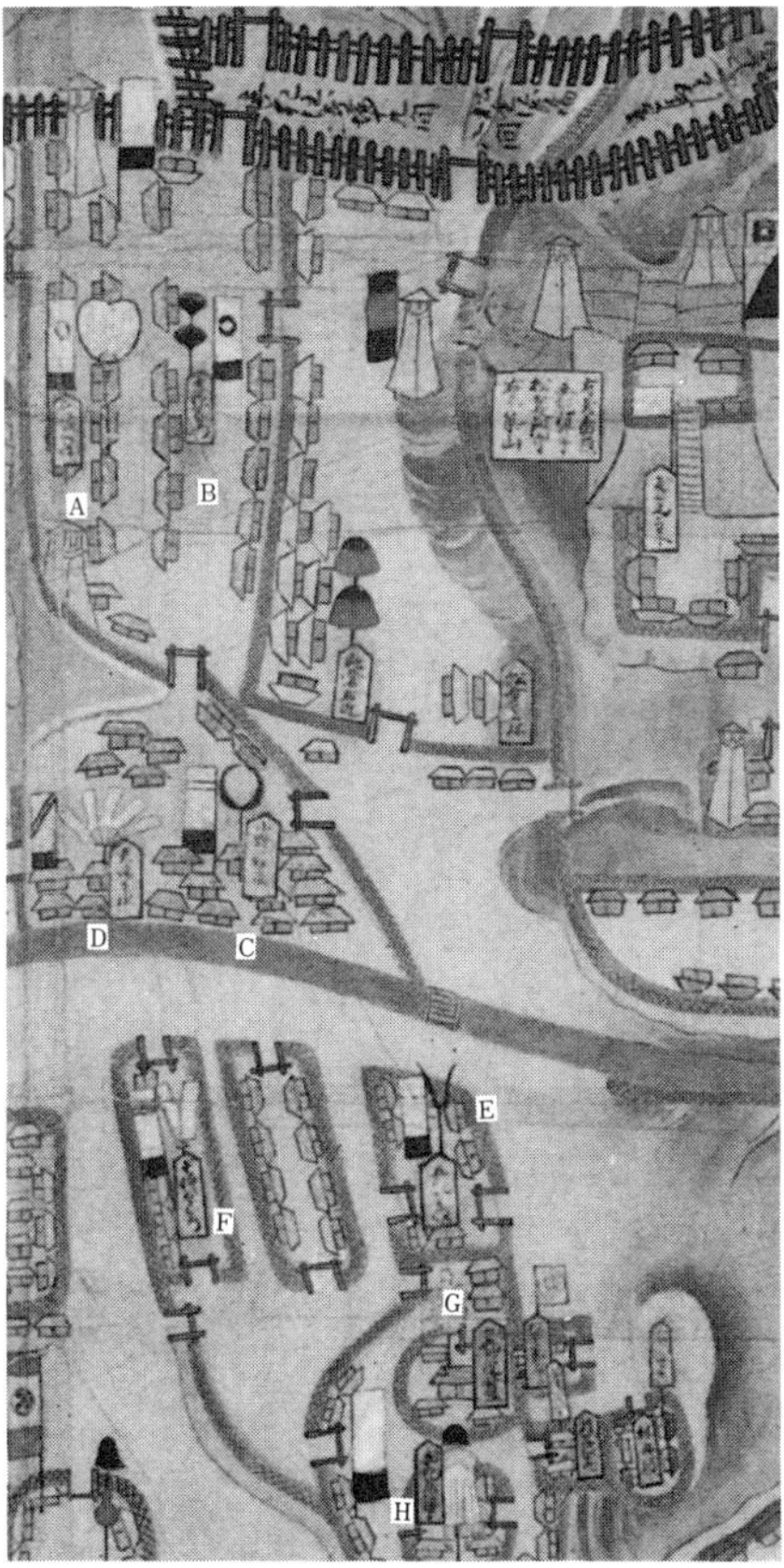

島原御陣図
（立花勢部分）

立花勢は細川勢ともども三の丸を睨むかたちである。立花勢陣立て様子は先頭に十時三弥助惟昌組(A)・立花（本姓米多比）三左衛門尉鎮実組(B)、中盤に小野和泉守正俊組(C)・矢島主水正重知組(D)、ついで立花（本姓由布）壱岐守惟与組(E)、十時太左衛門尉惟寿組(F)を配し、そのあとに立花忠茂(G)、宗茂の本陣(H)がつづく。諸大名、組頭クラスの馬印が細かく描かれており、その脇には諸勢の軍旗も記されている。立花勢の場合も宗茂・忠茂のものはもとより、六人の組頭（大組頭とも称し、平時は家老を勤める）の馬印も明らかとなる。また軍旗は白地裾黒に統一されているようだが、「諸将旗旌図」によれば宗茂の軍旗が「白地裾黒に黒の杏葉」と見えており、馬印の脇に見える軍旗はこれを略記したもののようである。

十二月二十七日付で山田勝兵衛尉親良・古庄源左衛門尉茂郷に充てて書状を発している。充所の両名は留守居と考えられ、上使は肥前寺井津《てらい》（現、佐賀県佐賀郡諸富町）から船を出す予定であるが、船の用意などを怠らないように、との指示である。信綱は十二月晦日付で「立花飛驒守　御内衆」に対し、来月二日の晩には寺井に到着する旨、あわせて領内船の寺井への回航について協力を依頼する文書を発している。まさに、信綱らの到着は時間の問題であった。

元日の総攻撃

正月朔日の総攻撃でも立花勢は「浜の手大手口」の備えを受け持つ。この日の戦いで、未明から塀際へ押し寄せた松倉勢・久留米有馬勢は大打撃をうけ、板倉重昌はみずから戦死、石谷貞清も負傷するという大敗北を喫する。立花勢は「御攻め口強く候や、浜手その日は敵出申さず」「内膳殿討死、十蔵殿手負われ候所は山を一つ隔て、その上松倉長門守仕寄を隔て候てまかり在り候」ということもあって、目立った被害はうけなかったようである。

江戸の宗茂は、家光の御前に伺候し戦況などを談じているようであるが、忠茂のことや立花勢のことが気になって「夜もね《(寝)》られ申さざる」日々が続いている。ところが、この宗茂のもどかしさに応えるかのごとく、元日の大敗北の報に接した家光は正月十二日、

宗茂らへの出陣命令

九州の諸大名に対し、みずから帰国して一揆討伐にあたるように命じた。「江戸幕府日記」寛永十五年（一六三八）正月十二日条には、

細川越中守・鍋島信濃守・有馬玄番（蕃）頭・立花飛驒守彼の表へ差し遣わさる、右四人の面々縦《たとえ》日数を経ると雖《いえど》も悪党誅伐せしむべきの旨、厳密に仰せ出さる、

とある。

立花勢の陣替え

朔日の総攻撃の後、立花勢は松倉家の仕寄場の加勢を命ぜられていたが、四日に松平信綱・戸田氏銕が着陣。同日、細川光尚《みつなお》の軍勢も到着すると、立花勢は「浜手の仕寄場」を細川勢に譲り、松倉勢と有馬勢の間に移動する。忠茂に与えられたのは、一揆勢の攻撃をうけて被害の大きかった場所であり、柵を設けた後には築山の構築を余儀なくされた。忠茂は覚書のなかで、「拙者ども下地により、山を築き立て申し候故、殊の外ひま入り申し候」と難工事を述懐している。

こののち、城壁へ接近するための仕寄道を造っていくことになるが、こちらも困難を極めた。忠茂はやはり覚書のなかで、

拙者儀は旧冬より仕置き候仕寄を細川殿にあい渡し、新しき所を受け取り、殊に田渡広く深田にて御座候故、伊豆殿へ御断り申し、ようやくその竹たばにて矢防ぎを

かこひ《（囲）》、道を作り申し候、

と、不満めかした筆致で綴っている。深田には竹の簀《す》の子を沈めて道を造ったといわれ、仕寄の先には井楼二基も上げられた。

宗茂着陣

立花宗茂の着陣は、二月六日の「晩暮れ合い」のことである。宗茂に従ってきたのは「江戸御下屋敷衆」と称される側近を中核とし、忠茂のやや後方に陣を構える。宗茂にとっても大坂の陣以来の戦陣である。さて、二月半ばには諸手の仕寄も二の丸・三の丸城壁から三・四間（六、七メートルほど）の距離にまで達する。包囲された一揆勢は二月二十一日夜半に城から夜討ちに出、立花陣も襲われるが撃退している。仕寄も完成し、一揆勢の抵抗も限界に達したと判断した信綱は二月二十三日の総攻撃を決定する。

原城総攻撃

立花勢・細川勢には、三の丸攻めが命ぜられた。そのほか鍋島勢が二の丸の出丸を、黒田勢が天草丸を攻め、それらを攻略した後、二の丸と本丸を包囲して封鎖するというのが作戦の内容である。攻撃はいったん二十六日に延期され、さらに悪天候によって二十八日に延ばされる。ところが二十七日の朝、鍋島勢とその軍目付長崎奉行榊原職直《さかきばらもとなお》の軍とが二の丸で一揆勢との間に戦端を開いたため、予定は変更されて信綱は全軍に戦闘開始を告げた。立花勢も細川勢ともども三の丸へ乗り込むが、すでに一揆勢はそこを引いており、そのまま二の丸方面へ向かった。激戦のなか、立花勢は二の丸から本丸を「東の角、海の手の方」から攻め上った。

原城落城

　細川勢ともども立花勢も本丸へ入ったが、日没にともなって柵を巡らし、終夜、鉄炮による攻撃を続けた。翌二十八日には諸勢が本丸に突入、午前中に原城は落ちた。二十七、二十八両日の戦闘における立花勢の被害については、いくつかの記録で若干のずれがあるものの、最も信憑性の高いものは死者一二八人、負傷者三七九人としている。

宗茂、柳川へ帰城

　忠茂は三月三日、宗茂は翌四日に柳川城へ帰陣している。宗茂は赤間が関の伊藤杢允興矩・五兵衛尉貞矩《ごへいのじょうさだのり》に「有馬原の城、去る二十七、八両日に落去あい済み候、それに付いて、昨四日ここもとへまかり帰り候、追っつけ江戸へまかりこすべく候」と書き送っており、宗茂としては十数年ぶりの柳川であったが、ほどなく江戸へ戻る意向を伝えている。家光の御前に乱鎮圧の経緯をすみやかに報告せねばということであろう。落城後、すみやかに江戸へ参府伺いの書状を発していることが、三月二十二日付の藤堂高次《たかつぐ》書状にみえる。

　この後、四月四日に小倉で上使太田備中守資宗《びっちゅうのかみすけむね》が諸将に家光のねぎらいの言葉を伝え、松倉勝家《かついえ》の改易と寺沢堅高《かたたか》から天草を没収するなど、戦後処理についての通達を行なっている。宗茂も忠茂ともども小倉《こくら》にあったが、上使衆の申し渡しを聞いた後、そのまま江戸へ戻ったものと考えられる。

宗茂、家光に拝謁

その後は五月十三日の在江戸が確認される。「江戸幕府日記」の同日条によれば「立花飛驒守御目見え、道服五進上、則ち御前へ召して、暫《しばら》く御密話有り、退出云々」とある。この日が江戸へ戻って最初の登城であることは、五月十四日の立花壱岐守惟与充ての田中主殿頭《とのものかみ》吉官《よしすけ》書状に「飛州様御仕合わせよく御目見え、昨十三日になされ候ところに、御ねんごろの御事にて候、心安かるべく候」などと述べられていることから確実である。また、やはり宗茂の登城に言及した五月十三日付牟礼《むれい》万五郎書状（矢島主水充て）には、

　はたまたこのたびの左近様御働きの段、おのおのの儀、ここもと比類なしとの御取りざたにて御座候間、拙者式まで大慶に存じ奉り候、飛驒様御仕合わせ能く、今日御目見《おめみ》えなされ候由、承り及び候、拙者式までめでたく存じ奉り候、

（「鎮国守国神社文書」）

家光との「御密話」

とみえており、父子ともども面目をほどこした様子が窺える。こうしたことから、「江戸幕府日記」にみえる「御密話」は乱に関連するものと判断されるが、文字どおりの「御密話」であって、その内容は詳かではない。

第十一　晩　年

一　隠居「立斎」

家光を下屋敷に迎える

寛永十五年（一六三八）九月五日、宗茂はみずからの下屋敷に家光《いえみつ》を迎える。これまで尾張家や紀伊家をはじめほかの大名屋敷への御成《おなり》に幾度となく従った宗茂であったが、家光を迎えるのは、これがはじめてのことである。この年八月九日、品川での茶席に同行した宗茂は、家光から下屋敷の池庭などについて下問を受けたようである。家光はたびたび見聞の意向を告げたが、宗茂はその場で御成を請けることはしなかった。

ところが九月三日、酒井忠勝《さかいただかつ》下屋敷へ扈従《こじゆう》した宗茂は、家光からにわかに明後日の御成を申し渡される。その日の夜屋敷に戻った宗茂は、「灯にてさう地（掃除）以下、四日の夜をかけ仕廻い、とまぶき（苫葺）に御座の間をでかし申し候」と慌てふためいて、将軍を迎える準備を行なった。当日には料理用の「御鉄炮の鳫三《がんさん》」が届けられる。

いつかたへも御はかま《(袴)》めし候、我ら所へははかま《(袴)》もめし候はで、いかにも御心安く、

とくつろいだ風情で訪れた家光は池に舟遊びをして網を打ち、月を愛で歌を詠み、御座の間などでも花を遊ぶという具合で、「ゆるゆる」と過ごして、夜に入って還御《かんぎょ》する。

「粟田口則国」の拝領

この日、宗茂は家光が差していた「粟田口則国《あわたぐちのりくに》」の脇差《わきざし》を拝領する。家光の様子は「いずかたにても是ほどの御機嫌は御座無く」と取りざたされるほどの上機嫌であり、宗茂自身も「我らも方々供奉《ぐぶ》候て、見申し候に、今度の御機嫌のやうなる事みたることこれなく候」とその喜びを語っている。

隠居を許される

さらに、この年十月二十日、家光の酒井忠勝邸への御成に従った宗茂は親しく隠居を許されることとなる。十一月十九日付で光尚《みつなお》に充てた細川忠利《ただとし》書状によると、

十月廿日、酒讃岐殿へ成らせられ、御相伴に立飛州も召し加えらる、御機嫌能く直ちに飛州へ　上意の通、夫れに就き、法体《ほったい》仕られ、立斎に御成り、いみな《(諱)》は宗茂と申す由、飛州御仕合わせ珍重に存じ候、

（『大日本近世史料　細川家史料』）

とある。同じく細川忠利は矢島石見守重成《いわみのかみしげなり》に充てて、十一月十八日、

飛騨守殿の儀、色々御懇ろの上意にて御隠居、その上御法体にて、御側に御心易く御奉公なられ候様にと仰せ出され候由承り、加様の目出度《めでた》き儀これなく候、各御満

足たるべしと察し申し候、　　　　　（「富安護義文書」）

と書き送っている。

ところで『寛政重修諸家譜』《かんせいちょうしゅうしょかふ》は、宗茂の致仕と忠茂《ただしげ》の襲封を寛永十四年（一六三七）四月三日とするが、『大猷院殿御実紀』《だいゆういんでんごじっき》（『徳川実紀』）では、宗茂の致仕を寛永十六年の四月三日とする。天草《あまくさ》・島原《しまばら》の乱における軍令は「立花飛驒守」に対して出され、家来も「立花飛驒守家中」として動いている。したがって、乱以前の段階で正式に襲封が行なわれたとは考えられず、前者は後年の混乱によって生じた誤伝であろう。おそらく後者の年紀を誤ったものではなかろうか。

『徳川実紀』説の検討

一方の寛永十六年四月三日説であるが、こちらは「江戸幕府日記」の同日条にある「立花左近太刀目録を以て御礼、是去る頃立斎法体の儀仰せ付けられ、茲に因り家督相続の儀、息左近儀に仰せ付けられ、御礼申し上ぐる」という記事に由来するものであろう。しかしながら、記事のなかに「去る頃」とあることから、襲封をこの時と考える必要はない。先にもふれた十一月十九日付細川忠利《ただとし》書状のなかには、「左近殿は当暮れにも御下り有るべきかと立斎へ御尋ね候へば、来年三月御下りあるべき様に御物語りの由」とみえており、忠茂は天草・島原の乱鎮圧ののちも在国を続けていた。これが十六年の春に参府を果たし、四月三日にいたって襲封の礼を述べたのである。
　これに先だって、宗茂は老中に忠茂《ただしげ》参府については「御法度のごとくしかるべき」との内意を得ていたが、二月朔日、酒井忠勝邸への御成に相伴した宗茂は、忠茂がすみやかに参府して下屋敷御成・隠居法体の御礼言上をなすべきか否か、家光自身に伺いを立てている。これに対して、宗茂が側に詰めている以上その必要はなく、かえって定められた参勤の時期を守るべきとの親しい回答を得ていた。したがって、忠茂については在国のまま、家督継承が認められたとみてよい。

「立斎」と号す

　すなわち、『寛政重修諸家譜』『大猷院殿御実紀』（『徳川実紀』）双方の説ともに問題があり、宗茂の正式な隠居は、寛永十五年（一六三八）十月二十日と考えなければならない。さらに「江戸幕府日記」十一月朔日条には「御黒書院《くろしょいん》御着座、立花立斎太刀目録を以て御礼、是法体以後初めてなり」とみえ、この間に法体となったことがわかる。なお、「立斎」という号は、宗茂が立花左近将監《さこんのしょうげん》を名乗っていたころに「立左」と呼ばれていたことによるともいわれている。その読みについて、地元の故老はこれを「じっせい」と読んでおり、あるいは「りゅうさい」ではなく「りっさい」と発音するのではなかろうか。また、先に引いた細川忠利書状にもあったように、実名であった「宗茂」もそのま

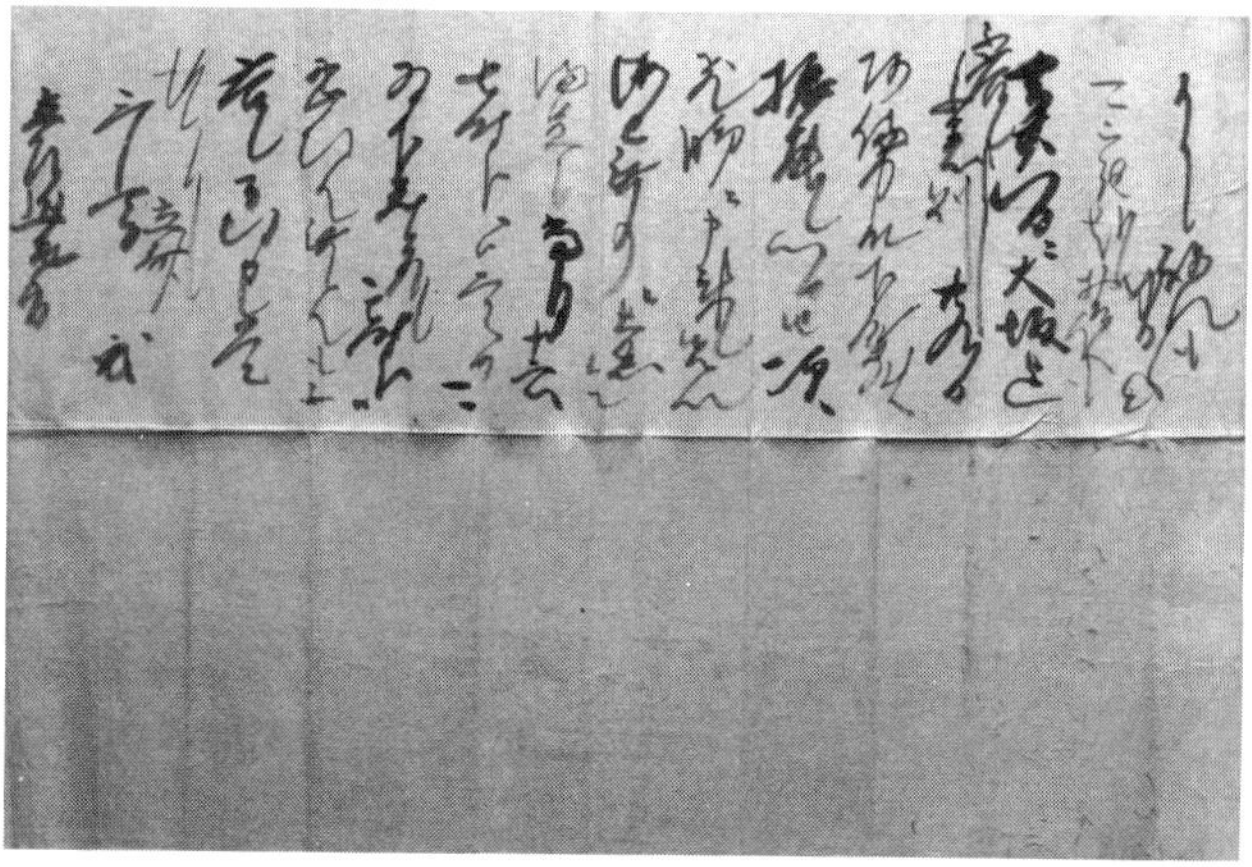

「立斎」書状・折紙（「立花家文書」）

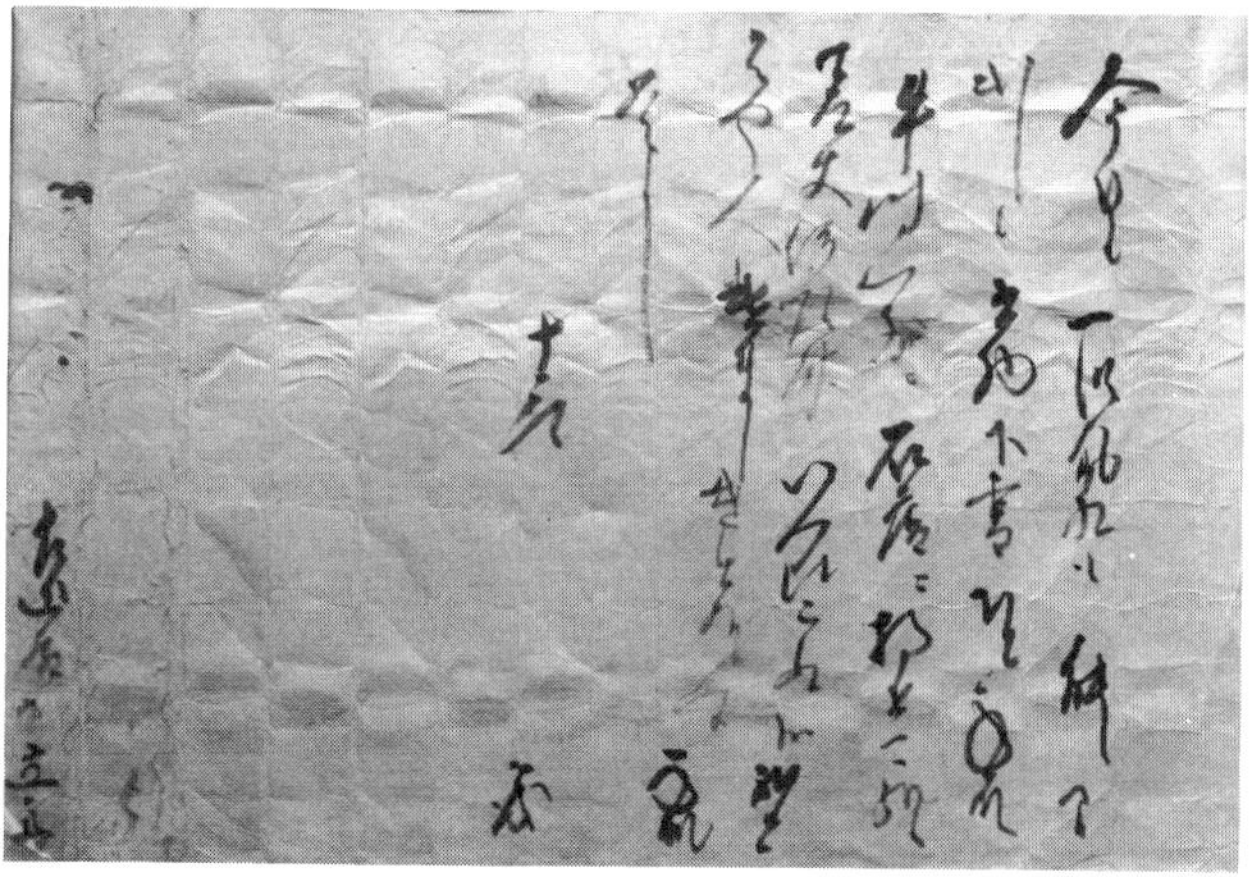

「立斎」書状・竪紙（「立花家文書」）

ま諱《いみな》として用いられ、没後には法名となる。こちらは音《おん》で「そうも」と読んだのであろう。以後「立斎」と署名のある文書にも「宗茂」の草名体とみられる花押が据えられるのはこうした事情による。

家光から頭巾の拝領

こうして宗茂は内儀の「隠居」から、正式な隠居となったのであるが、矢島充ての十一月十八日の忠利書状にもみえるように、従前どおり家光御前への伺候を許された。たとえば「江戸幕府日記」によれば十一月六日の堀田正盛《まさもり》邸への御成にも従っており、先にもふれた十六年二月朔日の酒井忠勝邸御成の際には、「さむく候とて」家光から頭巾《ずきん》を拝領し、御前で着すことを許されている。貴人の前でのかぶり物であり、「今まで これ無き事と御さたにて」とあるとおり、これはきわめて例外的な厚遇であるが、家光がいかに宗茂を身近に感じていたかを窺いうるエピソードであろう。江戸到着間近の忠茂に与えた三月十六日付書状でも、

宗茂の遊山

遊山のため、板橋《いたばし》辺りまで参るべしと、内々存じ候つれども、このごろ御直に、二の丸に新しき御茶や出来候間、御□□次第に召し□さるべく候間、御供候て何かたへも出候はで、まち居り申し候、

（「立花家文書」）

とあり、急なお召しにも応じられるよう、みずからの外出を控えるような状態であった。

再び家光を下屋敷に迎える

さらに七月にも再び下屋敷に家光を迎えている。「江戸幕府日記」七月十八日条には「午刻立斎下屋敷へ御成、薄暮に及び還御」とみえている。この日の様子については細川忠利が光尚《みつなお》に、

公方様弥《いよいよ》御機嫌能く御座なられ、方々御成にて候、去る(七月)十八日立花立斎へ俄に成らせられ、御機嫌能く終日御慰め成られ候、立左近殿もこのごろ癧《はれもの》御煩《わずら》い候、御成の日はかろく候て、勝手へ詰められ候へば、召し出され、御懇ろなる上意ともにて候、延寿御腰物拝領申され候、立斎も吉平の御腰物進上申され候、父子共に残るところなき仕合わせにて候、

（『大日本近世史料　細川家史料』）

と書き送っている。さらにその後は「二の丸御池の白鳥一番拝領仕り、池に入れ申し候」と富士谷に告げている。

異国船来航時の対応

また、八月九日には忠利・黒田忠之・有馬豊氏《ありまとようじ》・鍋島勝茂《なべしまかつしげ》らとともに、江戸城大廊下において「上意の趣」を申し渡されている。具体的には、異国船来航時の措置について、江戸・長崎への注進と有事の際には、島原藩主高力忠房《こうりきただふさ》と相談するようにとの命であったが、立花家では忠茂在府中にもかかわらず、宗茂が登城している。さらに、九月十三日には品川東海寺《とうかいじ》への御成に従うが、ここでは家光から杖を拝領しており、あわせて江

杖の拝領

戸城内で用いることを許されたという。十一月十四日には家光から「御茶」に招かれているが、この時は長年の友人である細川忠興《ただおき》とともに登城している。

宗茂所労

このように隠居法体となったのちも、しばしば家光の御前に伺候していた宗茂であったが、さすがに老齢は如何ともしがたく、この年十二月二十一日の「江戸幕府日記」には「立花左近登営、飛驒守所労に就き上使として朽木民部少輔《くつきみんぶのしょう》遣さるる御礼なり」といった記事をみるにいたる。これに先だって家光から見舞いの上使《じょうし》を遣わされたのである。

忠茂、在府期間の延長を願う

翌十七年は忠茂国元下向の年にあたるが、「江戸幕府日記」の五月十五条には、

森内記《ないき》・立花左近将監、このたび御暇たると雖《いえど》も、訴訟の儀これ有るにつき、御聴に達す、茲に依り上意の旨は重ねて仰せ出さるべきの由、宿老の面々申し渡さる、

とあり、森内記ともども在府の延長を願い出ている。この年はその後の在府が確認されるため、忠茂の願いは受理されたのであろう。おそらくは宗茂の様態に関わっての対応ではなかろうか。さらに十八年正月、忠茂は従四位下《じゅしいのげ》に叙せられるが（口宣案《くぜんあん》の日付は寛永十七年十二月二十九日）、六月には在府の再延長を願い出ることになる。やはり「江戸幕府日記」の寛永十八年六月二十日条に、

立花左近将監、今日御暇下され候処、父立斎老体たるにより、当地にあい詰めこれ

在りたき由、訴訟に付き、心次第に任さるべき旨、仰せ出さる、

とある。七月六日付のもので「今度左近帰国これ有るべきを、延引の儀、我ら病気然らず候故かと、心元なく存ぜられ」とあることから、この年のものかと考えられる富士谷《ふじや》紹味《しょうみ》充ての書状があるが、これには、

忠茂の在府再延長

我ら事永々あい煩《わずら》い候故、湯治《とうじ》の御暇申し上げ参り候へども、湯本心に任せず、鎌倉辺りにこれ有り、灸など仕り、いかにも心閑かに養生候て、五月廿二日まかり帰る処、暑天故に候や、途中にて霍乱《かくらん》仕出、散々にて帰着候、

とある。当初は忠茂の暇《いとま》に間に合うよう、五月下旬には江戸へ戻る予定が、急な病によって帰還が七月までずれ込んでしまった。これが忠茂の急な在府延長願いにつながったとみたい。すなわち、同じ書状で宗茂は、

左近事は我ら鎌倉に居り候間に、内々今少し我ら気相見合わせ度と申し上げ、尤もに思し召さるる由、忝《かたじけ》なき御諚《ごじょう》にて、先ず逗留候、はやよく候間、我ら手前より御暇も申し上げたく候、左候へども、いまや御目見えにもまかり出ず候間、近日まかり出候はば、その上にてまかり上るべく候、（「富士谷文書」）

とも述べている。結果的に、忠茂の在府は寛永十九年（一六四二）五月までに及ぶこととな

るが、宗茂は「すきとはこれ無き」状態が続き、なかなか本復にはいたらなかったのであろう。ところで、老齢の宗茂にとって鎌倉あたりは恰好の保養地であったようで、年未詳九月十一日付の忠茂充ての書状にも、

鎌倉での保養

先ず以てゆる〳〵と方々仕り、心やうしやう（養生）仕り候様にと、何も仰せられ候由、満足申し候、しかしながら、内々湯治の御暇申し上げ候へ共、湯所方々承り合い候へ共、今までは存分にこれ無く候、老足の事候、これまで参り候道中にても病中故、草臥《くたび》れ申し候、ゆはくたびれ候ものにて候由、申し候、余り相当有りかたきと、いしやとも申し候、金沢・鎌倉、この辺り少づつ、段々気のよき時に出候へば、事の外気もはれ申すべく候間、先ず先ずかまくら（鎌倉）に出、次第にまかり居り、心次第に仕り度きと存じ候、

とある。先に引いた七月六日付書状の内容から、この書状を寛永十八年（一六四一）に比定することは困難であろう。したがって、十六年ないし十七年のものと考えられる。

こうしてみてくると、隠居・法体の後もしばらくは御前へ伺候し、また鎌倉あたりへの保養にも出かけていたが、十七年くらいからは徐々に体調もすぐれなくなってきたようである。

二　宗茂の死

宗茂の持病

壮年期の宗茂書状には「咳気」「腫物」という具合に、みずからの「煩い」にふれたものがないわけではない。「路次霍乱」や「少し腹中気に候間」などという表現も文書にまま登場している。しかしながら、総じて壮健であったように感じられる。ところが、先にも述べたように、晩年の「立斎」と署名のある文書には病症に言及した内容が目立って多くなる。たとえば寛永十七年（一六四〇）と考えられる五月十二日付の書状には、

　我ら気相もよく候、併少しの物も食物あたり申し候、はらにかたまり候しやく、たんにて候間、薬も時々のめいしを以て計りにて候、灸ならではすきすきとこれ在り難く候、（「立花家文書」）

とあり、また竪紙《たてがみ》・結封《むすびふう》で「八日」とだけあって月が示されていないことから、江戸上屋敷の忠茂《ただしげ》に充てたと考えられるものに、「しかしながら持病は少し能く候へども、一昨日より風を引き」とみえ、同じく「廿一日」とだけある、やはり忠茂充て書状にも、

　稲濃州（稲葉正則）御見廻い（見舞）有るべき由、忝なく存じ候、併我ら事は病者の事に候、いつと申し

候ても定まらず候、(中略)今ほど灸を仕り候、又来二日には灸を仕るべく候と存じ候(中略)丹波殿以来別して申し承り候、我らも内々は切々申し通いたきと存じ候へ共、極老殊更痛み、又世外の体に候へば、何方へも無音ばかり候故、その儀無く候、

などとみえている。また、「玄治法印薬を懈怠《けたい》無く服用候」とも述べており、このころは「持病」を灸や医師玄治法印の薬などによって療治する日々が続いていたようである。

岡本玄治

「玄治」とは岡本諸品《おかもとしょひん》のことである。玄治は京の人で、元和《げんな》四年(一六一八)に法眼《ほうげん》に叙せられ、同九年には秀忠に招かれて幕府の医官となり、寛永五年に法印に進んで啓迪院《けいてきいん》と号した。この間しばしば秀忠や家光の病を平癒させており、当代一流の医者として知られる。

さて、このころの宗茂は「持病」さえ治まっていれば「夜前に下馬候所、久々にありき候故、少しいたみ腰ゐたかなどいたみ候へ共、今日はすきすきと能く候」といった具合に比較的穏やかに過ごさせたようでもある。もとより病状が悪ければ、書状などを認《したた》める余裕もないわけで、さすがに法体となってからの宗茂は「持病」に苦しめられて体軀と精神の衰えが著しかったとみてよかろう。

宗茂心身の衰え

「江戸幕府日記」をみると、寛永十七年だけでも、二月十一日条に、「松平肥前守へ上使として久世《くぜ》大和守、立花立斎へ仙石《せんごく》大和守を以て御菓子遣わされ、右両人病気御心元

無く、思し召さるるに依ってなり」、六月二十六日条に「立斎所労に就き、堀三右衛門尉差し遣わされ、御礼として息左近将監登営」とあり、また十二月十八日条には「巳后《みのご》刻《こく》千寿筋御鷹野　出御、その節立斎へ上使として斉藤摂津守を遣わさる、是寒気の時分所労御心元無思し召しの旨也」とみえ、再三にわたって家光の上使から見舞いをうけている。

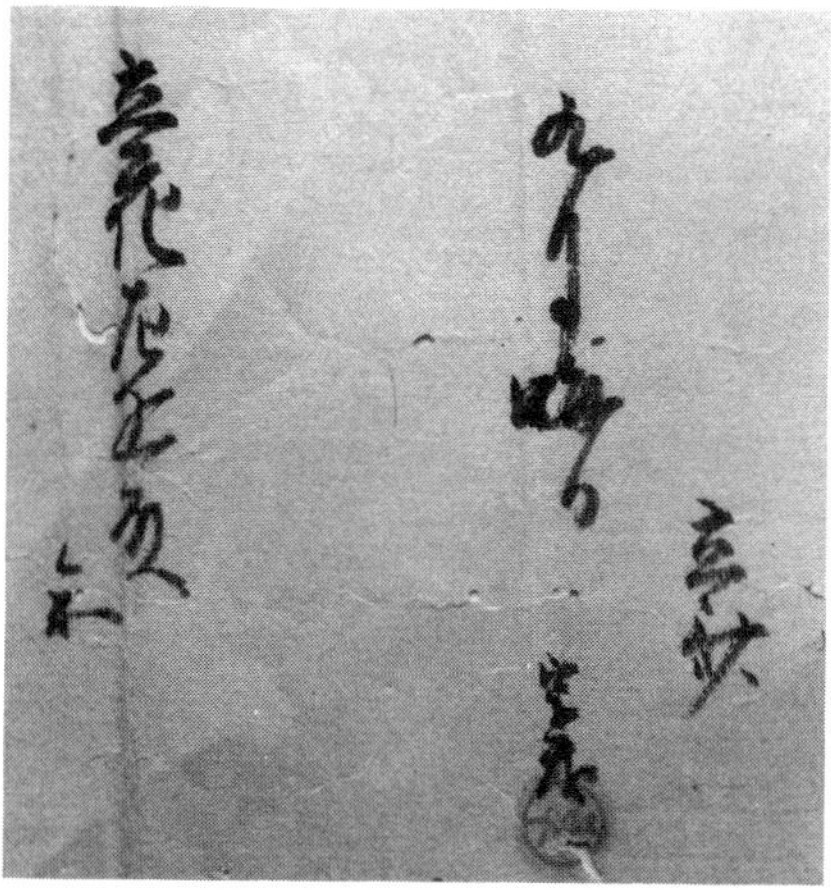
宗茂の「fida」印判（「立花家文書」）

また十八年ごろには平行して眼病も悪化したようである。重陽《ちょうよう》の呉服に関連して八月二十一日付で富士谷紹味《ふじやしょうみ》に充てた書状には花押ではなく「ｆｉｄａ」というローマ字印文の印判が用いられており、「尚々眼あしく、印判を用い候」と断っている。確認される限りのローマ字印はこのほかに三月・四月・九月・閏九月・十一月・十二月のものが残っており、十八年の八月ごろから翌十九年の十一月にかけて断続的に用いられたとみてよかろう。こうしたことから、十八年八月ごろに眼病が悪化したと考えられる。

忠茂、柳川へ下る

宗茂の罹病

　こうしたなか、二度にわたって下国を延ばしていた忠茂が、寛永十九年五月朔日に暇を下され国元に下向する。ところが、近臣木付帯刀の「万日記《よろずにっき》」には、六月二十五日の亥刻に「大殿様少し御吐き遊ばさる」とあり、二十六日、二十九日にも嘔吐《おうと》が続いた。以降、小康を得ることもあるが、かつてこの日記を紹介された岡茂政氏は「病状から察すると胃癌のようにおもわれる」と述べている。

知音らの見舞い

家光見舞いの品々

　しばらくは帯刀の記録に従って事態を追っておこう。七月朔日には玄冶法印が診察に訪れるが、これ以降は酒井讃岐守忠勝・永井信濃守尚政《なおまさ》・戸田左門氏鉄《うじかね》・菅沼織部正《すがぬまおりべのしょう》定芳《さだよし》らの知音《ちいん》や、姻戚の本多下総守俊次《としつぐ》の家族らが頻繁に宗茂を見舞っている。八月七日には家光から「御鷹《おんたか》の雲雀《ひばり》」を拝領するが、十二日にはまた「御吐逆少し出申し候」と病状が悪化、二十九日にも吐逆するが、この日は行水の折、足に浮腫があることが見つかった。この浮腫は数日でなくなり、その後は「少し眩暈《めまい》あり」といった記事も見受けられるが、九月に入ると症状も安定するようである。四日には上使川勝《かわかつ》信濃守広綱《ひろつな》が訪れ、家光から「蒲団一籠」が下されている。しかしながらすでに回復の見込みはなか

ったようである。すでに八月十二日付で東海寺沢庵《たくあん》が小出吉英《こいでよしひさ》に充てた書状のなかに、

　立花立斎大老の事、(中略)殊の外の煩いにて候、本復は成り難き由に候、骨と皮の
　由、玄冶申され候、
（『澤菴和尚書簡集』）

とみえている。九月二十八日には血尿が、翌日には血便が出る。九月晦日付で宗茂は国元の忠茂へ充てて書状を認めているが、このなかで、みずからの近況を、

　我ら気相替わることこれ無く候、目の養生薬を五十日程さし申し候、少し積気《しゃく》これ
　有る様にも覚へ申し候、また同篇ともしれ申さず候、このごろは頭痛、目まい心少
　し出申し候、目の養生はしかとやめ申し候、玄冶油断無く切り候、見舞いに給う内
　薬、今に用い申し候、食事も替わる事無く能く候て、心安かるべく候、しかしなが
　ら右に申す如く、少しふら〳〵と仕、痛み然々これ無きについて、このごろは表へ
　も出申さず、引き籠もり養生仕り候、

と語り、また長く側近として仕えた村尾彦右衛門尉の死去を告げ、彦右衛門尉の跡目や借銀の処理などについて指示を与えている。また、この書状の尚々書には、

　猶々島田幽也(利正)も遂には死去に候、当年は皆々煩い、死人おほ(多)く候、我ら事は随分玄
　冶心添えにて候間、養生をいたし候、何とそ明春その方上りを待ち請け申すべきと

存ず計りに候、事の外気短く成り候て、物むつかしく候間、書状に具に申さず候、来春と書いており、周囲の知人があるいは煩い、あるいは死んでいくことに寂寥とし、来春の忠茂参府を待ちわびる心情が吐露されている。

小康を得る

閏九月に入ると、血尿も止み、少しく快方に向かったようである。十三日には妙心寺派の高僧了堂和尚が見舞いに訪れ、立花壱岐守惟与・十時雪斎《ときせっさい》らを交え、歓談している。この間、引き続いて玄冶による診療が行なわれているが、閏九月の末から十月にかけては病気平癒の祈禱も盛んに行なわれており、上野千足院《せんぞくいん》・主膳坊《しゅぜんぼう》や浅草日音院《にちおんいん》などの名がみえる。十月二十五日には、祈禱の連歌《れんが》も催行されている。二十七日ごろからは宗茂室の葉室《はむろ》氏（長泉院《ちょうせんいん》）らが忠茂参府の周旋を諸方に働きかけるようになるが、月末に容態は急変し、一門や近親が見舞い・看病に参集する。玄冶法印の出入りも急となるが、いったんは治まってこの後しばらくは食事も採れるようになる。

病平癒の祈禱

しかしながら、十六日にはまた血尿・血便となり、これが数日続くことになる。ここにいたり、『柳川史話』の著者岡茂政氏は「御病状から察すると赤痢《せきり》のようにも思われる。御発病当時の宿痾《しゅくあ》とは大分ちがっている」と評している。

東海寺沢庵の礼状

こうしたなか、宗茂は品川東海寺の沢庵《たくあん》に「蜜柑・栗各一籠つづ」を贈らせており、

家光の心配

「立花家文書」にその礼状が残っている。十一月二十四日付のもので無年紀であるが、「万日記」の十一月二十四日条にある「沢庵より昨日の御報有り」という記事とも符合しており、十九年のものとみて大過なかろう。さて、このなかで沢庵は、栗や蜜柑などの音物《いんもつ》の礼を述べた後、「久々御気相悪しく候様子をも承り候」と語り、さらに袖書には、

切々御前へまかり出、毎度立斎は何とあるぞ、と御尋ねこれ無き事は御座無く候、実に御名誉の儀に候、何としたる事に、か様に思し召され候ぞと、不審に仕り候程に御座候、私一人にても御座無く候、御前に居申され候衆、皆々毎度聞き申され候、

とあり、周囲が訝《いぶか》しく感じるほど家光は宗茂のことを気にかけていたというのである。すでに死の床にあった宗茂を家光がいかに篤く信任し、親しんでいたかを知ることができよう。また、宗茂にとって最期の慰めとなった。

宗茂の位牌（立花家蔵）

宗茂の死

翌二十五日申の刻宗茂はついに没する。享年七十六。遺骸は江戸下谷《したや》の広徳寺《こうとくじ》に葬られ、「大円院殿松蔭宗茂大居士《だいえんいんでんしょういんそうもだいこじ》」と号す。

第十二　行跡と家族・親族

一　宗茂の行跡

立花家には、宗茂の兵法《へいほう》に関する史料とされるものが若干残されている。その一つは「御大切成御軍書」なる包書のあるもので、「衣川《ころもがわ》之御書捨、道俊口授覚」なる表題のもと兵法八十余ヵ条が列記されている。その奥書には、

右八十余箇条は源　義経《みなもとのよしつね》公、衣川の御書き捨て也、長崎家人井沢次郎兵衛これを所持し、相州に居住す、井沢九郎三郎道俊の世に及び、大法の意味を失ん事を憂い、私事を加え畢《おわ》んぬ、　（「立花家文書」）

とある。ついで相承の流れが記されているが、井沢から門弟の寺沢弥五郎、さらに宇都《うつの》宮民部大夫《みやみんぶたいふ》、設楽蔵人重任《しだらくろうどしげとう》、蒲池宗碩《かまちそうせき》を経て内田玄叙《げんじょ》（玄恕とも）・石松安兵衛政之《まさゆき》に伝えられた。内田玄叙は実名を鎮家《しげいえ》と称し、道雪《どうせつ》・宗茂に仕えて数々の軍功をあげた人物

である。また、石松政之は江上《えがみ》・八院《はちいん》合戦に際し真っ先に討死した勇士として知られている。『浅川聞書《あさかわききがき》』には島原の乱鎮圧後に宗茂が、

この度ほどの百姓一揆の籠城を大勢人は損じながら、外曲輪《くるわ》を一重破ることならざるは、人数の取り扱いの沙汰を知らざるが故なり、

として、この「衣川之御書捨」に言及する件がある。この挿話は先にあげた相承とは別に宗茂自身も、この兵法に親しんだことを伝えているのだが、如何せん『浅川聞書』の記事は史実の裏づけに乏しく、にわかには信じがたい。

いま一つは「立斎公自筆　軍法要録」と上書きされた包紙《ほうし》をともなう「師鑑抄《しかんしょう》」の写本である。「師鑑抄」は北条氏長《うじなが》の著作と伝えられるが、氏長は宗茂と同時代の人物であり、壮年期の宗茂が彼から実戦的な影響を受けたとも考えにくい。したがって、現在旧藩主家に残るこれらの資料から宗茂の兵法が形成されたとは考えにくいようである。このほか『豊前覚書』には、立花家の軍師として大橋京林《おおはしきょうりん》らの活躍が描かれている。二人の父道雪と紹運《じょううん》はもとより、あるいはこうした人物からも若年の宗茂は実践的な兵法の手ほどきを承けたのではなかろうか。

旧藩主家の文書のなかには、武術に関する印可状《いんかじょう》も数種現存している。こちらも多分

に名目的な部分は否定できまいが、宗茂という人物を知るうえで二、三検討することも無意味ではあるまい。

剣術

剣法については、文禄《ぶんろく》五年（一五九六）十月に丸《まる》目《め》蔵人頭《くらんどのかみ》長恵から免許されたことが知られる。この年九月には日明講和交渉が決裂し、再征にむけて大きく時局が動いていたころであろう。印可状の授受は上方《かみがた》のどこかで行なわれた可能性が高い。

射芸

浪牢と武芸

また、初陣の折の活躍を伝える挿話などもあって、宗茂が射芸に秀でていたことはつとに知られている。弓については天正十八年（一五九〇）五月、吉日付で尾村《おむら》甚左衛門尉連《つら》続《つぐ》から免許をうけていた。さらに慶長六年（一六〇一）十月二十四日には中《なか》江《え》新八《しんぱち》から、同七年の三月二十六日と七月朔日には吉田茂武から日置《へき》流弓術について免許されている。これは関ヶ原合戦後、上方での浪牢を続けているころである。このあたりの心情を推し量るすべもないが、「身上」の復活もままならない鬱々とした気持ちを、武芸の鍛錬というかたちで昇華させていたのであろうか。

宗茂の文事

文芸に関する資料もさほど潤沢ではないが、簡単にふれておこう。やはり旧藩主家の「立花家文書」には「立斎様御筆　九枚」と包書《つつみが》きのある小横帳が残っているが、これは古歌を書写したものである。ただし現状は整然としたものではなく、後筆で乱雑に習

字がなされており、反故《ほご》のようになっている。したがって、本来が宗茂の手になる写か否かも疑わしいのではあるが、なかに、

右一巻紹活所持本を借り、筑前国姪浜檀林寺《めいのはまだんりんじ》に於いて、一字違わず書写し、一校を遂げ畢んぬ、

天正十五暦六月二日、

なる記述がみえる。かりにこれが宗茂による真正なものとすると、島津義久《しまづよしひさ》の降伏をうけて間もないころのこととなる。既述のように、筥崎宮《はこざきぐう》の座主《ざす》方清《ほうせい》は六月朔日には帰還しており、これを考えると不可能ではないが、慌ただしい印象は拭いきれない。

宗茂公御射術御絵像（「立花家文書」）

ただ、この資料の正否は措くとしても、宗茂が文芸とりわけ連歌に通じていたことは、ほかの史料からも明らかである。たとえば、著名な事績として宗茂は元和《げんな》七年（一六二一）九

「柳川再城之御連歌」

月二十九日、主だった家臣らと連歌《れんが》を催行している。後年「柳川再城之御連歌」として伝えられるものである。これに先だつ九月二十六日付で宗茂は国元から富士谷紹務《しょうむ》に充てて書状を発しており、この時も在国していたとみなされる。「賦山何」という題で詠まれたこの連歌は、宗茂・氏女《うじめ》・千熊丸《せんくまる》（のちの忠茂《ただしげ》）らが各一句を、随伝と正慶《まさよし》（桜井藤兵衛）が十二句、惟与（由布《ゆう》、のちの立花壱岐守）・重成《しげなり》（矢島主水正《もんどのしょう》）・茂照《しげてる》（道雪の甥で戸次の家督を継いだ鎮連の子戸次統利か）らがそれぞれ八句をあげている。このうち桜井正慶は、加賀入道正続《まさつぐ》（楚竹斎紹白《そちくさいしょうはく》）の子にあたる。桜井家は、代々豊後大友家に仕えていたというが、系譜的には正続の父加賀入道正盛《まさもり》以前は不明である。あるいは桜井基佐《もとすけ》などにつながるのではなかろうか。正続のころには道雪に付せられ、宗茂のもと正慶は、奥州南《なん》郷《ごう》にも従っていた。ここでの事績からも明らかなように、正慶の立場は御抱えの連歌師にあたるといえよう。また、随伝も慶長から寛永期にかけて、京都北野天満宮の宮仕《ぐうじ》衆《しゅう》として、活躍が確認される。幾分かの推量を交えることにはなるが、この連歌も北野天神へ奉納されたものかもしれない。

上杉定勝の万句興行連歌

　このほか、確実な史料に裏づけられるものとしては、寛永《かんえい》四年（一六二七）十一月二十五日に行なわれた上杉定勝《さだかつ》の万句興行連歌へも同座している。秀忠《ひでただ》・家光《いえみつ》に近侍した宗茂は、稲葉正勝《まさかつ》・脇坂安元《わきさかやすもと》・蒔田広定《まいたひろさだ》らと並ぶ文人大名としての側面をも持っていたのである。このことと、宗茂が幼年期を筑前岩屋城《いわやじょう》あたりで過ごしたこととは、無縁ではあるまい。

実父高橋紹運《じょううん》の岩屋城は大宰府《だざいふ》に接して存するが、つとに知られるように、太宰府天満宮は連歌神として広く崇敬の対象となり、連歌興行は重要な神事であった。天正《てんしょう》期の例であるが、大友義統《よしむね》が天満宮神前での勝軍祈禱の連歌興行を紹運に命じ、これをうけて紹運は義統夢想の発句を大鳥居信寛《おおとりいしんかん》に送るというようなことも行なわれている（「太宰府天満宮文書」「大鳥居文書」）。こうした大宰府をめぐる風雅の環境が宗茂の文芸への志向に大きく影響したものであろう。

さらに道雪の養嗣子として入った立花城は博多の押さえの城であり、博多はまた堺と並んで茶の湯が栄えた土地であった。相次ぐ戦乱によって焼亡していたとはいえ、島井《しまい》宗室《そうしつ》・神屋宗湛《かみやそうたん》に代表される博多衆は健在であり、彼らと戦国諸将との茶の湯を通じた交流もまた盛んであった。江戸期に入って宗茂が秀忠や家光の茶席に連なることもしばしばであったが、利休《りきゅう》の高弟でもあった細川忠興《ただおき》は息子忠利《ただとし》に対し、

立飛殿、又その方書中具に見申し候、かようの事、あなたこなたと候へば、すき存

ぜざる者は何かと申す物に候間、飛州御存分の通一段然るべく候、その分に仕られ、
重ねてより、さたこれ無き様に仕まつらるべく候、　（『大日本近世史料　細川家史料』）

と書き送っている。この書状の背景に何がおこっていたのか詳かではないが、結論としては「すき」、つまり茶のことについては、宗茂の存分に任せるべきであるとしている。

香道

また、かつて岡茂政氏も紹介された史料であるが、後陽成《ごようぜい》天皇の弟曼珠院宮《まんしゅいんのみや》良恕《りょうじょ》法親《ほっしん》王《のう》が宗茂に充てた文書に、つぎのような内容のものがある。

その後は何かと打ち過ぎ、無沙汰申し尽くし難く候、内々御茶申し度く候えども、御暇無き由、承り候間、得申さず候、仍って此の薫物《たきもの》調合候条、これを遣わし候、かしく、　（「立花家文書」）

文書の充所が「立花飛驒守」とあり、柳川再封後のものであるが、両者の関係はすでに親密なようである。かなり以前から交流があったものと推察されよう。ここで良恕法親王は、宗茂とともに茶事を行ないたいが、時間もなかろうからと、みずから調えた「薫物」を贈っている。ここから宗茂が香道にも通じていたことが知られるが、当代一流の茶人・文化人の書状から、宗茂の茶事における位置を推して窺うことができよう。

茶道具への関心

茶人として道具をみる目も非常にこえていたようである。富士谷に充てた文書のなか

にも、道具に関するものが数多くみられるが、細川忠興は宗茂に茶入などの道具を借りることもあり、また宗茂は忠興に金を借りて高価な道具を入手することなどもあった。たとえば、寛永六年（一六二九）正月には、忠興に資金を融通してもらって仙石忠政《せんごくただまさ》のもとにあった「大瀬戸の茶入」を購求している。このように茶人としての才も豊かであった宗茂であるが、具体的に誰を師として茶事に親しんだのかは、判然としない。ただ、博多を身近に育ったことが大きく関係するのではなかろうかと指摘しておく。

蹴鞠

そのほかの遊芸としては、蹴鞠《けまり》の飛鳥井雅春《あすかいまさはる》から「鞠道」の門弟として「紫組之冠懸」を免許されている。こちらは充所が「羽柴侍従殿」とあり、雅春が文禄三年（一五九四）正月には没するところから、それ以前の豊臣期のものであろう。

宗茂の「狂言」

また、寛永期も後半のこととなるが、忠興の書状には、

> 次に江戸にて御能切々仰せ付けられ、水戸殿（徳川頼房）・加式部（加藤明成）・毛利甲州（秀元）・有馬玄番（豊氏）わき、政宗（伊達）の太鼓、飛騨殿の狂言、いずれもいずれもたぐいなき御慰ためるべしと存じ候、

とある。これは家光の能に言及した書状であるが、宗茂は「狂言」の巧者であった。もとより、若年にして「御咄衆《おはなししゅう》」に加わったことから、その話術もひとかどであったと想像される。

まことに多才な人物といえよう。大宰府や博多という文化淵藪の地を身近に育ち、豊臣大名として京・上方での生活を通して、その天性の資質に磨きがかけられたものと考えられる。あるいは、武芸の側面がそうであったように、歌道・茶の湯やそのほかの遊芸も、浪牢の鬱々としたなかで昇華され高められた部分が大きいのではなかろうか。

妙心寺了堂への帰依

最後に、妙心寺《みょうしんじ》派の高僧了堂宗歇《りょうどうそうけつ》への帰依《きえ》についてみていく。『妙心寺史』によれば、了堂は豊前の人で、博多承天寺《じょうてんじ》の鉄舟《てっしゅう》に随侍したのち妙心寺に上り、ついで下野《しもつけ》宇都宮《うつのみや》の興禅寺《こうぜんじ》で物外《もつがい》、さらに薩摩《さつま》では桂庵玄樹《けいあんげんじゅ》の流れを引く南浦文之《なんぽぶんし》などについて学んだという。すなわち、文之の下では如竹《じょちく》と同門である。宗茂はこの了堂に篤く帰依し、江戸府内に菩提寺《ぼだいじ》を創して了堂を開山としたという。この寺を崇呼山《すうこざん》少林寺と称すが、のち萬年山正林寺《まんねんざんしょうりんじ》と改められ、寺地も本郷蓬萊町《ほんごうほうらいちょう》さらには駒込《こまごめ》へと移り、現在は萬年山勝林寺（現、東京都豊島区駒込）となる。いずれにしろ少林寺の創建ないし再興は、宗茂の柳川再封以前のことと考えられ、あるいは了堂への帰依も浪牢時代にまで遡るのかもしれない。のちに了堂は妙心寺に瑞世《ずいせい》するが、寛永年間の後半と考えられる九月五日付の宗茂書状（充所は竹子宗元・富士谷紹味・村田了句）には、

また了堂和尚へ毎年丹波焼《たんばやき》つぼ一ツ進らせ候、先月上洛の事に候、妙心寺か奈良か

紹運五十年忌

両所の間に居られ候はんと存じ候、則ち音信も申し候間、つぼその方にとめ置き、音信同前に両所間に大坂蔵本のものの壱人持参候へと、申し遣り候間、その心得あるべく候、

とみえる。やはり『妙心寺史』によれば、「師（了堂）もまた南都春日野に在り、専ら閲蔵を為していたること殆ど十有六年、その結果『大蔵経の撮要』百余巻を得た」とある。先の宗茂書状にも了堂の所在を奈良に擬する箇所があるが、こうした経緯をふまえたものではなかろうか。このように了堂は妙心寺で専ら閲蔵に従事して、「禅門一宗の革命的大事を挙んとした」人物として知られる。先に紹運五十年忌に際して、宗茂が了堂の柳川下向を請うたことを述べたが、「高橋記」にはその折の了堂の拈香法《ねんこうほう》語《ご》があげられている。また既述のように、寛永十九年（一六四二）に江戸下向した了堂は死の床にあった宗茂を見舞っており、宗茂の帰依は生涯を通じたものであった。

二　家族・親族

ここでは、宗茂の兄弟姉妹、妻妾、子たちについて述べていく。宗茂の兄弟について

は、実家高橋家の関係と養家立花家の関係とがある。前者については、すでに略述しているので、ここではまず立花家に即して、戸次《べっき》道雪《どうせつ》の子女について説明しておく。

道雪に男子はなく、後年の系譜などには宗茂の室となった誾千代《ぎんちよ》のみが実子としてあげられている。ただし「薦野家譜《こものかふ》」などには、誾千代には政千代《まさちよ》と名乗る姉がいたことになっているが、十二歳で早世している。ほかはいずれも養子であり、『寛政重修諸《かんせいちょうしゅうしょ》家譜《かふ》』によれば三人の養女が確認される。このうち一人は戸次治部大輔《じぶのたいふ》親延《ちかのぶ》の子で、道雪に養われ、小野和泉守鎮幸《しげゆき》の室となる。親延は道雪の祖父親宣《ちかのり》の弟にあたる人物である。

また、ほかの一人は安武《やすたけ》安房守《あわのかみ》鎮則《しげのり》の子で、道雪のもとから米多比《ねたみ》(立花)丹波守鎮《しげ》久《ひさ》に嫁している。既述のように、問註所安芸守鑑豊《あきとよ》女はいったん安武安房守鎮則に嫁ぎ、鎮則死去ののち道雪に再嫁する。鑑豊女と鎮則の間にはそれぞれ一人ずつの男女があったが、このうちの女子がこれにあたる。鎮久と鎮則女との間には、立花民部鎮信《しげのぶ》・小田《こた》部《べ》土佐守鎮教《しげのり》・米多比源太左衛門尉茂成《しげなり》ら三人の男子と、女子が二人生まれているが、女子はそれぞれ薦野(立花)賢賀《けんが》、立花五右衛門尉隆元《たかもと》に嫁している。ちなみに鎮則の男子は、筥崎宮座主の養子となって座主職を継ぐ方清《ほうせい》である。方清はのちに還俗して宗茂に従うことになるが、安武茂庵《やすたけもあん》として知られている。

最後の一人は高橋紹運の女《むすめ》で、道雪に養われ、立花吉右衛門尉成家《なりいえ》の室となる。関ヶ原合戦後、成家は父賢賀とともに筑前黒田家に転仕し、紹運女も慶長十七年（一六一二）閏十月には亡くなっている。

宗茂の妻妾

誾千代（光照院）

宗茂の妻妾についても適宜述べてきたが、これまでふれられなかった点を含め補遺的に紹介を行なっておく。最初の正室光照院《こうしょういん》は道雪の子で、誾千代として知られる人物である。誾千代は「宮永《みやなが》殿」とも称されるが、これは宗茂の柳川入城後、城下宮永村に居館を設けて住まわったことによる。ただし、こうした「別居」が何に原因するものかは定かではない。関ヶ原合戦後は、加藤清正《かとうきよまさ》領玉名《たまな》郡腹赤《はらか》村（現、熊本県玉名郡長洲町）に住み、慶長七年十月そこで没した。法名は「光照院殿泉誉良清大禅定尼《こうしょういんでんせんよりょうせいだいぜんじょうに》」とする。柳川再封ののち、宗茂は城下に良清寺《りょうせいじ》を建立し、道雪女の菩提を弔った。

矢島氏（瑞松院）

さて、継室は矢島勘兵衛秀行《ひでゆき》の女である。継室矢島氏は俗名を「八千子」とするものもあるが、ここでは、法名の瑞松院《ずいしょういん》によって記述を進める。矢島家は、児玉党を称する近江《おうみ》の豪族であったが、将軍足利義昭《あしかがよしあき》に従った秀行は、三好《みよし》氏と争って元亀《げんき》元年（一五七〇）山城国《やましろのくに》で戦死したため、遺児たちは母の実家菊亭家《きくていけ》からさらに細川藤孝《ふじたか》（幽斎《ゆうさい》）

のもとに預けられた。秀行と藤孝とは、かつてともに浪牢の義昭を戴き、扶助したという関係にある。その後、文禄五年（一五九六）までに秀行の子重成《しげなり》（左介・勘兵衛尉・石見守を名乗り、剛庵と号す）が宗茂に仕えることになる。ちなみに、この重成について実は義昭の子であるとする説もある。のちの系譜には「瑞松院様御由緒に就いて」とするものもあるが、重成の臣従と宗茂・瑞松院の婚儀はどちらが先行するのかは不詳である。この瑞松院も柳川再封からまもなく、寛永元年（一六二四）四月に江戸で没する。

葉室氏（長泉院）

最後の室は、葉室《はむろ》中納言頼宣《よりのぶ》の女（長泉院《ちょうせんいん》）である。俗名は「菊子」と伝えられる。両者の婚儀がいつ行なわれたのかは不明であるが、寛永十一年（一六三四）正月ごろ京に発した宗茂書状には「尚々、内儀より一のたい・かうふくゐん殿なとへ飛脚年頭にのほせ候間」などとみえ、この時期まで下ると宗茂と葉室氏の婚姻が確認される。ちなみに岡茂政氏によると「内儀」が年頭の挨拶を行なった「一のたい」は彼女の姉にあたり、後《ご》陽成《ようぜい》天皇の典侍《てんじ》をつとめた人物に擬せられる。長泉院は、宗茂の晩年を伝える木付帯刀の「万日記《よろずにっき》」に「御上様」として登場し、宗茂の最期を看取った。「立斎旧聞記」は寛文十年五月十七日に逝去と伝えている。宗茂はこれら正室の間に一人も子は儲けていない。ほかに側室もあった可能性も否定できないが、実子がなかったため記録も残っておらず詳細は不明である。

さて、実子がなかったため、宗茂は慶長十七年（一六一二）七月に誕生した実弟高橋直次《なおつぐ》の男子を養嗣子として迎える。のちの忠茂《ただしげ》であるが、家伝によれば誕生する以前から養子とする約束が直次との間でなされており、誕生後、ただちに宗茂がもらいうけたという。直次には五人の男子がいるが、忠茂はその四番目にあたる。

忠茂の兄弟たち

忠茂の長兄は主膳正種次《たねつぐ》である。既述のように、元和《げんな》三年（一六一七）七月、直次が没し、種次が父の跡を継いで、常陸柿岡《ひたちかきおか》の采地《さいち》を相続する。のち、元和七年正月に三池《みいけ》郡のうち一万石を与えられ、三池新町に居館をおく。次兄甲斐守種俊《たねとし》は家光の小姓に列し、のち御書院番《ごしょいんばん》を勤める。相模国《さがみのくに》内に知行地七〇〇石を与えられ、旗本として一家をなした。三兄は内膳正《ないぜんのしょう》政俊《まさとし》である。長兄種次が寛永七年（一六三〇）三月に没するため、政俊は甥にあたる三池藩主種長《たねなが》の名代として、島原《しまばら》の陣に加わった。その後は柳川立花家に仕え、剃髪《ていはつ》後は宗繁《そうはん》と号した。なお、『寛政重修諸家譜』は三兄の実名を「種俊《たねとし》」とするが、これは政俊の長子大学の実名であり、これを混同したものと考えられる。最後に末弟にあたる左京亮種元《たねもと》も柳川立花家に仕えるが、この種元については「有馬一揆旧記」に「立花左京様」としてみえており、天草・島原の乱のころまでにはすでに臣従していたようである。

ちなみに、彼ら兄弟の母は、いずれも筑紫《ちくし》上野介広門《ひろかど》の女永雲院《えいうんいん》と考えられる。ただし『寛政重修諸家譜』などは、次男種吉《たねよし》以下については、その母を岡氏としている。これは筑紫家の子孫が柳川立花家に仕えるにあたり、家名を「岡」に改めたことによって生じた誤伝ではなかろうか。

宗茂没後の忠茂

つぎに宗茂没後の状況を簡単に整理しておこう。忠茂が正室として娶った永井信濃守尚政《なおまさ》の女玉樹院《ぎょくじゅいん》（通称長子）は寛永十一年（一六三四）に没したため、忠茂は正保元年（一六四四）にいたって、伊達《だて》忠宗《ただむね》の女（通称鍋子、法雲院《ほううんいん》）を継室として迎える。この婚儀に際しては、家光の意向がかなり強くはたらいたようである。忠茂は寛永十八年正月にすでに従四位下に叙せられていたが、明暦《めいれき》三年（一六五七）十二月二十七日の口宣案《くぜんあん》で侍従に任ぜられる。その後、万治《まんじ》二年（一六五九）、継嗣鑑虎《あきとら》が左近将監に任ぜられるのにともなって、名を飛驒守と改める。なお、これに先だって忠茂の義弟にあたる綱宗《つなむね》が奥州仙台の伊達家を継ぐが、綱宗は行状不良で、いわゆる「伊達《だて》騒動《そうどう》」を引きおこすことになる。忠茂は親類大名の中心として幕閣と伊達家の間を周旋し、事態の解決に尽くしている。その後、忠茂は寛文四年（一六六四）閏五月、致仕ののち、好雪《こうせつ》と号す。忠茂の跡を継ぐ鑑虎は法雲院の子であるが、以降、立花家は筑後柳川藩一〇万九〇〇〇余石を領し、減転封もなく明治維新を迎える。

『寛政重修諸家譜』には、忠茂以外の五名の養子があげられているが、みな女子である。このうちの二人は家臣小田部《こたべ》新助統房《むねふさ》の子である。ただし、統房の室は高橋紹運の子であり、そこに出生した子たちは宗茂にとって実の姪にあたる。養われた二人の姪は、それぞれ本多下総守俊次《としつぐ》と小野若狭守茂高《しげたか》に嫁している。鎮幸の孫で家老を勤めた小野茂高についてはすでに述べたので、ここではふれない。

宗茂の養女たち

本多俊次の父縫殿助《ぬいのすけ》康俊《やすとし》は三河西尾《みかわにしお》二万石の大名であったが、元和三年（一六一七）一万石を加増されて近江膳所《ぜぜ》に移った。宗茂は柳川に再封されたのちの、入部の途次、膳所に康俊を病床に見舞っている。したがって、おそらく宗茂の養女宗安院《そうあんいん》と俊次との婚儀はこれに先行するのではなかろうか。康俊は元和七年二月七日に没し、俊次は家督相続ののち五〇〇〇石を加増されて三河西尾に移る。さらに寛永十三年（一六三六）には伊勢亀山に加増のうえ、移封され、都合五万石を領す。宗茂とは終生親しく交わっており、木付帯刀の「万日記」からも、病床の宗茂をたびたび見舞う様子が窺える。「万日記」には「八丁堀御三人様」などとあり、屋敷の地名で呼ばれているが、宗茂は俊次のみではなく、その弟美作守忠相らとも親しかった。俊次の長子康長は父に先立って没するため、家督は次子康将が継ぐ。康長、康将ともに宗茂養女を母とするが、康長の女子は宗茂の孫にあたる立花鑑虎の室となっている。

宗茂は、実父紹運の女（慈光院《じこういん》）、自身の妹にあたると考えられるが、これも養女に迎え、細川玄蕃頭興元《おきもと》に嫁がせている。この慈光院については、立花織部《おりべ》（親家《ちかいえ》か）に嫁し、のちに興元に再嫁したとするものもあるが、詳かではない。興元は細川藤孝の次男であるが、兄の忠興とは一時不仲となったがのちに和順し、既述のように宗茂とともに秀忠の「御咄衆《おはなししゅう》」に加わっている。

また、甥にあたる三池藩主立花種次《たねつぐ》の子も養女（定照院）に迎えたが、彼女はのちに、伊達兵部大輔《ひょうぶのたいふ》宗勝《むねかつ》の室となっている。宗勝は伊達政宗《まさむね》の子で、忠宗の弟にあたる。両者の縁組は宗茂没後であるが、寛永期には、宗茂と政宗とが茶事や能楽によって家光の御前をともにした史料を散見できる。宗茂養女定照院と伊達宗勝との婚儀は、そうした宗茂と政宗の交誼の反映と考えられないであろうか。なお、この宗勝ものちに一門衆の代表として、伊達騒動に関わっていく。

既述のように、伊達騒動には親類大名として忠茂も関与しており、義兄弟たる忠茂と宗勝ははからずも共動して騒動の解決に腐心することになる。

『寛政重修諸家譜』にみる最後の養女は、家臣矢島石見守重成の女である。これは今川刑部《ぎょうぶ》大輔直房《なおふさ》（初名は範英《のりひで》）の室となる。直房は、織田信長に討たれた義元《よしもと》の子氏真《うじざね》の孫にあたるが、父範以《のりもち》が祖父に先んじて死去するため、祖父の遺跡を継ぐ。寛永十三年（一六三六）十二月、侍従に任ぜられ表高家《おもてこうけ》となった。

戸次・立花家略系図

（作図の都合で長幼の順は不同である）

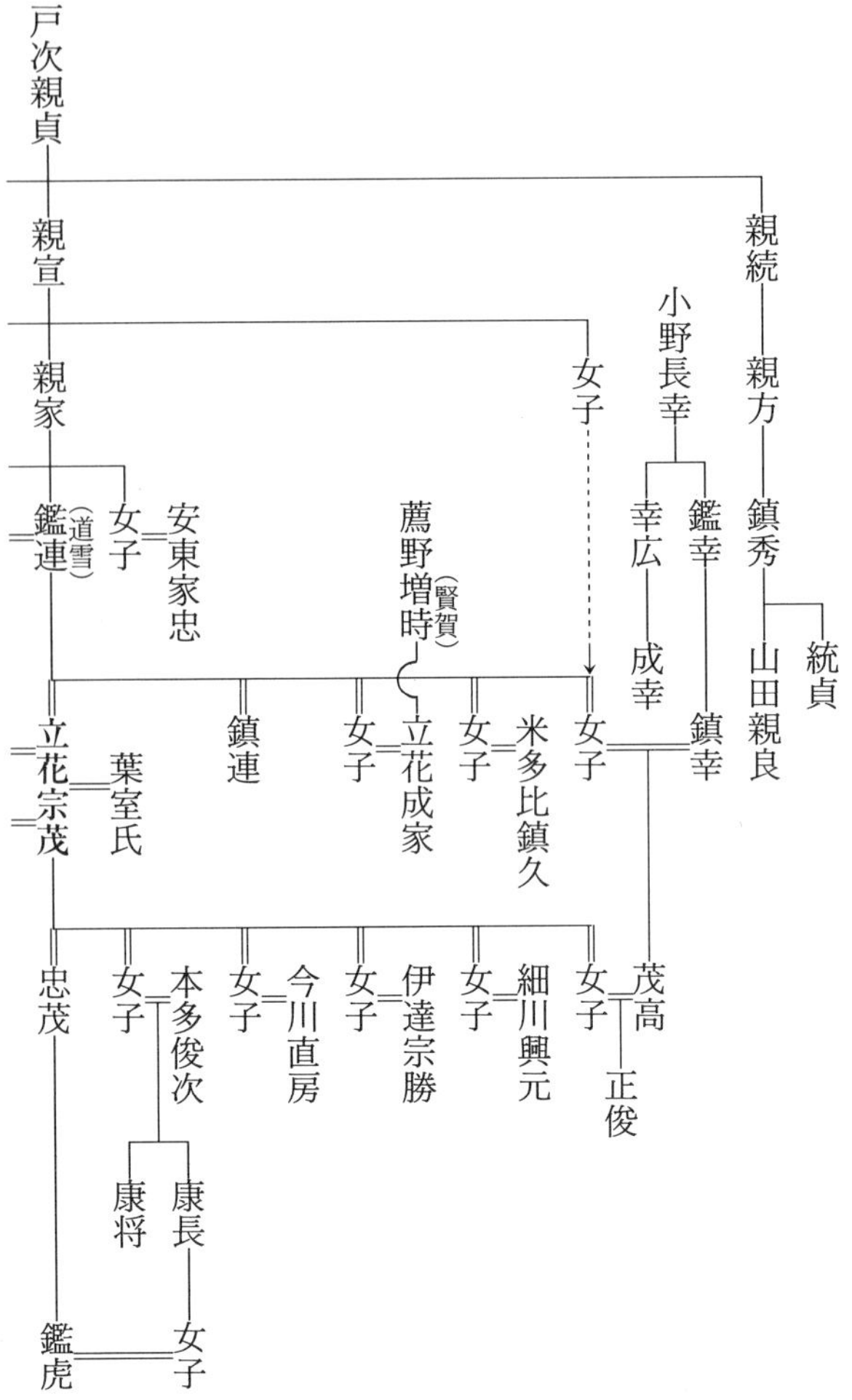

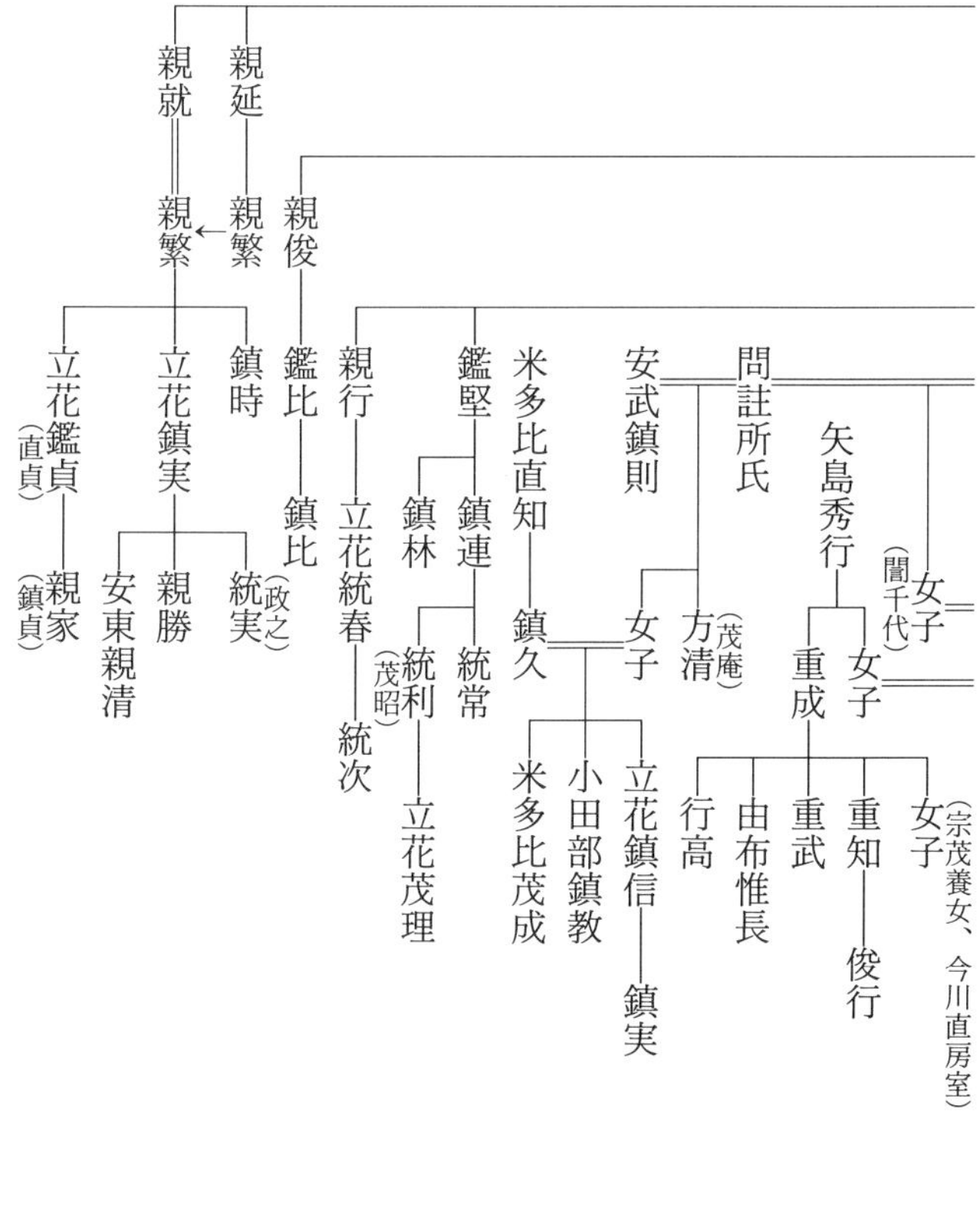
親延
親就
親繁
親繁
親俊
問註所氏
安武鎮則
米多比直知
鑑堅
親行
鑑比
鎮時
立花鎮実
立花鑑貞（直貞）
女子（誾千代）
矢島秀行
女子
方清（茂庵）
鎮久
鎮連
鎮林
立花統春
鎮比
統実（政之）
親勝
安東親清
親家（鎮貞）
女子
重成
統常
統利（茂昭）
統次
女子（宗茂養女、今川直房室）
重知
俊行
重武
由布惟長
行高
立花鎮信
鎮実
小田部鎮教
米多比茂成
立花茂理

吉弘・高橋・立花（三池）家略系図（作図の都合で長幼の順は不同である）

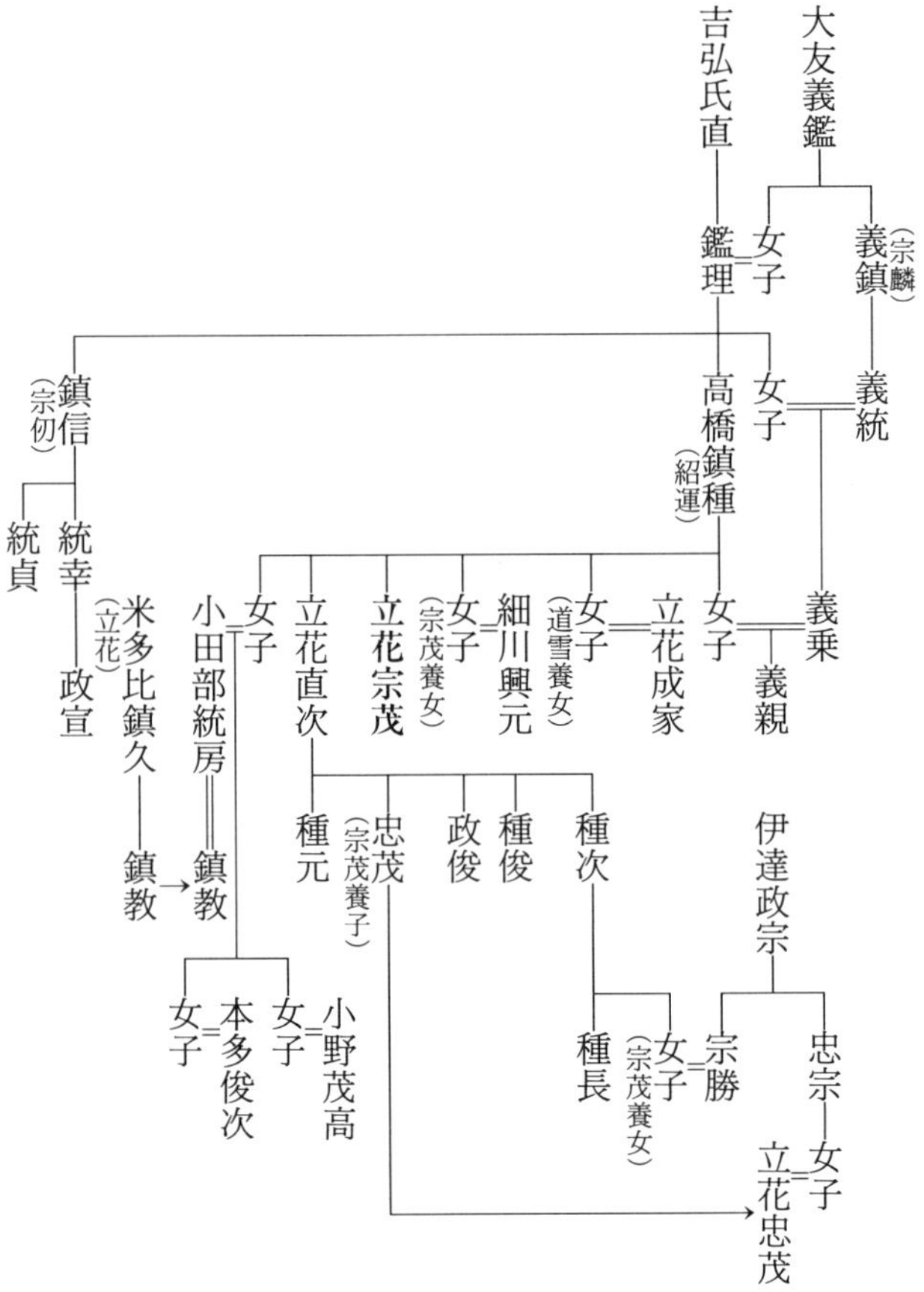

由布家略系図（作図の都合で長幼の順は不同である）

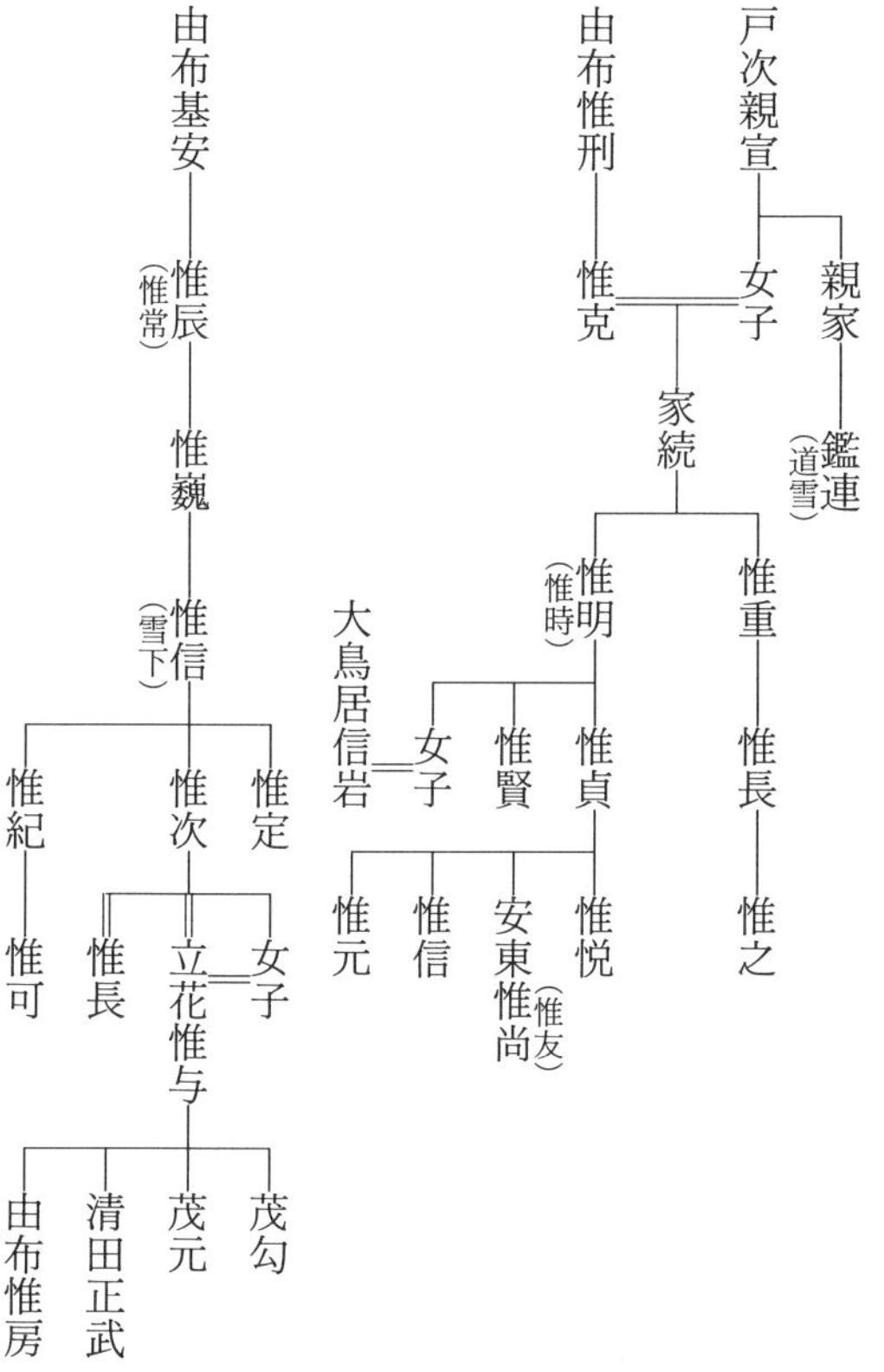

安東家略系図（作図の都合で長幼の順は不同である）

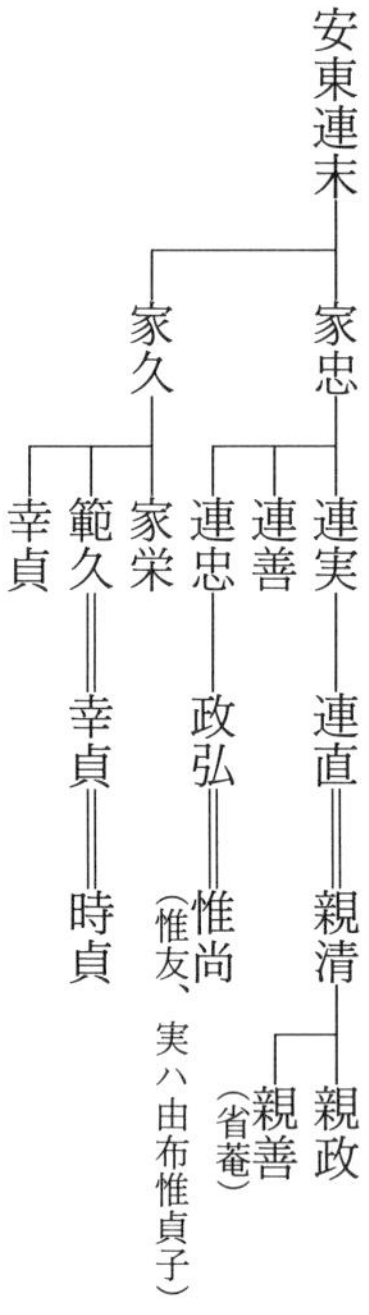

十時家略系図（作図の都合で長幼の順は不同である）

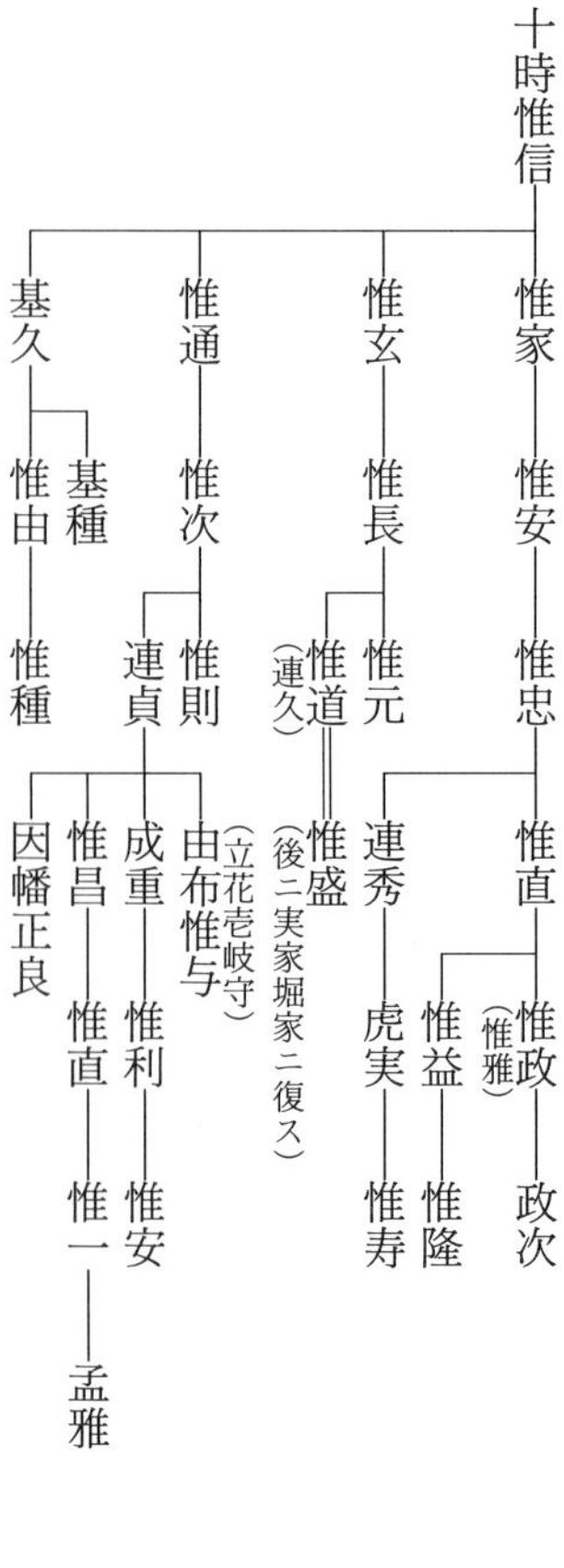

略年譜

年次	西暦	年齢	事績	関連事項
永禄一〇	一五六七	一	豊後国国東郡筧において誕生、幼名千熊丸	
一一	一五六八	二	夏、筑前立花城の立花鑑載、大友宗麟に謀反、戸次道雪・吉弘鑑理（宗茂祖父）・臼杵鑑速らが立花城を攻略	
一二	一五六九	三	実父紹運高橋家を継ぎ、宗茂も筑前国御笠郡岩屋城に移る	
元亀　二	一五七一	五	七月、戸次道雪、筑前立花城に入る	
天正　三	一五七五	九	五月二八日、戸次道雪家督を一女誾千代(光照院)に譲る	
六	一五七八	一二		一一月、耳川の戦い、大友軍大敗
九	一五八一	一五	九月、戸次道雪の養嗣子となる○一一月、道雪・紹運、秋月勢と筑前国穂波郡潤野原に戦う○このころ道雪は筑後各地を転戦、宗茂は筑前立花城の留守を護る	
一〇	一五八二	一六	一一月、立花城にて「御旗・御名字」祝い、名字を「戸次」から「立花」に改める	六月二日、本能寺の変

一二	一五八四	一八	七月、御笠郡に出陣○九月、道雪・紹運、筑後国上妻郡猫尾城に黒木氏を滅ぼす	三月二四日、肥前の龍造寺隆信、島原に敗死
一三	一五八五	一九	九月一一日、筑後国北野の陣中で道雪死去○九月一二日、実弟高橋直次の護る宝満城落城	七月一一日、秀吉関白任官○八月六日、四国平定○秀吉、九州停戦を命ず
一四	一五八六	二〇	七月二七日、岩屋城落城、紹運戦死○八月六日、宝満城落城、直次・実母宗雲尼は島津方に捕らえられる。その後、島津勢宗茂の立花城を包囲○八月二四・二五日、島津勢撤兵、島津方の糟屋郡高鳥居城を攻め落とす○十月一八日、宗茂、高橋元種の豊前田川郡香春岳城を囲む黒田孝高・吉川広家・小早川隆景を訪ね、立花城救援の礼を述べる。翌日立花城へ帰還	三月、大友宗麟ひそかに大坂城を訪ね、秀吉に救援を乞う○六月中旬、島津義久大軍を催して九州を北上○一〇月、毛利勢が豊前攻略を開始○一二月一二日、豊後戸次川の戦い
一五	一五八七	二一	四月五日、筑前秋月の陣で豊臣秀吉に島津攻めの先鋒を命じられる○四月一二日、肥後南関を経て高瀬に入る○四月二三日、博多町人還住のため諸役免除を命じられる○四月二九日、薩摩国川内に到着。川内入りの直前、救出された直次と対面○五月二六日、薩摩からの帰途、薦野賢賀に感状を与え、立花の名字を許す○六月二五日、筑後三郡を与えられ、山門郡柳川を城地と定める○八月中旬、知行充行状を発給○九月二日、直轄地の代官	三月一日、島津討伐のため、秀吉大坂城から出陣○四月一日、島津方秋月種実の豊前岩石城落城○四月一七日、日向根白坂の戦いで島津方大敗○五月八日、島津義久降伏○六月一九日、秀吉バテレン追放令を発す

			を補任○九月五日、小早川秀包を大将とする筑後勢肥後国人一揆討滅のため肥後南関に到着○九月下旬から十月上旬頃、一揆勢に包囲される佐々方平山城への兵粮補給に成功。その後、一揆勢の籠もる田中城を包囲○一二月五日、田中城落城○一二月一六日、隈部親永降伏。親永と次子内古閑政利（鎮房）は宗茂のもとに預けられる	
一六	一五八八	二二	五月二七日、柳川城下黒門で隈部親永らを討ち取る。その後ほどなく上洛○七月五日、従五位下、侍従に任ぜられる	四月一四日、後陽成天皇、聚楽第行幸○七月八日、刀狩り令・海賊停止令
一七	一五八九	二三	一月一三日、直次とともに神屋宗湛の茶事に招かれる	
一八	一五九〇	二四	五月、尾村連続から弓術免許○六月一四日、小田原の陣中見舞いのため柳川を発す○八月、柳川へ戻る○九月二八日、天正十八年検地の結果をうけて、家臣に知行坪付を与える○一〇月までの間に妻子を伴い上坂、しばらく在大坂	三月一日、秀吉小田原攻めに出陣○七月五日、小田原開城
一九	一五九一	二五	九月一二日、御前帳の徴収に関連して領国の地高・石高を報告○一〇月、この前後在洛か○その後、肥前名護屋城普請に従うため下国、名護屋へ向かう○一二月一九日、肥後の豊臣蔵入米の名護	一二月二八日、秀吉、関白職を豊臣秀次に譲る

文禄元	一五九二	二六	屋廻漕を命じられる 三月、小早川隆景を主将とする第六軍に組織され、軍役二五〇〇を課される。その後、釜山へ渡海、渡海に先立ち「統虎」から「宗虎」へ改名○渡海後、宗茂は小早川隆景らと漢城へ北上○五月、漢城を経て臨津江のほとりに陣を構える○五月二五日、臨津江畔を去って南下開始○六月下旬ごろ、隆景らと全羅道経略に従う○七月一三日、隆景、全羅道の戦列を離れ、漢城方面へ移動○七月一六日、宗茂、隆景の移動を秀吉に報ず○九月中旬、宗茂らも漢城方面への移動が命じられる。その後、宗茂は隆景らの軍勢に合流、漢城北方に展開	七月九・一〇日、錦山の戦い○八月九日、梁丹山の戦い○八月一八日、再び錦山の戦い
二	一五九三	二七	二月上旬、漢江の南で城普請に従う○その後も漢江付近（竜山か）に在陣○四月中旬、漢江付近から南方への移動を開始○六月、晋州城の包囲に参加○六月二九日、晋州城陥落、ついで朝鮮半島南岸での在番を果たすべく、「かとかい」城およびその「端城」の普請にかかる○このころ「正成」に改名○閏九月、隆景は日本へ帰還、宗茂は小早川家家老らと「かとかい」城の在番を継続	一月二七日、碧蹄館の戦い
三	一五九四	二八	この年後半から四年前半ころに「親成」に改名	

四	一五九五	二九	九月、日本に帰還○秋、秀秋の小早川家襲封を前提に筑前・筑後で検地実施○一〇月一七日、伏見に上り、秀吉に拝謁○一一月中旬、大坂を出船○一二月上旬、柳川へ戻る○一二月一四日、領国の年貢総高、再検地の結果を山口玄蕃頭に通知	七月一五日、豊臣秀次切腹○八月三日、大坂城中壁書を発布
慶長元	一五九六	三〇	三月八日、三瀦郡北部を割譲される○ほどなく筑後諸大名に領国異動後の知行充行状が発せられる(文禄四年一二月朔日付)○四月二八日、家臣へ知行充行状を発給○五月一七日、小野鎮幸を留守居とし、上洛○一〇月、丸目蔵人より剣術免許	九月一日、日明講和交渉破綻
二	一五九七	三一	二月二一日、陣立書発令○七月一四日、宗茂渡海、釜山城に入る○九月、宗茂釜山城を出て、固城あるいは南海島へ移動○一二月、固城に駐留	六月一二日、備後で小早川隆景没○一二月末、蔚山籠城戦が始まる
三	一五九八	三二	八月二八日、五大老による撤退命令が出される○一〇月三〇日、小西行長・島津義弘らと南海瀬戸で撤退に向け談合○一二月中旬、博多に帰還○一二月二六日、大坂に到着。その後、島津義弘・小西行長らと伏見へ上る	八月一八日、豊臣秀吉没○一一月一七日、露梁津の戦い
四	一五九九	三三	一月七日、島津義弘・忠恒らと家康の茶席へ招かれる○閏三月八日、島津義弘・忠恒、寺沢正成らと起請文をかわす○五月下旬から六月上旬、家臣	三月九日、島津忠恒、重臣伊集院幸侃を討つ○閏三月三日、前田利家没

			に知行を充行う○七月二四日、庄内の乱に関連して忠恒に出兵を打診○九月、上洛○ほどなく下国	
五	一六〇〇	三四	七月、西軍に加担○八月二二日、美濃垂井付近に出陣○近江大津城主京極高次が東軍に転じたため大津城包囲○九月一五日、京極高次降伏○関ヶ原の敗報に接し大坂籠城を説くが、いれられず柳川へ戻る○九月二六日、帰路安芸国日向泊りで島津義弘と面談○一〇月二日までに柳川へ帰城○一〇月一〇日、大津攻城戦の感状を発す○一〇月二〇日、三潴郡江上・八院付近で鍋島勢と交戦○黒田如水・加藤清正との間に和睦成立、柳川城開城○一一月初頭、如水のもと島津攻めの先鋒を命じられ肥後路を南下○このころ一時的に「政高」を名乗り、ほどなく「尚政」と改める○一一月、肥薩国境に駐留、二二日、撤兵○一二月二日、肥後高瀬に入り、江上合戦の感状を発す○家康へ釈明のため東上○一二月一二日、着坂、黒田長政と面談	六月一八日、徳川家康、会津討伐に出陣○九月一五日、関ヶ原の戦い
六	一六〇一	三五	田中吉政への筑後充行をうけ肥後へ戻る○肥後高瀬に寓居○七月、上方に上り家康に拝謁、上方滞在○一〇月二四日、中江新八から日置流弓術免許	四月、田中吉政、筑後初入部○八月一六日、上杉景勝、家康に謝罪
七	一六〇二	三六	三月二六日、吉田茂武から日置流弓術免許○一〇	一二月二七日、島津忠恒(家久)、伏

			月一七日、正室誾千代（光照院）肥後玉名郡腹赤村で死去	見で家康に拝謁
八	一六〇三	三七		二月一二日、家康、征夷大将軍に任ぜられる
九	一六〇四	三八		三月二〇日、黒田如水（孝高）没○七月一七日、徳川家光誕生
一〇	一六〇五	三九	このころ「俊正」と実名を改める	四月一六日、秀忠二代将軍となる○七月一九日、旧主大友中庵（義統・吉統）没
一一	一六〇六	四〇	九月、江戸へ出て将軍秀忠に拝謁○その後、奥州南郷に領知を与えられる○一一月一一日、南郷で家臣団に知行充行状を発給	
一二	一六〇七	四一	五月二五日、知行坪付を発給	
一四	一六〇九	四三	六月、小野鎮幸、肥後で死去	二月一八日、筑後国主田中吉政、伏見で客死。四男忠政、跡を継ぐ
一五	一六一〇	四四	二月、秀忠の駿府行に従う○七月二五日、加増をうけ領知高が三万石となる○加増を契機として実名を「宗茂」と改める○九月下旬、南郷へ下る	八月四日、権中納言葉室頼宣没
一六	一六一一	四五	四月、実母宗雲院没	六月二四日、加藤清正没
一七	一六一二	四六	六月、由布雪下、奥州で没○七月七日、直次の四男出生、宗茂は嗣子として養う（のちの忠茂）	

	一八	一六一三	四七	一月二八日、直次、家康・秀忠に拝謁○一一月、日向国県を改易された高橋元種を預けられる	
	一九	一六一四	四八	一〇月九日、直次、常陸国内で五〇〇〇石の知行を与えられる○直次とともに大坂冬の陣に従う	
元和	元	一六一五	四九	四月一〇日、大坂夏の陣に備え江戸を発向○五月七日、天王寺口の戦い	五月八日、大坂城落城
	二	一六一六	五〇	二月、奥州南郷に下る○五月二八日、道雪後室問註所氏（宝樹院）肥後で死去○一二月、秀忠の御咄衆となる	四月一七日、徳川家康没
	三	一六一七	五一	三月二八日、領内八槻の都々古別神社に書状を発す○七月、実弟直次没	
	四	一六一八	五二	一一月八日、肥後加藤家の内紛に伴い旧臣立花鎮久父子を預けられる	
	五	一六一九	五三		五月、秀忠上洛
	六	一六二〇	五四	一一月二七日、筑後柳川への再封決定○閏一二月、柳川下向の日取りが決定	八月七日、田中忠政没、田中家無嗣断絶○閏一二月八日、丹波福知山の有馬豊氏に北筑後が与えられる
	七	一六二一	五五	一月一〇日、宗茂の甥種次（直次長子）の三池再封決定○二月一日、柳川下向の途次三河吉田に到着○二月五日、近江膳所に到着、本多康俊を見舞う○二月二六日、筑後に入る○二月二八日、柳川	

			城受け取り○七月一二日、家臣に対して知行高の覚を発す○九月二九日、「柳川再城之御連歌」催行○一一月一五日、内検高が決定	
八	一六二二	五六	四月一日、再内検の高が算定される○七月六日、家臣団に対し一斉に知行充行状を発給○一〇月二一日、江戸参府、秀忠へ御礼言上○その後、元清願寺前に江戸屋敷の普請を開始○一二月二七日、忠茂元服、左近将監を名乗り、秀忠の偏諱をうける。宗茂は「飛驒守」と改める	
九	一六二三	五七	一月一三日、秀忠の茶席に陪席○五月一六日、秀忠の上洛に従うため江戸を発ち、三島到着○五月二六日、京着。その後、秀忠の出京に先立ち暇を与えられる○閏八月一二日、下国の途次、大坂で手伝普請に関する法度を定める○閏八月二〇日、小倉着○閏八月二七日、柳川へ帰城、大坂の小野茂高に指示を発す○国元で越年	七月二七日、家光三代将軍となる○八月四日、黒田長政没
寛永元	一六二四	五八	三月一五日、「横洲給人」へ充行状を発す○四月四日、江戸で継室矢島氏が没す。法号「瑞松院」○五月三日、柳川を発ち江戸へ上る○五月六日、下関を出船○五月一〇日、「宇野島」到着、大坂城普請の石場を預かる十時惟益と面談○ほどなく江戸	九月二二日、大御所秀忠、江戸城西の丸へ移る

			へ到着、江戸で越年○八月一七日、立花鎮信没	
二	一六二五	五九	この年は在府し、秀忠・家光に近侍○一一月一一日、忠茂、由布惟与に立花の名字を許す	
三	一六二六	六〇	一月二八日、柳川へ帰城○三月、三池藩主立花種次没○五月五日、領内再検地の結果がまとまる○五月一三日、柳川を発ち東上○五月一九日、着坂、その後入京○九月六日、後水尾天皇の二条城行幸○一〇月、秀忠に従って江戸へ戻る	五月二八日、上洛のため秀忠江戸発足○七月一二日、家光上洛のため江戸出発
四	一六二七	六一	この年は在府し、秀忠・家光に近侍○一一月二五日、上杉定勝の万句興行連歌に同座○一二月四日、柳川瑞松院に寺領を充行う	
五	一六二八	六二	一月、大坂城手伝普請に従う小野茂高に指示を与える○四月二五日、家光に従い日光に社参○九月一七日、小野茂高大坂で客死	
六	一六二九	六三	江戸下屋敷の普請開始○一月、「大瀬戸の茶入」購求○七月ごろ、上屋敷を出て下屋敷へ移る○九月、秀忠より「丸壺の御茶入」拝領	
七	一六三〇	六四	一一月三日、忠茂、永井尚政女と祝言	
九	一六三二	六六		一月二四日、徳川秀忠没○六月、肥後加藤家改易○八月、黒田騒動
一〇	一六三三	六七	五月一一日、家中の軍役道具を定める○九月一一	

一一	一六三四	六八	日、立花鎮久没○九月一四日、由布惟次没 三月五日、忠茂を伴い家光に拝謁○七月、家光の上洛に供奉○閏七月一六日、二条城にて領知充行状をうける（八月四日付）○ほどなく忠茂下国○閏七月二五日、家光の大坂行に従う○八月五日、家光に従い出京し、二〇日、江戸到着○九月一三日、家光の日光社参に従う○九月二〇日、江戸に戻る○一〇月一一日、江戸城西の丸で家光慰めの宴○一〇月末、江戸城手伝普請に関わり石垣調達などの指示を発す○一二月五日、忠茂室永井氏没	一月、秀忠三回忌法要
一二	一六三五	六九	忠茂参府に先立ち上屋敷の新築が開始○春、忠茂参府○七月二七日、紹運五十回忌○この年、由布惟貞父子、立花家を辞す	
一三	一六三六	七〇	一月、江戸城総構の大修築が開始○四月六日、家光の日光社参に供奉○五月二一日、忠茂下国、下国に先立ち立花家の仕書が忠茂へ移譲	五月二四日、伊達政宗没
一四	一六三七	七一	閏三月一二日、忠茂江戸参府○一一月、領内仕置のため忠茂下国○一二月一〇日、忠茂原城に着陣、二〇日、立花勢が主力となり原城三の丸攻撃	一〇月、天草・島原の乱勃発
一五	一六三八	七二	一月一二日、宗茂らに原城討伐命令○二月六日、宗茂着陣○三月四日、宗茂柳川帰城○四月四日、	一月一日、原城総攻撃、攻方大敗○二月二七日、原城総攻撃、翌二八日、

			豊前小倉で上使太田資宗が諸将を労う○五月一三日、宗茂江戸に戻り登城○九月五日、家光、宗茂の下屋敷を訪れる。「粟田口則国」の脇差拝領○一〇月二〇日、家光の臨酒井忠勝邸に従い隠居を許される。その後、法体となり「立斎」と号す	原城陥落
一六	一六三九	七三	二月一日、家光の臨酒井忠勝邸に従い頭巾を許される○四月三日、忠茂参府し、襲封の礼を言上○七月一八日、家光、宗茂の下屋敷に臨む○八月九日、江戸城に召され、異国船来航時の措置について申し渡される○九月一三日、家光の東海寺御成に従い杖を拝領	
一七	一六四〇	七四	二月一一日、病気見舞いの菓子を下される○五月一五日、忠茂在府の延長を願い出る○六月二〇日、宗茂の老体を理由に、忠茂の在府が許される○六月二六日、見舞いの使者をうける○一二月一八日、家光、鷹野の地から見舞いの使者を宗茂に遣わす	
一八	一六四一	七五	一月、忠茂、従四位下叙任○六月二〇日、忠茂在府の再延長を願い出る○八月ころより眼病悪化	
一九	一六四二	七六	五月一日、忠茂下国○七月ころより死の床に臥す○一一月二五日、没、江戸下谷広徳寺に葬られる	

主要参考文献

一　史　料

立花氏に関する史料

『浅川聞書』（『柳川藩叢書』第二集）　青潮社　一九九一年
木付帯刀「万日記」（『柳川史話』所収、初版は一九五六年に柳川郷土史刊行会より刊行の岡茂政先生遺稿『柳川史話』第一巻に「宗茂公の晩年」と題して所収）　青潮社　一九八四年
柳川市史編集委員会編『柳河藩享保八年藩士系図』（柳川歴史資料叢書一・二）　柳川市　一九九六・九七年
柳川市史編集委員会編『柳河藩立花家分限帳』（柳川歴史資料叢書三）　柳川市　一九九八年
「高橋記」（『続群書類従』第二三輯上）　続群書類従完成会　一九二七年
「立斎旧聞記」（『続々群書類従』三）　続群書類従完成会　一九七〇年
「大津籠城合戦記」（『続々群書類従』三）　続群書類従完成会　一九七〇年
「立花朝鮮記」（『改訂　史籍集覧』一三、初版は一九〇二年に近藤活版所より刊行）　臨川書店　一九八四年

「立花立斎自筆島原戦之覚書」「十時三弥介書上之写」(『改訂　史籍集覧』一六、初版は一九〇二年に近藤活版所より刊行)　臨川書店　一九八四年

□　□

株式会社「御花」所蔵「立花家文書」＊
木更津市・佐田敏彦氏所蔵「佐田家文書」＊
九州大学所蔵「富士谷文書」
太宰府天満宮所蔵「太宰府天満宮文書」
「薦野家譜」(福岡市・黒田基美夫氏所蔵本／『伝習館文庫』「柳河藩政史料」本)
太宰府天満宮所蔵「大鳥居文書」
東京都・吉田兼孝氏所蔵「吉田家文書」＊
東京大学史料編纂所所蔵「富安護義文書」
福岡県立伝習館高校同窓会所蔵『伝習館文庫』「柳河藩政史料」・「小野文書」＊
福岡市・黒田基美夫氏所蔵「黒田本姓薦野家文書」
福岡市・十時昇氏所蔵「十時強次郎家文書」＊
柳川市・米多比鎮人氏所蔵「米多比家文書」＊
柳川古文書館所蔵「隈部家文書」＊
柳川市所蔵「安東家史料」＊

柳川市・堤伝氏所蔵「堤伝氏収集文書」＊
柳川市・日吉神社所蔵「日吉神社文書」＊
柳川市・問註所幸寿氏所蔵「問註所家文書」
柳川市・山田浩徳氏所蔵本「玉峯記」＊
柳川市・由布功氏所蔵「由布(功)家文書」＊
八女郡立花町・十時正道氏所蔵「十時正道家文書」＊

旧記藩主家文書や家臣団の文書については、かなりの部分が『福岡県史　近世史料編　柳川藩初期』上・下(福岡県、一九八六・八八年)に収録されている。ただし、ここでは原本によって読みを改めた箇所もある(＊を付したものは現在柳川古文書館に所蔵ないし寄託されているものである)。

おもに九州地域に関する史料

片山直義・恵良宏編『筑後国水田荘／広川荘史料』(九州荘園史料叢書一〇)　竹内理三　一九六五年
新城常三編『近世初頭　九州紀行記集』(九州史料叢書四)　九州史料刊行会　一九六七年
竹内理三・川添昭二編『大宰府太宰府天満宮史料』第十五・第十六　太宰府天満宮　一九九七・二〇〇〇年
大宰府太宰府天満宮博多史料』続中世編　九州文化綜合研究所　一九五八年
「筑前国続風土記」(『福岡県史資料』続第四輯)　福岡県　一九四三年

川添昭二・福岡古文書を読む会校訂『筑前・博多史料　豊前覚書』　文献出版　一九八〇年
川添昭二・福岡古文書を読む会校訂『新訂　黒田家譜』　文献出版　一九八二〜八七年
福岡古文書を読む会編『筑前町村書上帳』　文献出版　一九八三年
村田正志・黒川高明編『五条家文書』　続群書類従完成会　一九七五年
「旧記雑録」後編二・三／付録二（『鹿児島県史料』）　鹿児島県　一九八一年〜
『熊本市史』史料編　第三巻　近世Ⅰ　熊本市　一九九四年
熊本県・柚留木文平氏所蔵文書（熊本県立図書館編『「文書にみる肥後の戦国」展報告書』）　熊本県立図書館　一九九八年
「筑紫家由緒書」（筑紫家文書、『佐賀県史料集成』第二八巻所収）　佐賀県　一九八七年
「鍋島家文書」（『佐賀県史料集成』第三巻）　佐賀県　一九五八年

そのほか

黒板勝美・国史大系編修会編『新訂増補国史大系　徳川実紀』第一篇〜第三篇　吉川弘文館　一九八一年
斎木一馬・林亮勝・橋本政宣校訂『寛永諸家系図伝』　続群書類従完成会　一九八〇年
副島種経校訂『新訂　本光国師日記』第一〜第七　続群書類従完成会　一九七一年
高柳光寿・岡山泰四・斎木一馬編集顧問『新訂　寛政重修諸家譜』　続群書類従完成会　一九五七年

辻善之助編註『澤菴和尚書簡集』　岩波書店　一九四二年
東京大学史料編纂所編『大日本古文書　家わけ第二　浅野家文書』　東京帝国大学　一九〇六年
東京大学史料編纂所編『大日本古文書　家わけ第八　毛利家文書』　東京帝国大学　一九二〇年～
東京大学史料編纂所編『大日本古文書　家わけ第十一　小早川家文書』
東京大学史料編纂所　一九二七年～
東京大学史料編纂所編『大日本史料』第十一編　東京大学出版会　一九〇一～八八年
東京大学史料編纂所編『大日本史料』第十二編　東京大学出版会　一九〇一～八五年
東京大学史料編纂所編『大日本古記録　第五　上井覚兼日記』上・中・下　岩波書店　一九五七年
東京大学史料編纂所編『大日本古文書　家わけ第十六　島津家文書』　東京大学　一九四二年～
東京大学史料編纂所編『大日本近世史料　細川家史料』　東京大学出版会　一九六九年～
東京大学史料編纂所所蔵「島津家文書」
東京大学史料編纂所所蔵影写本「近江水口加藤家文書」
東京大学史料編纂所所蔵写本「梨羽紹幽物語」
中村孝也著『新訂　徳川家康文書の研究』　日本学術振興会　一九八〇～八二年
中村幸彦・岡田武彦編『近世後期儒家集』（日本思想大系47）　岩波書店　一九七二年
芳賀幸四郎校注『茶道古典全集六　宗湛日記』　淡交社　一九五八年
日下寛編『豊公遺文』　博文館　一九一四年

福岡市博物館所蔵「黒田家文書」
「江戸幕府日記」（姫路市立図書館所蔵・酒井家本、九州大学所蔵写真版を利用）
藤井治左衛門編『関ヶ原合戦史料集』　新人物往来社　一九七九年
岡山県・沼元家文書（岡山県・熊山町史編纂委員会編『熊山町史調査報告　四』所収）　熊山町　一九九二年
桑名市・鎮国守国神社所蔵「鎮国守国神社文書」
福島県・秦太一郎氏所蔵文書「秦家文書」
東京都・伊藤根光氏所蔵「赤間関本陣伊藤家文書」（『下関市史』資料編Ⅳ所収）　下関市　一九九六年
『棚倉町史』　福島県棚倉町　一九八二年

二　著作・論文

内野喜代治『立花内膳家』　私家版　一九三九年
参謀本部編『日本戦史　九州役』（初版は一九一一年）　村田書店　一九八〇年
参謀本部編『日本戦史　朝鮮役』（初版は一九二四年）　村田書店　一九七八年
参謀本部編『日本戦史　関ヶ原役』（初版は一八九三年）　村田書店　一九七七年
参謀本部編『日本戦史　大坂役』（初版は一八九七年）　村田書店　一九七七年

岡　茂政『柳川史話』（初版は一九五六〜六〇年に柳川郷土史刊行会より刊行）　青潮社　一九八四年
川上孤山『増補　妙心寺史』（初版は一九一七年に妙心寺より刊行）　思文閣出版　一九七五年
川添昭二「高橋紹運・岩屋城合戦小考」（『政治経済史学』四〇〇号）　一九九九年
熊倉功夫『後水尾天皇』　朝日新聞社　一九八二年
中野等『豊臣政権の対外侵略と太閤検地』　校倉書房　一九九六年
中野等「文禄の役における立花宗茂の動向」（『日本歴史』五九七号）　一九九八年
中野等「敗者復活—徳川幕府成立期の立花宗茂—」（丸山雍成編『日本近世の地域社会論』）　文献出版　一九九八年
藤井讓治『徳川家光』（人物叢書）　吉川弘文館　一九九七年
藤井讓治編『近世前期政治的主要人物の居所と行動』（京都大学人文科学研究所調査報告三七号）　一九九四年
藤川昌樹「近世武家集団の居住形態に関する研究—寛永十一年将軍上洛時における京都を中心に—」（東京大学提出学位論文）
山田邦明「戸次道雪の花押について」（皆川完一編『古代中世史料学研究』下巻）　吉川弘文館　一九九八年
『倭城Ⅰ　文禄慶長の役における日本軍築城遺跡』　倭城址研究会　一九七九年

渡辺村男『旧柳川藩志』（初版は一九五七年に柳川山門三池教育会より刊行）

青潮社　一九八〇年

著者略歴

一九五八年生まれ
一九八五年九州大学大学院文学研究科博士後期課程中退
柳川古文書館学芸員を経て
現在　九州大学名誉教授、福岡市博物館総館長

主要著書
近世大名立花家（共著・柳川の歴史4）　石田三成伝　黒田孝高（人物叢書）　近世柳川の武家文化（柳川の歴史6）　関白秀吉の九州一統

人物叢書　新装版

立花宗茂

二〇〇一年（平成十三）一月十日　第一版第一刷発行
二〇二五年（令和　七）四月一日　第一版第四刷発行

著　者　中《なか》野《の》等《ひとし》
編集者　日本歴史学会
代表者　藤田　覚
発行者　吉川道郎
発行所　株式会社 吉川弘文館
東京都文京区本郷七丁目二番八号
郵便番号一一三―〇〇三三
電話〇三―三八一三―九一五一〈代表〉
振替口座〇〇一〇〇―五―二四四
https://www.yoshikawa-k.co.jp/
印刷＝株式会社 平文社
製本＝ナショナル製本協同組合

ISBN978-4-642-05220-7

『人物叢書』（新装版）刊行のことば

人物叢書は、個人が埋没された歴史書が盛行した時代に、「歴史を動かすものは人間である。個人の伝記が明らかにされないで、歴史の叙述は完全であり得ない」という信念のもとに、専門学者に執筆を依頼し、日本歴史学会が編集し、吉川弘文館が刊行した一大伝記集である。

幸いに読書界の支持を得て、百冊刊行の折には菊池寛賞を授けられる栄誉に浴した。

しかし発行以来すでに四半世紀を経過し、長期品切れ本が増加し、読書界の要望にそい得ない状態にもなったので、この際既刊本の体裁を一新して再編成し、定期的に配本できるような方策をとることにした。既刊本は一八四冊であるが、まだ未刊である重要人物の伝記についても鋭意刊行を進める方針であり、その体裁も新形式をとることとした。

こうして刊行当初の精神に思いを致し、人物叢書を蘇らせようとするのが、今回の企図である。大方のご支援を得ることができれば幸せである。

昭和六十年五月

日本歴史学会

代表者 坂本太郎

日本歴史学会編集

人物叢書〈新装版〉

日本武尊
継体天皇
聖徳太子
秦河勝
蘇我蝦夷・入鹿
天智天皇
額田王
持統天皇
柿本人麻呂
藤原不比等
長屋王
大伴旅人
県犬養橘三千代
山上憶良
藤原広嗣
道慈
行基
橘諸兄
光明皇后
鑑真
藤原仲麻呂
阿倍仲麻呂
道鏡
吉備真備
早良親王
佐伯今毛人
和気清麻呂
桓武天皇
坂上田村麻呂
最澄
平城天皇
藤原冬嗣
仁明天皇
橘嘉智子
円仁
伴善男
清和天皇
円珍
菅原道真
聖宝
三善清行
藤原純友
紀貫之
小野道風
良源
藤原佐理
紫式部
慶滋保胤
一条天皇
大江匡衡
源信
源頼光
藤原道長
藤原行成
源頼信
後三条天皇
藤原彰子
源頼義
成尋
清少納言
和泉式部
源義家
大江匡房
奥州藤原氏四代
藤原頼長
藤原忠実
源頼政
平清盛
源義経
西行
後白河上皇
千葉常胤
源通親
文覚
藤原俊成
畠山重忠
法然
栄西
北条義時
大江広元
北条政子
慈円
明恵
三浦義村
藤原定家
北条泰時
道元
北条重時
親鸞
北条時頼
日蓮
阿仏尼
北条時宗
一遍
叡尊・忍性
京極為兼
金沢貞顕
菊池氏三代
新田義貞
花園天皇
赤松円心・満祐
卜部兼好
覚如
足利直冬
佐々木導誉
二条良基
細川頼之
足利義満
今川了俊
足利義持
世阿弥
上杉憲実
山名宗全
経覚
一条兼良
亀泉集証
蓮如
宗祇
尋尊
万里集九
三条西実隆
大内義隆
ザヴィエル
三好長慶
今川義元
武田信玄
朝倉義景
浅井氏三代
里見義堯
上杉謙信
織田信長
明智光秀
大友宗麟
千利休
松井友閑
ルイス・フロイス
豊臣秀次
足利義昭
前田利家
長宗我部元親
安国寺恵瓊
石田三成
黒田孝高
真田昌幸
最上義光
前田利長
高山右近
島井宗室
淀君
片桐且元
徳川家康
藤原惺窩
支倉常長
高台院

▽没年順に配列　▽一、四〇〇円～三、五〇〇円（税別）
▽書目の一部は電子書籍、オンデマンド版もございます。詳しくは出版図書目録、または小社ホームページをご覧ください。

徳川秀忠
伊達政宗
天草時貞
立花宗茂
宮本武蔵
佐倉惣五郎
小堀遠州
徳川家光
由比正雪
林羅山
松平信綱
国姓爺
野中兼山
保科正之
隠元
徳川和子
酒井忠清
朱舜水
池田光政
山鹿素行
井原西鶴
松尾芭蕉
三井高利
河村瑞賢
徳川光圀
契沖
市川団十郎
伊藤仁斎
徳川綱吉
貝原益軒
前田綱紀
近松門左衛門
新井白石
鴻池善右衛門
石田梅岩
太宰春台
徳川吉宗
大岡忠相
賀茂真淵
平賀源内
与謝蕪村
三浦梅園
毛利重就
本居宣長
志筑忠雄
山村才助
木内石亭
小石元俊
山東京伝
杉田玄白
塙保己一
上杉鷹山
大田南畝
只野真葛
小林一茶
大黒屋光太夫
松平定信
菅江真澄
鶴屋南北
島津重豪
狩谷棭斎
最上徳内
遠山景晋
渡辺崋山
柳亭種彦
香川景樹
平田篤胤
間宮林蔵
滝沢馬琴
調所広郷
橘守部
黒住宗忠
水野忠邦
帆足万里
江川坦庵
藤田東湖
二宮尊徳
広瀬淡窓
大原幽学
島津斉彬
月照
橋本左内
井伊直弼
吉田東洋
緒方洪庵
佐久間象山
真木和泉
高島秋帆
シーボルト
高杉晋作
川路聖謨
横井小楠
小松帯刀
山内容堂
江藤新平
和宮
西郷隆盛
ハリス
森有礼
松平春嶽
中村敬宇
河竹黙阿弥
寺島宗則
樋口一葉
ジョセフ＝ヒコ
勝海舟
臥雲辰致
黒田清隆
伊藤圭介
福沢諭吉
星亨
中江兆民
西村茂樹
正岡子規
清沢満之
滝廉太郎
副島種臣
田口卯吉
福地桜痴
陸羯南
児島惟謙
荒井郁之助
幸徳秋水
ヘボン
石川啄木
乃木希典
岡倉天心
桂太郎
徳川慶喜
加藤弘之
山路愛山
伊沢修二
秋山真之
前島密
成瀬仁蔵
前田正名
大隈重信
山県有朋
大井憲太郎
加藤友三郎
河野広中
富岡鉄斎
大正天皇
津田梅子
豊田佐吉
渋沢栄一
有馬四郎助
武藤山治
坪内逍遥
山室軍平
阪谷芳郎
南方熊楠
山本五十六
中野正剛
三宅雪嶺
近衛文麿
河上肇
牧野伸顕
幣原喜重郎
御木本幸吉
尾崎行雄
緒方竹虎
中田薫
石橋湛山
八木秀次
森戸辰男
▽以下続刊